"社会生态人"
新人性假设与人的全面发展
——基于价值哲学视角

钟贞山 著

中国社会科学出版社

图书在版编目(CIP)数据

"社会生态人"新人性假设与人的全面发展：基于价值哲学视角 / 钟贞山著． —北京：中国社会科学出版社，2019.12
ISBN 978-7-5203-5038-9

Ⅰ．①社⋯　Ⅱ．①钟⋯　Ⅲ．①价值（哲学）—研究　Ⅳ．①B018

中国版本图书馆 CIP 数据核字（2019）第 204237 号

出 版 人	赵剑英
责任编辑	朱华彬
责任校对	季　静
责任印制	张雪娇

出　　版	中国社会科学出版社
社　　址	北京鼓楼西大街甲 158 号
邮　　编	100720
网　　址	http://www.csspw.cn
发 行 部	010-84083685
门 市 部	010-84029450
经　　销	新华书店及其他书店
印　　刷	北京君升印刷有限公司
装　　订	廊坊市广阳区广增装订厂
版　　次	2019 年 12 月第 1 版
印　　次	2019 年 12 月第 1 次印刷
开　　本	710×1000　1/16
印　　张	20.25
插　　页	2
字　　数	282 千字
定　　价	118.00 元

凡购买中国社会科学出版社图书，如有质量问题请与本社营销中心联系调换
电话：010-84083683
版权所有　侵权必究

序

钟贞山教授的著作《"社会生态人"新人性假设与人的全面发展——基于价值哲学视角》即将付梓，作者嘱我作序，我欣然应允。

人文学者都有自己的理论追求，这种理论追求主要是基于自己的问题意识和知识素养而展开和深化的。其中问题意识是引导性的，知识素养是基础性的。当一个学者形成了强烈的社会现实关怀，就会长期思考社会现实中的某个或某些问题，不断积累自己的基础知识，不断提高自己的论证能力，并力图构造出自己的理论模式，尽可能地给出自己的理论解答。

无疑，当今社会中的生态问题十分重要，也十分严峻。自然生态有恶化的趋势，大气污染，工业排放，各种垃圾的处理变得更加困难，气候变暖，土壤中有毒有害成分的集聚，濒于灭绝的物种数量快速增加等，无一不是人类活动的结果；人的心灵生态也变得更加脆弱，紧张、无助感、非理性的冲动、攻击性、抗压能力低、抑郁、意义感的失落、厌世等现象也所在多有；社会生态也出现了许多问题，人与人之间的冷漠、互相排斥、恶性竞争、假冒伪劣、就业形势严峻、财富再分配中的不公正等现象，也在日益侵蚀着我们的社会情感和社会归属感。在一个经济高速发展、社会急剧变化的时代，这些问题的出现是我们绝对不能回避的。如何构建一个更加和谐的自然生态、心灵生态和社会生态系统，使人们的生活能够在健康和谐的生态系统中得以展开，让人们能够在自然环境中欣赏到美、感到惬意，有一个理性平和、积极向上、追求意义创造的心态，在和谐的社会关系中安若家居，就是我们重要的努力目标。这些目标，说到底，就是如何真正实现人的全面发展，而不是使人们得到一种单面化的发展。要促进人的全面发展，就需要自然生态、心灵生态、社会生态相互贯通、共生共进，在此之中，我们就能体验到生活的意义，平衡和谐地发展自己的各种能力，协同地追求社会进步，创造自己的人生价值。就处理这些重大问题进行理论创造，必须需要从一些根本的问题开始进行梳理，提出自己的构想，并提出实现这些目标的实践途径。

由于这些问题都存在于人类社会之中，也是我们在日常社会生活中所必须面对的，同时这一切也是由我们的主导价值观、行为模式、生产生活方式所导致的，所以，根本的问题还是人的问题。只有追问到人性这一根本点上，才能体现一种理论的彻底性。马克思说："理论只要彻底，就能说服人。所谓彻底，就是抓住事物的根本。但是，人的根本就是人本身。"[①] 于是，从重构人性假设来展开对这些问题的思考，是一个合适的进路。在解释人的社会行为时，人们曾经提出过许多人性假设，如经济人、理性人、社会人、道德人、生态人等，但是，这些人性假设都只是聚焦于人的某些方面的特性，所以，其理论导向只是要阐明我们的行为的某些方面的动力机制，比如经济人假设的目的在于充分激发人的经济动机，理性人假设的目的在于解释人们的合理欲求和合理操作，社会人假设的目的在于解释人的社会性存在的本质，道德人假设的目的是揭示人的内在良知和道德追求，生态人假设的目的则是力图说明自然生态是我们的必然关怀，等等，这些假设都揭示了人性的某方面的特质，引导了我们某一类的社会行为的价值追求，但是都难以呈现人的本真形象和全面本质。

钟贞山教授的著作《"社会生态人"新人性假设与人的全面发

[①]《马克思恩格斯选集》第1卷，人民出版社1995年版，第9页。

展——基于价值哲学视角》提出了一个全新的人性假设，即"社会生态人"，力图说明人性的完整内容和复杂结构，以及其中各要素之间的互动关系。这一人性假设有较为宏大的结构，有坚实的马克思主义理论基础和现实生活的背景，它可以贯通人性中对自然生态、心灵生态和社会生态的关注，充分说明人的生活行为的诸多维度及其价值追求，其最高关注在于：在当今社会中，人如何才能全面发展。

生态的基本价值在于和谐，也就是系统内的各种要素能够健康发展，并且彼此之间能够相互平衡协调、共生共进，促使系统协同演化，纠正系统内部各要素的相互扞格、彼此损耗，避免导致系统失衡、退化。在人的社会生活系统中，自然、心灵和社会实际上是彼此高度依赖，互为依托，彼此密切关联的。比如，如果我们的心灵动机就是追求经济利益，纯粹以无休止地追求财富的增多、提高富裕程度作为最高价值目的，那么，我们就会不顾一切地进行高能耗、高污染的经济活动，甚至进口国外垃圾，因为可以从中得到一笔费用，并且从垃圾中可以分拣出一些有经济价值的物品，从而使自然环境恶化，污染日益严重；同时，这种只以经济成功为目标的活动也会使人们的心灵空间受到挤压，心理压力增大，造成心灵情感的荒漠化，并导致生活意义感的弱化和意志的沦丧；而且，在社会中的表现就是过度竞争，人际关系的紧张对峙，不信任感的蔓延，或者财富分配中的不公正等。

社会生态人的人性假设的提出，就是为了阐明人类社会生活应有全面的、健康的价值追求，并且需要尽力而为，又量力而行。达到自然生态、心灵生态和社会生态的全面和谐和进步，当然是一个崇高的目标，但必须经历一个长期的、艰辛努力的历史过程。然而，提出社会生态人人性假设，为此设定了一个正确的方向，并提示我们要以人—境（人与自然环境和社会环境）和谐为精神旨归，以自然生态、心灵生态和社会生态的协同进化为价值目标，以社会责任和代内、代际公平为根本规范。实际上，自然生态能否得到优化，将是检验这一人性假设是否得到贯彻的一个重要指标。因为自然生态状况是整个生态系统中被动的一方，它只能默默地承受人们的主动作为的正、负效应。自然生态意识的觉醒和生态保护和修复措施的严格执行，就表明我们的心灵生态和社会生态都得到了积极的调适。它意味着我们必须不单纯以 GDP 论英雄，必须果断地改变那种以高能耗、高污染来发展经济的明显不可持续的做法，意味着人与自然和谐共生的价值理念得到了持守，意味着环境责任意识和制度得以确立。在当今中国，习近平生态文明思想得到了严格贯彻，全社会的生态意识、生态道德感得到了显著增强，"绿水青山就是金山银山"的理念得到了全社会的普遍赞同和自觉执行；同时生态文明思想向社会延伸，政治生态意识得到了强化，我们正在持续营造风清气正的政治生态；大力弘扬"富强、民主、文明、和谐、自由、平等、民主、法治、爱国、敬业、诚信、友善"的社会主义核心价值观，通过强化价值观认同，提升人民群众道德品质，丰富人民群众内心世界等，营造人民群众良好的心灵生态；社会正义得到了自觉追求，努力做到经济发展成果为所有人民所共享，坚决打赢脱贫攻坚战，全面建成小康社会，是一种"不让一个人掉队""一个也不能少"的小康，这将能建构起良好的社会生态。

可以说，"社会生态人"的人性假设的提出，并对其中的哲理加以阐发、丰富和发展，适合了我们这个时代的迫切需求。钟贞山教授对"社会生态人"概念的研究，自 2006 年发表第一篇相关论文以来，至今已经 13 年了。他一直在仔细琢磨、深入论证、深刻阐发，逐渐发展出一种较为系统的理论。他是我独立指导的第一个博士研究生，他在确立博士论文选题时，曾详细地向我谈了他的设想，我觉得很有意义，我同意他以"社会生态人"人性假设为主题，撰写博士论文，并于 2011 年顺利毕业。其博士论文在 2012 年江西省博士论文评选中，获得当年人文社会科学领域的唯一一篇优秀博士论文。现在，经过 8 年的深入思考，补充论据，完善论证，终于把这一专著呈现在读者面前，真可谓十年磨一剑。我为他对学术的忠诚和执着精神所感动，也为他所取得的学术成绩由衷感到高兴。希望他在今后的学术生涯中，继续提升自己的学养，关注现实社会问题，本着一个学者的良知和责任，对社会问题作出自己的理论回应，取得更多更好的学术成果。

是为序。

詹世友

2019 年 2 月 13 日于听松看云斋

目　录

导言 …………………………………………………………（1）
第一章　社会生态人蕴含人的本质发展的时代内涵 ………（4）
　第一节　人的本质蕴含生态之维 ……………………………（4）
　　一　人的本质是自然性与社会性的统一 …………………（6）
　　二　人的生存与发展蕴含着生态之维 ……………………（8）
　　三　生态品质是人的精神品质的重要组成部分 …………（9）
　　四　生态品质的塑造是人的发展与完善的实践过程 ……（11）
　第二节　社会生态人是现实条件下人的本质的
　　　　　完整解读 ……………………………………………（12）
　　一　社会生态人是关于人是社会系统和生态系统中人的
　　　　全面表述 ……………………………………………（12）
　　二　生态文明建设需要"社会生态人"新人性范式对人
　　　　的本质完整解读 ……………………………………（13）
　第三节　社会生态人研究的当代视域 ………………………（14）
　　一　从价值哲学视角考量人性范式的研究探索 …………（14）
　　二　从人的发展视角探索人的本质的价值维度 …………（17）
　　三　社会生态人研究的理论和现实逻辑 …………………（20）
第二章　人性假设理论的历史发展与时代价值 ……………（24）
　第一节　人性假设理论的历史演进与发展 …………………（24）
　　一　中西方历史思想文化对人性的阐释 …………………（25）
　　二　西方人性假设理论的时代发展 ………………………（30）

三　我国学界人性假设理论的研究发展 …………………（38）
第二节　人性假设理论的时代价值 ………………………（40）
　　一　人性假设理论为人性研究提供了理论前提 …………（40）
　　二　人性假设理论为人性涵化提供实践指导 ……………（42）
　　三　人性假设为人性发展提供实现步骤 …………………（43）
第三节　传统人性假设对人性本质阐释的价值考量 ……（44）
　　一　人性假设与人性表征辨析 ……………………………（44）
　　二　利己与利他人性本质的价值考量 ……………………（46）

第三章　社会生态人人性生成的学理支撑和现实依据 ……（50）
第一节　与自然对立的人性反思：社会生态人人性生成的
　　　　理性审视 …………………………………………（50）
　　一　中世纪基督教神学人性观 ……………………………（50）
　　二　文艺复兴时期人文主义者人性观 ……………………（51）
　　三　社会人性观 ……………………………………………（55）
　　四　现代人本主义人性观 …………………………………（57）
第二节　自然价值中的人性生成：社会生态人人性生成的
　　　　价值源泉 …………………………………………（58）
　　一　自然的价值 ……………………………………………（59）
　　二　人性的自然生成 ………………………………………（63）
第三节　马克思主义人性观：社会生态人人性生成的哲学
　　　　基础 …………………………………………………（71）
　　一　人性是一个社会历史范畴 ……………………………（71）
　　二　人性是普遍性与特殊性的统一 ………………………（73）
　　三　人与自然的关系是人性生成的基础 …………………（73）
第四节　生态文明建设的人性期待："社会生态人"人性
　　　　生成的现实依据 …………………………………（75）
　　一　树立生态文明理念需要新型的人性载体 ……………（76）
　　二　转变生产方式和生活方式需要重塑的人性范式 ……（79）
　　三　培育理性平和的社会心态需要和谐的人性状态 ……（80）

  四 加快生态文明制度建设需要"社会生态人"新型
    人格为依托 ……………………………………………（81）
  五 彰显生态文明制度的伦理价值需要"社会生态人"
    正义制度作保障 …………………………………（83）

第四章 社会生态人人性假设的科学内涵 ……………（86）
 第一节 社会生态人的概念界定 ………………………（86）
  一 社会生态人的素质 …………………………………（88）
  二 社会生态人的三大品质 ……………………………（91）
  三 社会生态人的特征表现 ……………………………（93）
 第二节 社会生态人的人性要素 ………………………（95）
  一 价值论的人性论与结构论的人性论对人性要素的
    解读 …………………………………………………（96）
  二 社会生态人人性要素的层次结构 …………………（97）
  三 社会生态人人性要素的互动关系 …………………（105）
 第三节 社会生态人的伦理价值观四维度 ……………（108）
  一 和谐生态伦理观：人与自然关系的新型生态
    伦理观 ………………………………………………（108）
  二 和谐社会观：人与社会及自身关系和谐的伦理
    价值观 ………………………………………………（113）
  三 生态文明观：社会生态人的伦理价值追求 ………（119）
  四 生命价值观：社会生态人的生命价值之维 ………（123）

第五章 社会生态人的人性发展价值 ……………………（125）
 第一节 社会生态人人性假设的理论价值 ……………（125）
  一 社会生态人是对传统人性假设的扬弃 ……………（125）
  二 社会生态人是马克思主义人性观的现实发展 ……（131）
 第二节 社会生态人对人的全面发展的过程价值 ……（135）
  一 社会生态人揭示人的全面发展的过程性和阶段性
    相统一 ………………………………………………（135）

二　社会生态人是中国特色社会主义建设中人的发展的重要目标 …………………………………………… (143)

　　三　"个体功利人"现状的超越及"社会生态人"目标的实现 …………………………………………… (151)

第三节　社会生态人对人性发展的实践价值 ………… (154)

　　一　社会生态人是对人性实践性与发展性的有效验证 …………………………………………… (155)

　　二　社会生态人是推动科学发展和贯彻新发展理念的人性模式 …………………………………………… (159)

第六章　社会生态人的社会生存价值 ………………………… (170)

第一节　社会生态人的价值生成 ……………………… (170)

　　一　社会生态人的主客体价值生成 ……………… (170)

　　二　社会生态人的品质决定其内在价值的生成 … (172)

　　三　社会生态人现实价值的形成 ………………… (174)

第二节　社会生态人的价值依据 ……………………… (176)

　　一　人与自然的和谐共生是社会生态人的价值基础 … (176)

　　二　人与社会的和谐发展是社会生态人的价值追求 … (179)

第三节　社会生态人的价值选择 ……………………… (184)

　　一　社会生态人是扭转人性危机的时代力量 …… (185)

　　二　社会生态人是走出道德困境的思想动力 …… (190)

　　三　社会生态人能够担当人—境和谐的社会责任 … (194)

第七章　社会生态人的思想道德价值 ………………………… (198)

第一节　社会生态人的思想政治教育价值 …………… (198)

　　一　社会生态人的人性模式与思想政治教育的关联与互动 …………………………………………… (199)

　　二　社会生态人的和谐精神是思想政治教育的价值追求 …………………………………………… (206)

　　三　社会生态人推动思想政治教育的个体价值和社会价值的升华 …………………………………… (208)

第二节 社会生态人的伦理价值 (215)
一 生态伦理价值：实现人与自然和解的伦理指向 … (215)
二 和谐伦理价值：构建和谐社会的价值基础 …… (218)
三 责任伦理价值：可持续发展的道德要求 ……… (220)
四 制度伦理价值：社会正义实现的保障 ………… (222)

第八章 "社会生态人"人格的塑造 …………… (226)
第一节 "社会生态人"人格 …………………………… (226)
一 人格及其塑造 ……………………………………… (226)
二 "社会生态人"人格的内涵与特征 ……………… (241)

第二节 "社会生态人"人格的塑造理路 ……………… (252)
一 培育生态意识，树立可持续发展观 …………… (252)
二 营造人与自然及社会和谐的生态文化 ………… (256)
三 "社会生态人"人格的道德教化 ………………… (260)

第三节 建立"社会生态人"正义制度 ……………… (266)
一 正义观：社会生态人正义制度的前提 ………… (267)
二 生态正义：社会生态人的正义制度的基础 …… (271)
三 制度正义：社会生态人的正义制度的核心 …… (273)

第九章 结论与展望 …………………………………… (275)
参考文献 ………………………………………………… (281)
后记 ……………………………………………………… (308)

导　言

　　人性假设是研究人的本质的方法论，为我们研究人的本质提供共同的世界观、认识论。马克思主义的实践性揭示了人性在实践中生成，人的实践存在决定了人性处于动态生成与发展之中。生态恶化的严酷现实昭示人们，一场人与自然环境的危机，直接影响着人类的生存和可持续发展。人们开始感觉到人类改造自然、征服自然带来的种种生态危机和生存挑战。引发对人的本质问题的新思考，开始重新审视人与自然、人与社会、人与人之间的关系，在构建和谐社会和建设生态文明的实践中，提出"社会生态人"的人性发展模式是对人的本质问题探讨的深化和发展，体现了马克思主义与时俱进的人性观，折射出新的生态价值观、生态伦理观，承载着新的价值哲学内涵。人应该是什么样的人？这不仅是一个哲学问题，更是人的全面发展中的现实问题。

　　现阶段，人类发展面临着两大现实问题。一是人与自然的关系和谐问题，在人类社会发展的进程中，人的发展与自然环境之间的冲突与对峙日益凸显，这甚至能摧毁人类发展过程长期积淀形成的人类文明；二是人与社会及自身的发展问题，社会经济的高速发展挤压着人的心灵空间，人的心理压力增大，人在发展过程中面临着人与社会关系的对峙和心理调适的难题。这两大现实问题产生了"生态危机"和"心态危机"。

　　社会生态人是指为顺应生态发展规律，与自然环境和社会环境和谐共生并协同进化的人。社会生态人以人—境（人与自然环境和社会环境）和谐为精神旨归，以协同进化为价值目标，以社会责任和代内、代际公平为根本规范。社会生态人是人的关系能力、内在素质与人格发展的人性模态，其现实价值在于处理人与自然、社会及自身的关系能力的应用与发挥。社会生态人的生态品质、心理品质和社会品质的相互作用、相互协调、相互促进，决定其内在价值的生成，孕育着社会生态人的和谐生态伦理观、和谐社会观、生态文明观和生命价值观四大伦理价值维度，建构这些维度，能使人与自然环境和社会环境的和谐共生、协同进化获得现实的基础，成为走出道德困境的思想动力和扭转人性危机的时代力量，并能够担当人—境和谐的社会责任。社会生态人是对传统人性假设的扬弃。

人与自然、社会及自身的双重主客体关系生成社会生态人的主客体价值。社会生态人是人的发展过程中的一个阶段，它揭示了人的发展的过程性与阶段性，社会生态人是对"经济人"注目于个体功利和社会功利的超越，也是对"社会人"行为价值的提升。社会主义市场经济是竞争经济，更是道德经济、生态经济和循环经济，中国特色社会主义社会是和谐社会、法治社会，是生态文明的社会，社会生态人的能力素质、道德水平、伦理维度和生态意识与社会主义市场经济体制对人的要求和期待是相适应的，因而把"社会生态人"人性价值的实现作为中国特色社会主义人的发展的重要目标是符合人的发展要求的。

社会生态人的发展需要与思想政治教育的价值根源具有内在关联性，社会生态人人性模式彰显着思想政治教育个体价值和社会价值，蕴含着生态价值、和谐价值、责任价值和制度价值等伦理价值。社会生态人是落实科学发展观和新的发展理念的理想人格，是生态文明的建设者和承载者，"社会生态人"人格是生态人格、和谐人格和道德人格的有机统一，塑造"社会生态人"人格是以培养生态意识、培植人与自然及社会和谐的生态文化、实施"社会生态人"人格道德教化和建立社会生态人的正义制度为主要内容，

"社会生态人"人格塑造是促使社会生态人成为现实的必要途径。

　　社会生态人是马克思主义关于人与自然及社会和谐的人的本质论的发展的必然，社会生态人是发展的人，是竞争的人，更是和谐的人。和谐是人的发展的价值目标，竞争是提升能力的有力手段，发展是人存在的永恒主题。

第一章　社会生态人蕴含人的本质发展的时代内涵

第一节　人的本质蕴含生态之维

倡导低碳生活，实施可持续发展，实现人与社会、人与自然、人与人和自身和谐的科学发展，这不仅仅是一个技术问题，更是价值问题，它表现在人的价值观念与价值取向、思想意识与思维方式以及对人类的发展过程与阶段目标的重新定位的问题。当前，"癌症村""雾霾天气""毒奶粉""校园暴力"等事件重复上演，生态环境恶化、人的心态扭曲的严酷现实昭示我们，一场人与自然和社会环境的危机，直接影响着人类的生存和可持续发展。人们开始感觉到人类改造自然及建设和谐社会的进程中带来的种种生态危机和生存挑战，"当代严峻的环境问题，其实质都是生态问题，生态可解读为生命的存在状态"[①]。因此，人们开始重新审视人与自然、人与人、人与社会、人与自身之间的价值关系。其核心问题就是对人的本质问题的重新解读。现阶段，人类发展面临着两大现实问题。一是人与自然和谐发展问题。在人类社会发展的进程中，人类社会的发展与自然环境之间的冲突与矛盾日益加深。这些冲突和矛盾就是人与自然不和谐的强烈音符，这甚至能摧毁人类发展过程长期积淀形成的人类文明。二是人与社会及自身的发展问题。社会经

---

① 黄志斌：《绿色和谐管理理论》，中国社会科学出版社2004年版，第76页。

济的高速发展挤压着人的心灵空间，人的心理压力增大，人在适应社会的过程中面临着人与社会关系的对峙和心理调整的难题。这两大现实问题产生了"生态危机"和"心理危机"，这两大现实问题源自于人对自然的认识和人对人类社会与自身的认识，包括方法、手段和参照物等因素。一方面，人是站在把自己作为自然界的唯一主体，还是站在人是自然界的一部分的角度来认识自然；另一方面，人是站在自己一生，还是站在人类发展长河的历史进程去认识人自身的发展。这两方面决定着人认识自然、认识世界、认识自我的指导思想和方法途径。

大力推进社会主义生态文明建设，树立尊重自然、顺应自然、保护自然的生态文明理念，实现人与社会、自然及自身的和谐发展，人应该发展成为社会生态人。其学理依据和现实依据何在？社会生态人有何理论内涵？它与马克思主义的人学理论有何内在联系？社会生态人何以能够成为为人的自由全面发展的一个重要阶段？如何通过政府、社会与个人的努力实现这一目标？

随着科学技术的发展与应用和工业化的推进，人的生产方式、生活方式和生存观念发生了显著变化，人与自然、人与社会、人与自身的关系形态发生了重大变革，形成了新型的关系形态，这种关系形态呈现出复杂、开放、多元的态势。一方面，人与自然、人与社会、人与自身的关系对峙愈加突出；另一方面，人类追求人与自然、人与社会、人与自身关系和谐的愿望也愈加强烈。总体来看，人的新型关系形态的主题是"和谐"，和谐的旋律浸润在人与自然、人与社会、人与自身的关系之中，折射出"以人为本"的核心理念。从人与自然的关系上看，就是促进人与自然的和谐，不断提升可持续发展能力。对共时性的同代人来说，就是提高人的生活质量，增强人自身的幸福感；对代际的人来说，就是保持未来人同等地享有自然资源的权利，使人类赖以生存的自然生态环境具有良性循环和持续发展能力，提高人类的生存能力。从人与社会的关系上看，就是人类社会的发展与人的发展相辅相成，相得益彰，不断促进人的全面发展。一是社会发展的成果能够惠及全体人民；二是人能够不断创造全体人的能力得以充分发挥的社会环境。注重社会的公平正义，不断实现每个人平等、和谐、全面的发展。从人与自身的关系上看，人的自身发展实现从人格依附到人格独立的自主性，再到主观能动的创造性，促进人的身心与个性的和谐发展，不断战胜人自身面临的"心态危机"。主要表现为：一是人的自我认知能力和人的智力发展状态保持协调平衡；二是人的需要发展水平和人的心理调适能力相统一。人与自然环境、社会环境和身心环境的和谐共生，不仅顺应了人类社会的发展规律，也遵循着自然生态发展规律，在处理人与自然、人与社会、人与自身的关系中，和谐共生体现着人类这种新型关系的发展主题，也反映了人对新型关系模式的期待，"社会生态人"能够成为承载现阶段人的新型关系的对象。而基于人与自然、社会及自身关系而构建"社会生态人"人性模式，能够反映出"生态之维"的基本特征，也是对现实人性期待解读的有力尝试。

马克思提出了"人的本质是一切社会关系的总和"的著名论断，其实，通过对马克思和恩格斯的论著的解读，马克思恩格斯对人与自然的关系问题也有深刻的论述，其中也蕴含着人的本质的生态之维。

一 人的本质是自然性与社会性的统一

人的本质不是永恒不变的，它随着社会历史的变迁而不断发展。马克思认为："正像一切自然物必须形成一样，人也有自己的形成过程即历史，但历史对人类说是被认识到的历史，因而它作为形成过程是一种有意识地扬弃自身的形成过程。历史是人的真正的自然史。"[1] 人性假设是研究人的本质的方法论，为我们研究人的本质提供共同的世界观、认识论。马克思主义的实践性揭示了人性

---

[1] 《马克思恩格斯文集》（第1卷），人民出版社2009年版，第211页。

在实践中生成，人的实践存在决定了人性处于动态生成与发展之中。这决定了我们对人的本质的认识一直是处于不断发展的过程之中的，马克思认为，人的本质在于社会性，人的社会性揭示了人区别于其他动物的特殊本质，是人类特有的属性。马克思说："人的本质并不是单个人所固有的抽象物。在现实性上，它是一切社会关系的总和。"① 马克思也同时认为："人作为对象性的、感性的存在物，是一个受动的存在物；因为它感到自己是受动的，所以是一个有激情的存在物。激情、热情是人强烈追求自己的对象的本质力量。"② 人的存在具有双重含义，它既是自然的存在，又是社会的存在，即人具有自然属性，同时又有社会属性，因此，人性既由生物性决定，又由社会性决定。人的社会关系制约着人的自然性，人的自然性就是生命有机体存在的生物特性。人的自然性揭示了人在生态系统的工具价值和内在价值，其中也蕴含着人的生态性本质，主要表现为顺应生态规律和自然法则，同时，还具有按照生态法则行事的义务，这不仅是思维意识，而且是道德规则、行为准则。

人的自然性蕴含着人的生态特性，揭示了人在生态系统的工具价值和内在价值，主要表现为顺应生态规律和自然法则。一方面，人是生态系统中的一分子，并在系统中发挥人的类价值；另一方面，人又是生态系统中能动性最强，最具主动性、创造性的类存在。

人可以把自身的生存之道上升为一种思想哲学，并以此来指导自身的社会生存，以维持自身持续的生存力。在人的社会化进程中，人不仅把生态平衡的规律应用于人与自然的关系之中，一方面通过改造自然获得自身发展的物质条件；另一方面也不断反思改造自然过程中人与自然关系的对峙问题，力图寻找人与自然和谐共

---

① 《马克思恩格斯文集》（第1卷），人民出版社2009年版，第505页。
② 同上书，第211页。

生、协同进化的关系法则，以不断保持人类的可持续发展。此外，人还从生态系统永不停歇，生生不息的生态规律中汲取生态智慧，把生态智慧应用于人与人、人与社会、人与自身的关系之中，试想构建一种类似生态平衡的人际关系、社会关系和身心关系，以维持人的和谐发展。

二 人的生存与发展蕴含着生态之维

从人的生存发展与自然的关系来看，一是人与自然界之间存在着水乳交融的关系，人是自然界的一部分，自然界是满足人的物质需要的基础，自然界为人的生存发展提供物质保障，表现为一种实体性关系；二是人与自然的关系是人与自然规律的关系，直接表现为人的生态之维，从而形成源于自然性，但又高于自然性的生态性，它是维系人与自然实体性关系的根本保证。古人很早就认识到人与自然生态之间存在着水乳交融的关系，《老子》提出："道大，天大，地大，人亦大。域中有四大，而人居其一焉。"老子认为，人是自然界的一部分，人没有任何特权为满足自己的需要而掠夺自然，人类要摒弃以自己为中心而把自然作为征服对象的思维。孔子在突出人的主体思想的同时，提倡主客交融的人与自然界的关系形式和人境和谐、天人合一的人性要求。在《老子》一书中处处蕴含着"道生万物""道法自然""自然无为"的思想，人和自然界的万物共同构成了一个生态系统，由生态规律和自然法则维系着生态系统的和谐统一，人应该遵循"道"的自然本质，尊重自然、爱护自然、顺应自然，以维护生态系统的和谐完美。然而，生态恶化的严酷现实昭示我们，一场人与自然环境的危机，直接影响着人类的生存和可持续发展。人们开始感觉到人类改造自然、征服自然带来的种种生态危机和生存挑战。恩格斯早在19世纪中后期就说过："但是我们不要过分陶醉于我们人类对自然界的胜利。对于每一次这样的胜利，自然界都对我们进行报复。每一次胜利，起初确实取得了我们预期的结果，但是往后和再往后却发生完全不同的、出乎预料的影响，常常把最初的结果又消除了。"① 重温恩格斯对人类在征服自然的过程中必然造成生态危机的警告，我们发现，马克思主义的辩证唯物论是我们在认识人的发展中的对立统一关系时的世界观和方法论，而基于人的存在与发展所必然蕴含的生态之维而构建"社会生态人"人性模式，是对人的完整本质解读的重申。

从人的生存发展与社会的关系来看，人的生存发展离不开社会系统，社会的良性发展是以社会生态的平衡协调为基础，建设和谐社会就是要建立和营造和谐共生、平衡协调、公平正义的社会生态，为人的生存发展提供社会条件。同时，和谐的社会生态需要每一个人追求一种生态性的生存发展，即每个人的生存发展在其自身内部的关系是和谐平衡，在其与外部的环境也是协调发展。就是说，人的发展既要追求身心的和谐平衡，又要使人的社会关系保持协调发展，才能使人的个性、能力和社会关系得到充分发展，保证人的生存发展朝着全面自由发展的目标前进。

三　生态品质是人的精神品质的重要组成部分

人的生态性孕育了人的生态品质，促进了人的生态品质的形成，人的生态品质是人的精神品质的重要组成部分。随着人类对自身生存价值和生存环境的认识不断深入，人类对建设生态文明的渴求越来越紧迫，生态意识已逐渐成为人类生存发展的主体意识。人类生态主体意识的觉醒是人对自身生存与进化发展过程辩证认识的理性升华。生态意识是自然生态系统辩证发展过程在人脑中的综合反映，是人从生态系统的整体优化来理解和追求社会发展的意识和观念，是生态规律的调节作用和生态环境反作用在人的思想意识上的反映，是生态文明形成的思想基础。人的生态意识的觉醒意味着人正在用一种新的态度和新的思维来审视人与自然、人与社会、人与自身的关系，推动着人认识自然、认识世界、认识自我等三大认

---

① 《马克思恩格斯文集》（第 9 卷），人民出版社 2009 年版，第 560 页。

识的升华。党的十八大报告提出,"面对资源约束趋紧、环境污染严重、生态系统退化的严峻形势,必须树立尊重自然、顺应自然、保护自然的生态文明理念"①,要落实这一要求首先要培养以持续发展、和谐生存为主要特征的生态意识。人的生态意识的长期内化将形成人的生态品质,人的生态品质通过外化的生态思维、生态观念、生态行为等表现出来。

长期以来,人们认为,人的精神品质可分为心理品质、政治品质、思想品质和道德品质,心理品质处于基础地位,通过心理品质的发展可以拓展人的政治品质、思想品质和道德品质,同时,人的政治品质、思想品质和道德品质也反作用于人的心理品质。人的政治品质反映了人的政治立场、政治观点,体现了人与国家政治的关系;人的思想品质反映了人的思想境界、思想观念,体现了人与精神世界的关系;人的道德品质反映了人的道德修养、道德观念,体现了人与社会的关系。从这里可以看出,传统的人的品质观很难有体现人与自然生态的关系维度。事实上,人的本质蕴含着生态之维,这主要表现为人的生态品质,人的生态品质反映了人的生态意识、生存观念,体现了人与自然生态的关系,因此,我们可以认为,人的生态品质也是人的精神品质的重要组成部分。人的生态品质的确立为建设生态文明提供了精神价值基础,培养人的生态品质有助于优化人的心理品质,培养健全人格,提升人的整体素质;有助于形成推动科学发展和社会和谐的思想共识。因此,可以认为,人的生态品质也是人重要的素质品质,是社会生态人的生态之维内在体现,能为生态文明建设提供人的素质基础。人的生态品质有助于优化人的心理品质和社会品质,培养健全人格,提升人的整体素质。

---

① 胡锦涛:《坚定不移沿着中国特色社会主义道路前进 为全面建成小康社会而奋斗——在中国共产党第十八次全国代表大会上的报告》,人民出版社2012年版,第39页。

四 生态品质的塑造是人的发展与完善的实践过程

人的生态品质塑造要以学习生态知识、构建生态伦理和提升生态审美为主要内容,以树立生态世界观和方法论为根本要求。人的生态品质的塑造是人的精神塑造的重要内容,也是人的本质得到发展和完善的具体过程,考察生态意识和生态品质的塑造途径对生态人格完善和本质体现具有现实价值。人的生态意识的健全和生态品质的形成是建立在人的生态世界观和方法论、生态知识、生态伦理、生态审美的基础之上的。1992年全国第一次环境教育工作会议上提出"环境保护,教育为本",因此,加强人的生态意识和生态品质塑造就必须从教育入手;1994年颁布的《中国21世纪议程》指出:"加强受教育者的可持续发展思想的灌输……将可持续发展思想贯穿于从初等教育到高等教育的整个过程。"这说明人的生态意识教育和生态品质培养要从娃娃抓起,以普及生态科学知识为基础,提升人对生态系统和生态规律的认识水平和能力,加强生态哲学、生态伦理、生态审美等教育,大力推进生态实践,着力加强生态人格塑造。生态知识是人的生态品质养成的基础,为人的生态素养提供智力支持;生态哲学是能为人的生态品质培育提供方法论,为人的生态价值观、世界观提供方法论和方向指引;生态伦理、生态审美是人的生态品质提升的内在核心,为人的生态知识与生态哲学的内化提供支持和帮助;生态实践是人的生态品质升华的有效路径,同时,也是展示人的生态品质的平台,是建设生态文明的实际行动。把人的生态知识、生态哲学、生态伦理、生态审美有机地连接在一起,并深入内化成人的生态品质,也是人的生态品质的外化表现,同时反作用于人的生态品质塑造的全过程。人的生态品质塑造是生态文明建设的基础,对形成生态文明理念起着决定性作用,生态文明理念是社会生态人的生态之维对象化的反映。生态文明建设观呼唤"社会生态人"对人的重新塑造,同时也反作用于人性的完善与发展。

第二节　社会生态人是现实条件下人的本质的完整解读

一　社会生态人是关于人是社会系统和生态系统中人的全面表述

"社会生态人"是从马克思所揭示的"人的本质，在其现实性上，是一切社会关系的总和"著名论断中发展出来的，立足于人生存与发展的"社会系统"和"生态系统"两个系统之中，也蕴含着"社会性"和"生态性"两大属性。"社会生态人"中的"社会"，就是"一切社会关系的总和"，即立基于人类物质生产实践的各种社会关系的总和（而非仅仅指由"社会和心理需求"等主观因素）；马克思、恩格斯关于人类物质生产实践的对象首先是自然界，"自然界都报复了我们"的深刻洞察，"共产主义作为完成了的人道主义等于自然主义"等重要论断，实际上也指明了人类客观的物质生产实践中所蕴含的生态属性，人是生态系统中的人。"社会生态人"概念的提出能使马克思的人性观点得到系统表述。马克思对人类社会关系形态的划分，揭示了人类与自然及社会关系的本质，乃是对社会发展形态的精辟概括，其中包括了人与自然的矛盾的最终和解，实际上在人的本质问题上包含了生态之维。"社会生态人"概念是对马克思关于"人的本质，在现实性上，它是一切社会关系的总和"论述的完整表达。在学理上对马克思关于人的本质的命题进行深化与拓展，是对马克思主义人学理论发展的有益探索。

马克思主义认为，人的发展不是一蹴而就的，必须经历不同的历史发展阶段，每完成一个阶段的目标，人的发展就向前迈进了一步，逐渐地实现人的全面自由发展。社会生态人可以作为人的全面发展过程阶段的一个具体目标，是对马克思人学的发展理论的具体化，是马克思人学思想的落实和贯彻，为研究人的全面自由发展提供路径和依据，由此推进马克思主义人学理论的发展。人性与生态文明建设存在着内在联系，从马克思主义理论与哲学的角度回答社会生态人人性范式能够为生态文明建设提供理论支持，并着力阐释生态文明建设需要解决价值难题。"社会生态人"的人性模式能够指导我们协调人与自然及社会的和谐发展、协同进化，使经济社会发展与环境相互依存、相得益彰，对于指导当前经济发展和社会进步有着积极的意义。"社会生态人"的价值观能指导我们全面塑造现实完整的人格，提升人的修养，塑造人的品格，为人的全面发展提供价值引导和制度规范，对建立人与自然及社会和谐的正义制度有着现实的价值。"社会生态人"人性范式形成的价值理念和原则方法能够指导和协调人与自然、社会关系的和谐发展的社会实践，改变人们的生产生活方式，落实科学发展观和新的发展理念，全面塑造现实美丽的人格，为生态文明制度建设提供价值支持。

二　生态文明建设需要"社会生态人"新人性范式对人的本质完整解读

生态文明旨在实现人与自然、人与人、人与社会和谐共生、良性循环、全面发展与可持续发展。生态文明建设包含着人的活动的复杂关系，也蕴含着社会发展和人的发展的丰富内涵，推动着人的生产和生活方式转变。推进生态文明建设，是涉及生产方式和生活方式根本性变革的战略任务，必须把生态文明建设的理念、原则、目标等深刻融入和全面贯穿到我国经济、政治、文化、社会建设的各方面和全过程。十八大报告提出："把生态文明建设放在突出地位，融入经济建设、政治建设、文化建设、社会建设各方面和全过程。"[①] 生态文明建设是对人的生产方式和生活方式的文明期待和主观诉求。生态文明建设的主体是人，其根本要求在于通过人的思

[①] 胡锦涛：《坚定不移沿着中国特色社会主义道路前进　为全面建成小康社会而奋斗——在中国共产党第十八次全国代表大会上的报告》，人民出版社 2012 年版，第 39 页。

想和社会实践去推动人与自然、人与人、人与社会的关系和谐发展，推动社会的高度发展，最终实现人的全面发展。因此，生态文明建设需要新型的人性承载对象，承载生态文明建设的理念、原则和行为实践。要落实这一要求，迫切需要塑造顺应生态发展规律，与自然和社会环境和谐共生并协同进化的"社会生态人"人性范式，把生态文明的理念、价值、技术和制度渗透于经济、政治、文化、社会建设的各环节并贯穿始终，作用于技术应用和制度设计的全过程。设立社会生态人人性假设是从人性假设的视角为树立生态文明观和建设环境友好型社会提供合理的人性范式。梳理社会生态人人性假设的科学内涵、素质、品质与能力特征，有助于我们研究社会生态人的人性价值，剖析生态文明建设条件下对人的现实期待和内在要求。

"社会生态人"人性模式既表现了人的社会性本质和自然本质，又蕴含着人的生态之维。生态文明是人类社会发展的内在要求，人与社会及自然的和谐发展是人的自由全面发展的现实需求和理想境界，也是人的本质发展与进步的具体表现。生态文明观呼唤"社会生态人"对人的重新塑造，同时也反作用于人的本质的完善与发展。社会生态人是现实社会历史条件下人的本质在内容和形式方面的统一，是中国特色社会主义建设中对马克思主义人性理论的具体应用，是对人的本质的完整解读。

第三节 社会生态人研究的当代视域

一 从价值哲学视角考量人性范式的研究探索

从价值哲学角度考察人性价值源自于人的本质问题讨论，人的价值问题是价值哲学的核心问题。价值观是关于价值、价值关系问题的根本观点，价值观念是指在长期价值活动中积淀而形成的关于一类事物的价值信念、价值取向、价值标准、价值规范的稳定的观念模式。价值观和价值观念是一般与特殊的关系，价值观指导价值观念，价值观念体现价值观。① 价值观念的构成、基础、实质、功能、特点及其作用机制是人的价值观念的根本表征。价值观念作为人类特有的精神状态，它是人们关于基本价值的信念、信仰、理想系统。价值观念的基础和来源是人们价值生活状况的反映和实践经验的凝结。② 社会变化会导致人的价值观念的变革，直接影响着人的价值目标的变化。社会转型时期将面临价值冲突，折射出价值危机。当前，全球气候变暖，人类生存环境日益恶化，气候灾难比以往更加频繁，破坏性更大，人类社会正面临着生态危机，生态危机的背后是人的价值观念的危机，人类社会将如何面对人的价值观重建的挑战，主要表现为人类应该怎样对待生活方式，怎样对待我们赖以生存的地球，怎样对待人类的可持续发展。这种价值观的重建的根本问题在于人对自己的生存发展的认识与思考，对人与自然关系的认识和价值考量，表现在人的思想意识、思维方式和价值取向和行动方式上，从而也推进了关于人性范式的价值哲学研究与探索。

在2002年6月，北京师范大学价值与文化研究中心和美国过程研究中心共同举行"价值哲学与过程哲学国际学术研讨会"，学者们提出，价值哲学是一门关于人类如何有智慧地生存的学问，是一门实践性很强的学问，而不是形而上的纯理论，他对人类生存的根本性和总体性问题进行缜密研究并提出正确的价值观念为根本使命。③"我发现当今世界存在着两种价值哲学，即理论的价值哲学和实践的价值哲学。理论的价值哲学就是离开实践，单纯从理论出发去探讨价值理论的价值哲学；实践的价值哲学则是从实践、实践结果出发去探讨价值问题的价值哲学。理论的价值哲学的指导思想是唯主体论或唯客体论的单极思维；实践的价值哲学的指导思想则

---

① 王玉樑：《当代中国价值哲学》，人民出版社2004年版，第225页。
② 李德顺：《价值论》（第2版），中国人民大学出版社2007年版，第199页。
③ 阮青：《价值哲学》，中共中央党校出版社2004年版，第15页。

是实事求是,从主客体相互作用或双向作用出发全面地理解价值。"① 因此,研究人性范式和人的价值应该从实践的价值哲学的角度,以实践为依据。人性范式回答人是什么?人应该是怎样的人?这显然要从人的实践活动中找答案,人的实践活动推动着人类社会向前发展,对人类社会的发展规律的认识又反作用于人的实践活动变革,人类实践活动的发展变革决定了人性范式具有与时俱进的显著特点,人性假设作为研究人性范式的理论前提,必将与人类社会一同发展而与之相适应,人性假设的根本目标就是要更能反映人的价值。"人的价值包括效用价值与人道价值两个方面。"② 人的效用价值是指人对于社会、自然、他人与自身的有用性;人的人道价值主要指人的作为生命存在的价值以及人的尊严、权利、自由与发展等。马克思指出:"工人生产得越多,他能够消费的越少;他创造的价值越多,他自己就越没价值、越低贱;工人的产品越完美,工人自己就越畸形。"③ 这充分说明了人的效用价值,即在生产中创造了价值;同时也指出了人的人道价值,包含了人的尊严、权利和自由。这也说明人的效用价值与他创造财富的效用价值成正比关系,而人道价值与他创造财富的效用价值不一定成正比关系,在异化劳动的过程中却成反比。人的效用价值不仅表现在物质生产、财富增长的经济社会关系之中,还表现在与自然相处的关系中,人在改造自然的过程中应该更加尊重自然规律,履行对自然的道德义务,促进自然与人类社会可持续发展,否则就会像马克思分析"异化劳动"的结果一样,效用价值越高,人道价值却越低。因为人道价值表现的是人作为生命的存在与发展价值,追求人类种族繁衍生息的权利,维持代内、代际公平,所谓"不断子孙粮",切实履行人类的自身发展的道德责任和道德义务。这样看来,人的

---

① 王玉樑:《21世纪价值哲学:从自发到自觉》,人民出版社2006年版,第9页。
② 王玉樑:《当代中国价值哲学》,人民出版社2004年版,第104页。
③ 《马克思恩格斯文集》(第1卷),人民出版社2009年版,第158页。

效用价值与人道价值在人与自然及社会的关系中实现了统一，两者相辅相成，互相促进，那么是否可以得出，人与自然及社会之间的应然价值关系是人的价值高度统一的表现，其实这也充分反映了人的本质的自然之维。

从人的价值哲学的新视角来重新考量人与自然、社会的相互关系，确证人与自然、社会的和谐发展是迈向人的全面自由发展的重要阶段，蕴含着社会生态人的社会生存和思想道德价值，把生态之维纳入人的本质之中，使人自觉肩负起人与自然、社会可持续发展的历史责任和道德义务，可以为"社会生态人"的价值哲学研究提供理论与实践的逻辑起点。从价值哲学的角度研究社会生态人，是促进人与自然和社会和谐发展、协同进化的本质要求。

二 从人的发展视角探索人的本质的价值维度

马克思主义把人性看作一个社会历史范畴。马克思认为："人作为对象性的、感性的存在物，是一个受动的存在物。"[①] 人的存在具有双重含义，它既是自然的存在，又是社会的存在，即人具有自然属性，同时又有社会属性，因此人性既由生物性决定，又由社会性决定。人的社会性揭示了人区别于其他动物的特殊本质，是人类特有的属性，从人的本质属性可以得出人具有自然价值和社会价值。人的自然价值主要表现为人作为自然界的存在物，是生态系统的一个组成部分，是人之于自然界的价值和对自然界其他生物的价值关系，同时也表现为人在自然中作为价值客体和价值主体所具有的价值，这是主体性人性价值论比较忽略的；人的社会价值表现为人的创造性，人是社会历史的创造者和推动者，人在社会关系中的价值可表现为价值主体、价值客体和价值关系。

人性的自然维度蕴含着人性的生态价值观，人与自然界有着密不可分的联系，研究人性的自然维度和生态价值观，就必须探究自

---

① 《马克思恩格斯文集》（第1卷），人民出版社2009年版，第211页。

然的本质内涵,自然维度包括自然和自然界,这里有必要将自然和自然界的含义作一区分,自然界是指人类生活在其中的物质世界,包括大气圈、水圈、岩石圈和生物圈;自然则是隐藏在自然界背后的使自然界应该如此的根源,是使自然界成为是其所是的本性。自然界的属性就是自然,是与人性直接相同的自然。人类与自然世界产生了两种关系,一是人与自然界的关系,二是人与自然的关系。① 人与自然界的关系是人利用自然、改造自然的物质关系,人与自然的关系即是人与自然本性的关系,这里指的本性就是遵循一定规律发展变化的趋势,所以人与自然在本性是一致的。马克思认为,人与自然是统一的,自然界对人具有双重意义。其一,自然界是人的无机身体。"自然界,就它自身不是人的身体而言,是人的无机的身体。人靠自然界生活。这就是说,自然界是人为了不致死亡而必须与之处于持续不断交互作用过程的、人的身体。"② 其二,自然界是人的本质的对象,是人创造活动的对象,又是人的现实反映。"没有自然界,没有感性的外部世界,工人什么也不能创造。"③ 但是资本主义制度的异化劳动把人与自然对立起来,因而使人与自然的关系也处于异化的形态之中,使人与自然分裂。"异化劳动从人那里夺走了他的生产的对象,也就从人那里夺去了他的类生活,即他的现实的类对象性,把人对动物所具有的优点变成缺点,因为人的无机的身体即自然界被夺走了。同样,异化劳动把自主活动、自由活动贬低为手段,也就把人的类生活变成维持人的肉体生存的手段。"④ 马克思认为,只有消除异化劳动,才能达到人与自然界的最终和解,实现人与自然界在本质上的统一。"只有在社会中,人的自然的存在对他来说才是人的合乎人性的存在,并且

---

① 曹孟勤:《人性与自然:生态伦理哲学基础反思》,南京师范大学出版社 2004 年版,第 212 页。
② 《马克思恩格斯文集》(第 1 卷),人民出版社 2009 年版,第 161 页。
③ 同上书,第 158 页。
④ 同上书,第 163 页。

自然界对他来说才成为人。因此，社会是人同自然界的完成了的本质的统一，是自然界真正的复活，是人实现了的自然主义和自然界的实现了的人道主义。"① 因此，消除"异化劳动"就是要消除资本主义的思想价值观。今天我们提倡"低碳"生活，实现循环经济，推动科学发展的战略，就是避免"异化劳动"在中国特色社会主义制度中蔓延。

一方面，人类改造自然界的过程，是人与自然界相互作用的过程，是人化自然的过程；另一方面，人类改造自然界的实践活动又是人的本质对象化的过程，也是自然化人的过程，这两个交互的过程孕育了人的自然之维。

马克思根据人类社会历史演进规律，把人与自然、社会的关系演变概括为三个基本形态，马克思指出："人的依赖关系（起初完全是自然发生的），是最初的社会形式，在这种形式下，人的生产能力只是在狭小的范围内和孤立的地点上发展着。以物的依赖性为基础的人的独立性，是第二大形式，在这种形式下，才形成普遍的社会物质变换、全面的关系、多方面的需要以及全面的能力的体系。建立在个人全面发展和他们共同的、社会的生产能力成为从属于他们的社会财富这一基础上的自由个性，是第三阶段。第二个阶段为第三阶级创造条件。"② 即从人的依赖关系到以物的依赖性为基础的人的独立性，再到个人全面发展和基于共同的社会生产能力的社会财富上的自由个性，马克思对人类社会关系形态的划分，揭示了人类与自然、社会关系的本质，乃是对社会关系发展形态的精辟概括。以马克思主义关于人与自然及社会关系的和谐的论述为基础，融合西方人性假设和伦理学的观点，综合考量国内外学者对人性假设的研究，我们认为，"社会生态人"概念的提出有一定理论基础和现实依据，社会生态人可以成为人的发展的一个重要且不可

---

① 《马克思恩格斯文集》（第1卷），人民出版社2009年版，第187页。
② 《马克思恩格斯文集》（第8卷），人民出版社2009年版，第52页。

或缺的阶段。从人的自由全面发展的视域来看，提出人的发展要经历与自然及社会和谐发展相吻合的社会生态人阶段，并揭示其科学内涵，是对传统的人性认识的补充和发展，也为马克思主义人学理论在内容上做了拓展。

三　社会生态人研究的理论和现实逻辑

在理论逻辑上，注重马克思主义理论学说对社会生态人的理论构建。通过对马克思主义关于人与自然及社会关系的理论的评述，揭示社会生态人的科学内涵，探讨社会生态人的价值维度以及社会生态人的人格塑造理路。同时，揭示马克思主义关于人的本质、人与自然关系的学说中如何包含生态之维，解析"社会生态人"的人性结构、各维度及其内在关联，主要理论逻辑如下。

第一，从历史纵向与现实横向两个维度分析社会生态人提出的学理依据。人性的时代性与发展性揭示了人性是社会历史发展的产物；人类的自然生成表明了人的自然本质；马克思关于人性和人的本质的论述包含着人是社会关系的总和与人性的生态之维；生态环境的恶化挑战人类的生存环境，人类的持续发展的需要孕育了社会生态人的人性生成；现实的人伦关系更需要人们拥有博大的社会历史观和生态观来面对自我心理的挑战；人与自然及社会的和谐指向孕育着新的伦理价值关系，这种新型的伦理价值关系需要一种新型的人性承载对象。

第二，运用马克思主义对人与自然及社会关系的理论，评述现有的经济人、社会人、生态人在揭示人的本质方面的优势与不足，论述社会生态人的人性假设理论的时代价值和人性生成。以马克思主义人的本质理论为基础，阐述社会生态人的科学内涵；阐述社会生态人与自然及社会之间客观的现实关系，揭示"社会生态人"的基本素养和能力、责任，社会生态人较之经济人、社会人、道德人、生态人等人性假设更加丰富完整，更能彰显人的本真形象。论证社会生态人的人性发展价值，在理论和实践上，是对传统人性假设的扬弃,也是在现实条件下对马克思主义人性理论的落实与发展;在人性发展的过程中,社会生态人是人的发展过程中的一个阶段,是社会主义市场经济条件下人的发展目标。"社会生态人"是马克思主义关于人的全面自由发展过程与阶段理论的现实坐标。

第三,用马克思主义哲学观点探讨社会生态人的价值内涵。社会生态人的价值生成、价值依据和价值选择孕育社会生态人的社会生存价值;社会生态人的思想政治教育价值和伦理价值构成了社会生态人的思想道德价值;社会生态人的价值在于维系生态平衡、代内代际公平,实现人类社会和谐与可持续发展,这一价值是当今时代可欲的现实目标。一方面,这种人性价值根植于人的本质之内,表现在制度规范之中;另一方面,社会生态人的人性表现更能呈现人性的本真价值,具有更完整、更广泛的特点。

第四,以马克思主义方法论分析塑造"社会生态人"人格的途径。社会生态人的实现关键在于社会生态人人格的塑造,探讨思想涵化、道德教化等人格的塑造理路,着力培养社会生态人的生态人格、道德人格与和谐人格,把"社会生态人"的思想意识和道德伦理嫁接到人的心灵深处,使社会生态人人格成为现实人格。

在方法应用上,用唯物辩证法的质量互变规律研究人的全面自由发展路径问题。通过论证社会生态人是"片面独立的人"向"全面自由的人"发展过程中的"量变中的部分质变",揭示人的发展的阶段性和过程性,推进研究人性范式和人的全面发展问题的方法创新。

第一,通过逻辑与历史相统一的历史和辩证唯物主义方法的交互应用,分析我国古代关于人与自然及社会和谐的思想对我们应该建立什么样的人性发展模式,对倡导人与自然及社会和谐的价值观念能提供什么样的借鉴;分析西方人性假设思想及其在各领域的具体应用以及我国学者对人性假设的阐释与发展,用逻辑与历史相统一的方法分析社会生态人的科学内涵及其人性要素、品质和伦理价值观等。用辩证唯物主义方法揭示人的全面发展是过程性与阶段性的统一以及社会生态人是人的全面发展过程中的"量变引起的部分质变",论述社会生态人是"片面独立的人"向"全面自由的人"发展的中间阶段。

第二,把社会生态人放在人与自然、人与社会、人与人等关系组成的系统中来加以考察,系统研究社会生态人致力于维护人与自然及社会形成的社会自然生态系统的和谐与平衡,分析人与自然、人与社会、人与自身关系的关联性及其相辅相成的特点,把社会生态人的生存价值作为连接各关系及各子系统的结合点,通过这一结合点把社会生态人的伦理价值辐射到各关系及各子系统之中。

第三,通过概念分析与逻辑推理相结合的方法构建社会生态人的理论框架,分析社会生态人的科学内涵,推导出社会生态人的能力、素质结构,生成社会生态人的品质。形成伦理价值观维度,塑造以和谐为核心的价值观和世界观,凸显出社会生态人致力于人与自然及社会和谐可持续发展的价值目标。

在现实的逻辑思路上,以扭转"生态危机和心态危机"为问题导向,以当前人面临的生态问题和心态问题入手,围绕"生态文明建设为什么需要新型人性载体"——"'社会生态人'人性假设是什么"——"'社会生态人'的价值存在与发展有怎样的互动关系"——"如何实现塑造'社会生态人'人格与生态文明建设一体化推进"——"'社会生态人'何以成为人的全面发展的阶段目标"的思路和技术路线展开研究。

一是从人与自然、社会及自身的关系的对峙现实中提出研究问题,分析现有关于人的本质的认识,通过对马克思主义关于人的本质的解读,提出人的本质不仅是自然性和社会性的统一,还蕴含着生态之维。二是从讨论如何建设生态文明、什么样的人能够推进生态文明建设为切入点,分析"社会生态人"人性范式成立的理论与现实依据。三是以人的本质的"生态之维"和"社会关系总和"论述为基础,从人与自然、人与社会、人与人及自身的四大关系出发,以实现人的永续发展为主题,科学架构"社会生态人"人性假设的理论框架。四是以生态文明建设的理论和现实问题为主要内容,分析生态文明建设的人性基础与期待。五是以人的全面发展的历史进程为脉络,论证"社会生态人"是人的全面发展过程中"量变中的部分质变",生态文明建设是现实生产关系条件下追求人与自然和谐的过程,社会生态人还受到现实的社会生产关系如分工等的制约,是人与自然和谐的阶段性人性追求目标,是生态文明建设中人的全面发展的阶段目标。六是从价值哲学的视角,阐述社会生态人的社会生存价值、思想道德价值。围绕社会生态人的伦理价值观和价值内涵,以生态文明建设主体为枢纽,论证"社会生态人"与生态文明建设的人性要求具有高度的契合性。论述塑造"社会生态人"人格的理路,阐述社会生态人的价值引导和思想教化的方法途径。

马克思主义的实践性揭示了人性在实践中生成,人的实践存在决定了人性处于动态生成与发展之中。生态恶化的严酷现实昭示人们,一场人与自然环境的危机,直接影响着人类的生存和可持续发展。实现循环经济与建设和谐社会不是技术问题,更重要的是人的思想意识和思维方式问题。因此,人们开始感觉到人类改造自然、征服自然带来的种种生态危机和生存挑战是人的思想领域的危机,是我们应该有怎样的思想觉悟、思维方式和价值导向去对待人与人、人与社会、人与自然、人与自身的关系问题,从而引发对人的本质问题的新思考,这种思考是人的思想道德建设的再次升华,人们开始重新审视人与自然、人与社会、人与人之间的关系和社会生存价值。在构建和谐社会和建设生态文明的实践中,提出"社会生态人"的人性假设是对人的本质问题探讨的深化和发展,体现了马克思主义与时俱进的人性观,折射出新的生态伦理观和思想价值观,蕴含着新的思想政治教育的新路径,承载着思想道德建设的目标价值。本书以"社会生态人"人性假设为逻辑起点,以价值哲学为视角,从人的本质问题入手探讨"社会生态人"的相关价值和"社会生态人"的人格塑造的具体方法和途径。

第二章　人性假设理论的历史发展与时代价值

人类社会发展的历史就是人类与自然环境相互作用的历史，这种相互作用是以人与人、人与自然、人与社会的相互关系为载体，历史的发展验证和创造了人性的价值。人性假设是科学研究的需要，作为一种理论假设和人性预设，为研究人的本质提供了前提条件。人性假设是一种理论研究的方法，也是研究人的方法论，并为"人"的研究提供基点和参照系。同时，人性假设也为我们研究人的本质提供共同的世界观和认识论。人性假设理论已逐渐在经济学、管理学、政治学、社会学等涉及人的研究与管理实践的领域中广泛应用。从人性假设的理论发展与时代价值上看，人性假设具有合理性和时代性，人性假设的理论设计直接影响着人对自然、人本身和人类社会发展规律的认识。以人性假设为切入点，使人学研究进入一个既有理论前提，又有理论实践发展的阶段。马克思主义认为，人的实践存在性决定了人性处于动态生成中，人性假设理论蕴含着丰富的时代价值。

第一节　人性假设理论的历史演进与发展

人类社会的发展过程是人类认识自身、创造文明的发展史。每一次社会变革都有赖于人们对客观世界和主观世界的重新审视，也影响着人的思想和行为。随着人类对自身认识的内涵和外延的不断深入，人性假设理论有新的进展。人性假设作为人性研究的重要方法，在人性研究和探索实践中产生了很多理论成果，主要表现为"经济人"假设、"社会人"假设、"自我实现人"假设、"复杂人"假设、"道德人"假设、"生态人"假设等诸多种人性假设。

一　中西方历史思想文化对人性的阐释

"人性是什么"，"人为什么会这样或那样"，"决定人的本质力量是什么"，人们在面对人的思考时总是会提出这样的疑问，试想把人的本性的源构性问题弄得一清二楚，并探究人性本质的合理解释，可能这也就是人的本性之一。中西方的思想家从不同的路径探索人性的内容，挖掘人性的根本所在。

中西方思想文化中对人性的解读有着不同的阐释，梳理中西方思想文化中的人性思想，有助于更加广泛地了解人性的内涵，为人性假设提供思想文化线索。

1. 中国传统文化中的人性思想

"人性"是指人类的性质。在辞海的解释中，"人"指人类，"性"指事物所具有的本质特点，人性是人区别于其他动物的共性。《孟子·告子上》说，"生之谓性"，生就是人的存在，存在就是本性，是人的肉体存在和精神存在的统一。《礼记·中庸》说，"天命之谓性"，人的本性是上天给人的自然安排，是大自然的造化。《荀子·性恶篇》说："凡性者，天之就也，不可学，不可事。""不可学、不可事而在人者，谓之性；可学而能，可事而成之在人者，谓之伪；是性伪之分也。"[①] 《吕氏春秋·荡兵》说，"性者，所受于天也，非人力之所能为也"。董仲舒在《春秋繁露·天人三策》深察名号第三十五中认为："如其生之自然之资

---

① （战国）荀况:《荀子》，廖名春、邹新明校点，辽宁教育出版社1997年版，第110页。

谓之性。"① 王充对"性"解释为："性，生而然者也。"② 古人对人性的阐释与理解认为，人性是人与生俱来的性质，是人的一种自然而然的状态，即指人的本性。

人性善恶之争是我国古代人性思想的焦点。孔子只是认为："性相近也，习相远也。"③《论语》中指的性是人性，此话可解释为不同人的人性是相近的或大致相同的，但由于习惯或后天的行为，不同的人会表现出相当大的品质差异。但孟子径直主张"人性本善"，他认为："人性之善也，犹水之就下也。人无有不善，水无有不下。"④ "仁、义、礼、智，非由外铄我也，我固有之也，弗思耳矣。"⑤ 在孟子看来，人性之善，始于人之出生，人性的"仁、义、礼、智"作为先天固有的人性。《孟子·离娄下》说："人之所以异于禽兽者几希，庶民去之，君子存之。舜明于庶物，察于人伦，由仁义行，非行仁义也。"孟子对人性善还作进一步阐释，人与禽兽的区别在于人有四种善端，"人皆有不忍人之心……无恻隐之心，非人也；无羞恶之心，非人也；无辞让之心，非人也；无是非之心，非人也。恻隐之心，仁之端也；羞恶之心，义之端也；辞让之心，礼之端也；是非之心，智之端也。人之有四端也，犹其有四体也"⑥。同时，《孟子·离娄上》说："仁之实，事亲是也；义之实，从兄是也；智之实，知斯二者弗去是也；礼之实，节文斯二者是也；乐之实，乐斯二者，乐则生矣；生则恶可已也，恶可已，则不知足之蹈之，手之舞之。"人不同于禽兽的四端

---

① （汉）董仲舒：《春秋繁露·天人三策》，陈蒲清校注，岳麓书社1997年版，第171页。
② （东汉）王充：《论衡》，陈蒲清点校，岳麓书社1991年版，第48页。
③ （春秋）孔丘：《论语》，杨伯峻、杨逢彬注译，岳麓书社2000年版，第164页。
④ （战国）孟轲：《孟子》，秦学颀注译，西南师范大学出版社1995年版，第225页。
⑤ 同上书，第230页。
⑥ 同上书，第64页。

在于人伦之理，即人道。遵循人道是人不同于禽兽的根本。孟子以人性善为奠基，把人性善定位于政治伦理之中，从此，人性就烙上了深深的社会印迹。"人之初，性本善"成为《三字经》的开篇语，人性本善成为儒家的正统思想，《三字经》作为中国传统文化的代表，承载着中国几千年的思想提炼，可谓是传播广泛，影响至深。

而荀子主张性恶论，《荀子·性恶篇》认为："人之性恶，其善者伪也。今人之性，生而有好利焉，顺是，故争夺生而辞让亡焉；生而有疾恶焉，顺是，故残贼生而忠信亡焉；生而有耳目之欲有好声色焉，顺是，故淫乱生而礼义文理亡焉。然则从人之性，顺人之情，必出于争夺，合于犯分乱理而归于暴。故必将有师法之化，礼义之道，然后出于辞让，合于文理，而归于治。用此观之，然则人之性恶明矣，其善者伪也。"[①] 人性本恶，治恶必有严法，人性恶论者为以法治邦提供了理论依据。

王充在《论衡·本性篇》中认为："周人世硕，以为人性有善有恶，举人之善性，养而致之则善长；恶性，养而致之则恶长。"[②] 汉代董仲舒说："人之诚，有贪有仁。仁贪之气，两在于身。身之名，取诸天。天两有阴阳之施，身亦两有贪仁之性。天有阴阳禁，身有情欲祍，与天道一也。"[③]《扬子法言·修身卷》（第三）中说："人之性也，善恶混。"即修其善则为善人，修其恶则为恶人。人性既有善的一面，也有恶的一面，人性蕴含着善恶两大倾向。

中国古代思想中的人性善恶学说，至少可以归结为四种，一是人性无善恶论；二是人性善论；三是人性恶论；四是人性有善有恶论。

---

① （战国）荀况：《荀子》，廖名春、邹新明校点，辽宁教育出版社1997年版，第110页。

② （东汉）王充：《论衡》，陈蒲清点校，岳麓书社1991年版，第45页。

③ （汉）董仲舒：《春秋繁露·天人三策》，陈蒲清校注，岳麓书社1997年版，第172页。

中国传统文化受儒家思想的影响至深，中国古代思想家、哲学家对人的本质问题的思考源自于对人与社会关系的思考，如孔子创立的"仁说"，墨子的"兼爱说"，孟子和荀子分别所持的"性善说"和"性恶说"及王阳明的"心性说"，朱熹的"纲常伦理说"[①]，中国古代思想家、哲学家对人性本质的揭示是基于人的社会规定性而言，其主要是为了治国安邦的目的，就是思想服务于政治。在中国的传统思想中，人的自然性从来被看成是人的本质的决定性因素，而人之异于动物的社会性的人性规定却被中国古代智者视为人的本质规定性。表现社会本位上就是以群体为本；在道德心理上主要表现为"耻感取向"。

2. 西方历史思想文化中的人性界说

西方思想家和哲学家对人性问题的探索和思考呈现多元化，主要有"人性说"和"存在说"两种思想。"从亚里士多德的'人是政治的动物'，人文主义者的'人是理性的动物'，爱尔维修的'人是有感情的动物'，费尔巴哈的'人是理性、意志、心的动物'，到恩格斯的'人是会制造工具的动物'，海德格尔的'人是会言语的动物'，卡西尔的'人是符号的动物'等'人性说'思想，都无不是从人的自然的或社会的人性讨论中来揭示和诠释人的本质的。"[②] 西方思想家对人的存在本质探索，主要表现在哲学层面上的反思和心理学层面的分析，从人的个体生命存在的事实出发，透过人内心世界对人的生命本质进行分析，"如，叔本华的'生命意志说'、尼采的'权力意志说'、柏格森的'生命动力说'、施本格勒的'渴望的原始感觉说'、海德格尔的'生命和存在说'、笛卡尔的'意识二元论'、冯特的'实验心理学'、弗洛伊德的'精神分析说'、斯金纳的'刺激反应理论'、马斯洛的'人本主义理论'等'存在说'思

---

① 张治库：《人的存在与发展》，中央编译出版社2005年版，第76页。
② 同上。

想"①,着力从本体生命存在及其内在感受来阐释人的本质。就像卢梭所说:"人性的首要法则,是维护自身的生存;人性的首要关怀,是对于其自身所应有的关怀"②;人的存在为人的本质发展提供了基础条件,同时作用于人的本质发展。"自然只完成了人的一半,另一半留给自己去完成"③,即所谓"有什么样的行为就有什么样的个人"④,"直接从自然界产生的人,只是纯粹自然的本质,而不是人。人是人的作品,是文化、历史的产物"⑤。西方人性思想从个体人出发,以个人为本为落脚点,其道德心理上的"罪感取向"根源于西方文明中的宗教神学与世俗政权结合的文化渊源。

西方思想文化对人性本质的阐释是建立在人的管理理论基础上。对人性本质的揭示以人的管理为前提,以人性假设理论来阐释人性本质问题,不同的人管理观念和管理行为孕育了不同的人性假设理论。人性假设理论研究人在生产、工作中行为的动力源泉和追求对象,是管理理论的深层次体系。⑥ 从人的自利性提出"经济人"假设,这种假设从重视物质欲望,满足自利出发,认为人的一切行为都是为了最大限度的满足自己的私利,社会生产活动就是要获及最大的经济利益,表现为会算计、重小利而无大志。"因此,'经济人'假设只有用金钱和其他物质利益才能激励职工干活;职工们本质上被动的,组织应左右、驱使和控制他们为组织服务;感情是非理性的,易干扰理性决策;必须加以防范。"⑦ 而"社会人"假设则是人的本性不仅仅是经济利益,他更加重视人的

---

① 张治库:《人的存在与发展》,中央编译出版社2005年版,第78页。
② 卢梭:《社会契约论》,何兆武译,商务印书馆1991年版,第9页。
③ 高青海:《重提德国古典哲学的人性理论》,《学术月刊》2002年第10期。
④ 黑格尔:《精神现象学》(上卷),贺麟、王玖兴译,商务印书馆1979年版,第213页。
⑤ 费尔巴哈:《费尔巴哈哲学著作选集》(上卷),生活·读书·新知三联书店1959年版,第247页。
⑥ 王志军、段陆生:《管理中的人性假设析论》,《重庆社会科学》2007年第7期。
⑦ 赵华:《中西人性假设比较析论》,《中华文化论坛》2003年第1期。

心理需要和社会关系的满足,人的动机源自于人的社会需求、心理需求、人际关系,在管理中强调民主参与式管理,并认为改善人际关系可以提高管理效率;注重以人为中心的管理,以此来激发调动人的积极性,从而推动人的个性发展。"自我实现人"假设以马斯洛的"需要层次理论"为基础,由于人的最高层次的需要是自我实现的需要,因而追求自我发挥和自我完善,展示自我价值成为人的本性。自我实现是人通过自我控制与管理以实现自我价值、达到自我完善为中心,以提升人的价值和尊严为目标。但是西方管理学家沙因等人认为,人的动机是由诸多复杂因素相组合而决定的,人的需要也会随着自身和外部环境而变化,具多变复杂性,因而人性是复杂的,即所谓"复杂人"假设,人的本性千差万别,差异性成为"复杂人"假设的根本基点。同时,在西方人性假设中还有"道德人"假设、"文化人"假设,这反映西方人性假设理论是时代发展的产物,具有时代性特点,"但是这种多样性和相异性并不意味着不一致或不和谐。所有这些功能都是相辅相成的。每一种功能都开启了一个新的地平线并且向我们展示了人性的一个新方面"。① 这说明每一种人性假设理论都对人性有一个新的理解。

二 西方人性假设理论的时代发展

进入近代以来,西方人性假设理论的形成成为经济学和管理学的理论基础,成为分析经济问题、解释经济现象的理论前提。同时,不同的人性假设理论产生了不同的管理方法论。以"经济人"假设、"社会人"假设和"道德人"假设等为代表的人性假设理论既发展了人们对人性的历史研究和现实解析,同时也推动了人性假设理论与时俱进的发展。

西方人性假设研究从经济学领域开始提出"经济人"假设,到管理科学领域提出"社会人"假设,再到社会学心理学领域

---

① [德] 卡西尔:《人论》,甘阳译,上海译文出版社1985年版,第288页。

"自我实现人"假设,再到多学科的"复杂人"假设等,纵观西方人性假设理论研究的脉络,我们可以看出人性研究从单一领域出发逐渐涉及多学科多领域,这使人性研究和探索更具全面性,同时也发现人性并不是某种单一的表现,而是一个复杂的系统。我们认为,西方人性假设理论为我们从人与自然、人与社会、人与自身的关系出发研究人性提供了较好的方法和视角,为我们结合当前的历史时代研究人的本质提供了较好的借鉴。还有诸多学者对人性假设理论的研究丰富而广泛,提出诸多人性假设理论,如"文化人"假设、"创新人"假设、"现实人"假设,可以说人性假设在不同的维度呈现出丰富多彩的内涵。"人性是一个基于不同标准的许多个二元结构体,如自然性与社会性、本能与理性、情欲与德性、利己与利他的统一体。"① 下面主要从"经济人"假设、"社会人"假设、"道德人"假设、"生态人"假设的人性假设理论来分析人性假设理论的发展内涵。

1. "经济人"假设理论的发展

"经济人"假设是基于经济学的基本假设,为研究人的经济活动提供了一个前提条件。英国经济学家阿弗里德·马歇尔(Alfred Marshal)指出:"经济学是一门研究财富的学问,同时也是一门研究人的学问。"② 英国著名经济学家莱昂尼尔·罗宾斯(Lionel Charles Robbins, Baron)把西方经济学的研究对象概括为:"经济学是一门研究作为目的和具有不同用途的稀缺手段之间关系的人类行为的科学。"③ 这充分说明经济学的假定是以研究人的基本属性作为前提条件的,所以,"经济人"假设成为西方经济学理论体系

---

① 吴育林、曾纪川:《论市场经济条件下"经济人"和"道德人"的同构性》,《教学与研究》2004年第5期。
② [英]马歇尔:《经济学原理》(上册),朱志泰译,商务印书馆1981年版,第23页。
③ [波]奥斯卡·兰格:《社会主义政治经济学》,王宏昌译,中国社会科学出版社1987年版,第494页。

的基石是一种必然。托马斯·霍布斯（Thomas Hobbes）在他的代表作《利维坦》中提出了人性自私的论点，"当自己的利益需要时，他们会放弃习惯，而一遇到理性对自己不利时，他们又反对理性"①。他还对经济活动主体的"人"作了伦理道德的分析；英国经济学家亚当·斯密（Adam Smith）在1776年发表的《国富论》中提出了"经济人"假设的思想，首次描述了经济人的含义。"在他所创立的经济学体系中，人只有在两种意义上进入经济学所研究的视野，一是作为经济分析出发点的人的动机和行为；二是作为财富生产要素的人的作用。"②从亚当·斯密开始，"经济人"假设思想把哲学的人性论纳入经济学研究的基本框架，亚当·斯密认为，人的本性是自私的，一切经济理论都源于人的利己主义本性，个人对自身利益的追求是社会发展的最原始动力，同时他认为，主观上自利的"经济人"也能在客观上有利于社会发展的良好结果。"他指引这种劳动产品使之具有最大的价值，也只是为了自己的利益；在这种场合，也像在许多场合一样，他被一只看不见的手引导着，去达到一个他无意追求的目的。虽然这并不是他有意要达到的目的，可是对社会来说并非不好。他追求自己的利益，常常能促进社会的利益，比有意这样去做更加有效。"③亚当·斯密希望以一只"看不见的手"来调解每个人在追求自身利益的过程所产生的冲突，从而形成共同利益，从而促进社会共同利益的发展，即把"经济人"对自身利益的追求引导到促进社会利益的轨道上来。

亚当·斯密的"经济人"思想得以在边沁（Jefemy Batham）的功利学说、西尼尔（Nassau William Senior）和约翰·斯图亚特·穆勒（John Stuart Mill）的经济人抽象理论那里获得补充和发

---

① ［英］霍布斯：《利维坦》，黎思复、黎廷弼译，杨昌裕校，商务印书馆1985年版，第77页。
② 陈孝兵：《现代"经济人"批判》，《中南财经政法大学学报》2002年第2期。
③ ［英］亚当·斯密：《国富论》（下卷）（增订本），杨敬年译，陕西人民出版社1999年版，第502—503页。

展。穆勒在《政治经济学原理》中指出，"经济人"是对经济生活中的一般人的抽象物，具有"自私"和"完全理性"等两大特征。随着西方经济学爆发了"边际革命"，"经济人"假设也得到了一个新的发展。由于数理方法即基数效用论和序数效用论的应用，学者们对"经济人"的理性性质进行了量的表示。将个体利益最大化的条件值具体化为边际成本等于边际收益，成为新古典经济人的主要特征。以赫伯特·西蒙（Herbert Simon）为代表的现代经济自由主义从有限理性的角度，对理性经济人假说进行修正。西蒙认为："由于环境的不确定和信息不完全及人类认识能力有限，要了解所有的备选方案及实施结果是不可能的。因此，决策过程中人们寻求的并非最优解，而是满意解。"[1] 西蒙的有限性"经济人"假设是对经济人假设的一种完善、继承和发展，主要表现在对经济人的实现条件和途径等包括利益最大化的条件值、有限理性和信息不对称等。利益成为"经济人"的永恒的发动机。

自从"经济人"假设诞生以来，它就成为经济学、哲学、社会学界争论的焦点，同时也有来自多方面理论的批判，马斯洛的需要层次理论否定了传统的"经济人"假设把经济利益作为人的唯一需要的观点，他认为经济人的需求偏好是非常复杂多样的，影响人类生存和发展的因素都会影响其需求偏好，从而使"经济人"假设向现实迈进了一大步，提高了对现实的阐释能力。为了更加全面阐释"经济人"的本质特征，学者们开始用科学实验的方法来揭示"经济人"的行为和思维。Lee Alan Dugatkin 认为，"经济人"虽然在经济决策时以利己为基础，但也被情感所左右，人们在现实生活的各类选择既有理性的一面，也受团结及公正思维等感性因素的影响[2]；Joseph Henrich 等以学生为对象进行试验表明：人是纯粹

---

[1] ［美］赫伯特·西蒙：《管理行为》，杨砾等译，北京经济学院出版社 1998 年版，第 79 页。

[2] Lee Alan Dugatkin, Discovering That Rational Economic Man Has a Heart. Cerebrum, *The Dana Forum On Brain Science*. summer, 2005.

自私自利的设想是完全不切实际的，市场的综合水平越高，人的亲社会倾向也就越高。①

2. "社会人"假设理论的形成与发展

"经济人"假设以经济活动中人的自利性为前提，以利己目标的实现贯穿于整个经济学领域，这样就不可避免地发生各自利己行为的冲突，甚至出现诈骗和暴力行为，从而引发经济活动秩序混乱，导致社会的无秩序状态，不利于社会正义的实现。要解决经济利益的矛盾冲突，就需要一种机制来维持这种交往关系的平衡。哲学家罗尔斯（John Bordley Rawls）认为："竞争市场的平衡被设想在这样一种时候出现：很多各自推进他们自己利益的人相互让步，以使他们能更好地以其让步得到他们最想要的回报。平衡是在自愿的贸易者之间形成的自发协议的结果。对每个人来说，这种平衡都是他通过自由交换所能达到的最好状态，这种自由交换是以同样方式推进他的利益与其他人的权利与自由相一致的。"②然而，根据"经济人"的利己主义特征，他是不会自觉地把行为限制在互利的界限之内，当然更不会把利己置于利他之下的。同时，"经济人"假设把人与人、人与社会、人与环境的关系禁锢在经济利益之中，忽视了人的社会心理因素，漠视了人的思考、情感和人格。因而，管理学者从管理学的角度提出"社会人"的假设，开始关注人的中心价值。

行为科学奠基人乔治·埃尔顿·梅奥（George Elton Mayo）通过美国西方电气公司进行了著名的"霍桑实验"，在"霍桑实验"的基础上出版了《工业文明的人类问题》和《工业文明的社会问题》，提出了"社会人"假设理论。他认为，人是社会人，不是经济人，金钱和物质虽然对其生产积极性的产生具有重要的影响，但不是决定因素，对此取决定作用的是社会、心理因素，即人们在

---

① Joseph Henrich, Robert Boyd. Economic Man's in Cross - Culture Perspective Behavioral Experiments in 15 Small - scale Societies, *Behaviorol and Brain Science*, 2005, Dec.

② [美]罗尔斯：《正义论》，何怀宏等译，中国社会科学出版社1988年版，第202页。

工作中发展起来的人际关系。人们的行为并不是以单纯追求金钱为动机，而是追求人与人之间的友谊，对安全感、归属感和自尊的满足更为重要，人是有不同心理需要的不同个体，应该把人当作社会人来对待。梅奥认为，一是人是由社会和心理需求而引起工作的动机的，并且通过人际关系获得认同感；二是工业革命与工业合理化的结果，使工作本身失去了意义，因此应从工作上的社会关系去寻求意义；三是人的社会影响力比对经济诱因控制更重要；四是人的生产、工作效率随着组织满足他们的社会心理需要的程度而改变。亚伯拉罕·哈罗德·马斯洛（Abraham Harold Maslow）提出的需要层次理论对"社会人"假设理论给予了有力的支持。"社会人"假设从管理学、行为科学的角度将人性假设演绎到人的中心价值实现和个人感应表现进而激发人的内在动力之中，可以说是一种进步的导向。但是在人类社会发展的不同时期，在不同的社会制度中，人们的需要是千差万别，在肯定其合理性的同时，我们也可以发现"社会人"假设也尚未阐释人性的完整内容，"社会人"假设对全面阐释人的本真形象也有些力不从心。

3. "道德人"假设理论的形成与发展

亚当·斯密在《道德情操论》中基于人本性中利他行为的分析而提出"道德人"，他认为"道德人"就是有利他心（同情他人）的人。道德人的内涵主要有三方面表现：一是利他，人是社会性动物，人在社会活动中逐渐形成和发展利他意识；二是理性，人的自利行为是理性的，道德行为也是理性的，主要表现在利他动机的理性选择上；三是追求集体"利益"的最大化，人对利他主义的追求是有共同利益的人以增进团体的利益来实现集体目标。亚当·斯密认为："道德规则不仅承认个人的尊严，也承认其相互关系。如果人类没有基本接受的道德规则的话，社会将会崩溃。"[1] 这种道德规则将压制人自私与自利而提出人的另一方

---

① ［英］亚当·斯密：《道德情操论》，谢宗林译，商务印书馆1997年版，第92页。

面的本性，就像乔纳森·B.怀特在《拯救亚当·斯密》一书中指出，"无论人们会认为某人怎样自私，这个人的天赋中明显地存在这样一些本性，这些本性使他关心别人的幸福而感到高兴外，一无所得"。① 道德人的利他意识同样也是由人的本性所决定的。《三字经》中写道，"人之初，性本善"，孔子说，"君子喻于义，小人喻于利"。孔子把义与利之分作为区分君子与小人根本尺度和划分人之德性标准。从上述"道德人"的描述可以看出，道德人是指在社会生活中按照一定的道德原则、道德规范行动以形成"善性"的道德行为的人，不同社会或相同社会的不同时期，道德人应符合社会主流的道德精神，道德人以"人性善"为人性假设，既有自律，也有他律的道德行为模式。

就"道德人"人性假设而言，它蕴含着两重含义。一方面，就是个体人性具有先天的利他或同情心的一面，即"人之初，性本善"。休谟认为："道德来自情感，道德是起源于归之于人的一种本能的原始的原则，即同情感，同情是人性中一个很强有力的原则。"② 另一方面，是个体人性经过后天的道德教化，而形成利他意识和道德理性，从而表现出集体利益至上的心理品质，形成一种主流的道德意识形态和道德价值观。其本质就是人对自身利益和社会利益关系的自觉理解和把握。这种自觉理解和把握，就是人类精神的升华，从而把主体的道德自省内化为一种道德自律。这正是马克思关于"道德的基础是人类精神的自律"③ 的有力论据，而这种内化则表现为"道德人"的教化实践。

"道德人"人性假设在对人的本性研究中告诉我们，人的本性不仅是自利，还表现着内在的利他（或同情心）的道德本质，张扬着人性之善的精神。同时人在社会化的过程中形成了人类精神的

---

① [美]乔纳森·B.怀特：《拯救亚当·斯密》，彭一勃等译，机械工业出版社2004年版，第60页。
② [英]休谟：《人性论》（下册），关文运译，商务印书馆1980年版，第620页。
③ 《马克思恩格斯全集》（第1卷），人民出版社1956年版，第15页。

道德内涵，并教化着人的德性。但是"道德人"假设更多的是揭示了人本性的利他品质和自身融入社会和集体，并追求集体利益的价值目标，而忽视了人与自然的本质联系和人对自然的道德义务。

4. 其他人性假设观点

诺思在《制度、制度变迁与经济绩效》一书中指出，人是社会的人，人在不同时间与不同地点会处于不同的制度环境中，在不同的制度环境中，人的具体回应是不同的；因此，我们所面对的"人"不仅仅是一个生物性和社会性的存在，同时还是一个精神性和形而上的存在，所以，在考虑"经济人"之外，还需考虑与容纳更多更美好的人性内容。[1] Colin. F. Camere 认为，现实社会既存在"理性人"，也存在"互惠者"，双方在一定条件下可相互诱导转化；[2] Gianni Vaggi 提出"社会经济人"概念，认为人既是经济人，也是社会人；[3] 德国社会学家马克斯·韦伯认为，市场经济的约束机制又使人具有"道德人"的属性，除影响市场经济行为之外，还与社会政治、伦理、文化有着直接或间接的关系，这可以保持经济冲突与道德的抑制的平衡，使人具有"道德人"的人格特征。[4] 在人类越来越明显地感受到生态危机对人的损害之后，Hart Robert A. de J. 又提出了"生态人"的人性假设。现在，生态人的理念越来越受到重视，它是基于对传统"经济人"概念的批判和对"社会人"概念的发展。他认为，人类盲目掠夺自然资源的行为必将导致其灭亡，从长远来看，生态人是人与自然协调发

---

[1] 参见［美］诺思《制度、制度变迁与经济绩效》，杭行译，格致出版社 2008 年版。

[2] Colin·F. Camere. When Does "Economic Man" Dominate Soicial Behavion? *Science*, 2006 Jan.

[3] Gianni Vaggi. The Social – economic Man of Adam Smith – or The Macrofoundationgs of Microeconomic, *History and Political Economy*: *Essays in Honour of P. D. Groenewegen*. T. Aspromourgos, P. Kriesler and J. Lodewijks, Routledge, London, 2004.

[4] 参见［德］马克斯·韦伯《新教伦理与资本主义精神》，生活·读书·新知三联书店 1987 年版。

展，共生共存。①

三 我国学界人性假设理论的研究发展

我国学者以西方人性假设理论为逻辑起点和理论基础，结合我国建设物质文明、精神文明、政治文明、生态文明的历史进程，结合中国特色社会主义市场经济体制对人性假设进行中国化解释。柳之茂在《"经济人"假设的道德分析》一文中提出经济人与道德人、生态人、制度人的统一，在市场经济条件下实现个体利益与公众利益的统一②；张彭松先生对人与自然之间关系进行历史审视，阐述了人类社会与自然之间伦理关系的再现，提出生态伦理是实现人类社会与自然和谐的道德构建。③ 徐嵩龄先生从生态伦理学的视点阐述人性的价值观，从人性的协调和全面发展来建立人的生态行为价值观，提出了"理性生态人"的概念，并对此进行了有力的论证。他认为："'生态人'也称'理性生态人'，就是顺应生态发展规律，与自然环境和谐共存的人。"④ "生态人"假设倡导人与自然的和谐，李炳炎教授提出"科学经济人"的新概念，并认为"科学经济人"就是"经济人"与"利他人""非理性人""社会人""道德人""生态人"的统一。⑤

"生态人"的人性假设是循环经济学、生态文化学对其研究对象的称谓。顾智明认为，"人与自然、社会及其自身相互关系的生态世界观、价值观、人生观正创造和培育着新型的'生态人'，作

---

① Hart Robert A. de J. *Ecosociety: a Historical Study of Ecological Man*, Dehra Dum: Natraj, 1984.
② 柳之茂：《"经济人"假设的道德分析》，《青海师范大学学报》（哲学社会科学版）2001年第1期。
③ 张彭松：《生态伦理：人类社会和谐发展的哲学反思》，《山西师大学报》（社会科学版）2008年第2期。
④ 徐嵩龄：《论理性生态人：一种生态伦理学意义上的人类行为模式》，社会科学文献出版社1999年版，第419页。
⑤ 李炳炎等：《"科学经济人"新概念的逻辑思考》，《福建论坛》（人文社会科学版）2005年第8期。

为生态文明的主体承担者，实现对人的重新塑造"①，"生态人是指善于处理与自然、人及其自身关系，保持良好生命状态的人"②。丁永祥认为，"生态人的行为总是以一定的生态原则为规范，按照生态的道德、智慧和原则做事，追求生态性生存"，"'生态人'具有充分的生态伦理素养和生态环境意识。他们的行为总是以一定的生态原则为规范，按照生态的道德、智慧和原则做事，追求生态性生存。他们拥有人地和谐的自然观、可持续的发展观，注重生命的过程性"。③ 同时"生态人具有充分的生态伦理素养和生态环境意识"④。夏湘远教授在《德性生态人：可持续发展伦理观的主体预制》一文中提出："德性生态人是一种以人地和谐为精神旨归，以可持续发展为价值目标，以代际、代内公平为根本规范的道德人格。"⑤ 李承宗教授认为，"生态人"价值观作为一种新的价值观，体现为自然生态价值观和社会生态价值观两个方面。⑥

"生态人"体现了整体生态世界观的范式和生态安全观，认为人和其他生命一样，只是生态系统这个有机网络上的一个网点，人类生命的维持与发展依赖于整个生态系统的良性运行。人与自然之间不是简单的因果关系，而是存在着复杂的、非线性的相互作用。生态人的人性假设，可以说把对人类本质的解释和处理人与自然的关系问题提升到了一个新境界，但是，这一假设在如何科学、系统地证成"以人为本"和"以生态为本"以及"构建和谐社会"的道德价值和理论实践意义方面还缺乏足够的阐述力。

---

① 顾智明：《论"生态人"之维——对人类新文明的一种解读》，《社会科学》2004年第1期。
② 顾智明：《"生态人"探析》，《中共南京市委党校学报》2004年第1期。
③ 丁永祥：《生态美育与"生态人"的造就》，《河南师范大学学报》（哲学社会科学版）2005年第1期。
④ 余谋昌：《生态哲学》，陕西人民教育出版社2000年版，第112页。
⑤ 夏湘远：《德性生态人：可持续发展伦理观的主体预制》，《求索》2001年第6期。
⑥ 李承宗：《"生态人"价值观新论》，《山西大学学报》（哲学社会科学版）2006年第9期。

第二节 人性假设理论的时代价值

人性随着时代历史发展而不断发展，人性假设理论是随着人的本性的发展而与时俱进。马克思指出："这种本性本身是不能从'效应原则'中虚构出来的。如果我们想把这一原则运用到人身上来，想根据'效应原则'来评价人的一切行为、运动和关系等，就首先要研究人的一般本性，然后要研究在每一个时代历史地发生了变化的人类本性。"[①] 人们对人性的探索和研究是人类永恒的课题，人性研究是人自身发展的需要，人与自然、人与社会、人与自身的诸多问题都需要从对人性的研究和认识中找到答案。一方面，人类社会的经济社会发展要求人们对人性进行永不停歇的研究探索。经济社会的发展激发和推动着人性的不断变化，同时，人类社会的发展成果又为人性探索和研究提供了条件和可能。另一方面，人类社会的发展变革推动着人自身的发展变化。人对自身的认识是一个永无止境的领域。现实中存在着人与社会关系的矛盾、人与自然关系的矛盾以及人自身心理情感的矛盾，这三大矛盾困扰着人自身的全面自由发展。

人性的发展性决定了人性与社会历史发展阶段的耦合性，人类社会的发展阶段也反映了人性生成发展具有一定的阶段性，这种阶段性是随着人对自身和社会的认识而不断发展的，因而人性阶段假设理论是人对人自身认识和研究的阶段性认识和总结，是顺应人类社会发展规律的理论实践。

一 人性假设理论为人性研究提供了理论前提

人性假设并不是将人性固化，也不是先入为主地将人性先验地刻画下来。人性假设理论是建立在人的存在与实践的基础上而提出

[①] 《马克思恩格斯文集》（第5卷），人民出版社2009年版，第704页。

的人性判断与概括，它的理论基础是对人的本质的认识。人性假设是对人的存在意义进行价值判断的有效路径。研究人首先要回答的问题就是人的实然状态和应然状态是什么？即"人现在怎样，本来应该是怎样"的问题。对人的实然状态的现实判断为人性研究提供了逻辑起点，而对人性状态的预设期望又为人性研究架构了理论前提。有了这样的前提条件和逻辑起点就可以对人作出价值判断，从而回答好人的应然状态是什么？即人应该怎样进行价值选择和价值塑造的问题。当然，要研究好人的"实然"和"应然"状态，更应该有科学的研究方法，使人的研究在方法设计和价值落实上有理论架构的存在，那就是以人性假设作为一种前提，推动人性假设在诸多学科领域涉及人的研究中的普遍应用。

首先，人性假设表现为一个阶段对人性的高度概括和理论总结，从理论层面阐释人性的实然是什么以及人性的应然要怎样，在对人性假设的理论的梳理中，我们发现，很多人性假设都是作为某一学科理论的逻辑起点，在哲学、社会学、管理学、经济学、政治学等学科领域都有相应的人性假设，这些人性假设理论都同样在回答人性的"实然"与"应然"，但它们的切入点和侧重点却各有所不同，故而也有着相互联系和相互借鉴的逻辑关系。"所有人性假设理论可以被划分为两个模型，一个是以'是'为始基，即事实型人性假设；另一个则是以'应该'为始基，即价值型人性假设。"[①] 其次，人性假设还表现着人性假设理论的推理演绎，以人性假设为起点，实现人性假设的发展模式，如从"经济人""理性人"到"理性经济人"等，这些可作为发展型人性假设。

随着人性假设理论设计的不断演进，人们对人性假设作为一种理论架构和理论基础也趋于认同，在诸多领域中形成自发到自觉的成熟状态，开始形成一定的价值体系。人性假设是一种公理性概括，通过人性假设推理演绎出一系列哲学、经济学、管理学等学科

[①] 魏则胜：《论思想政治教育的人性假设》，《思想理论教育》2008年第7期。

的理论体系。

二　人性假设理论为人性涵化提供实践指导

人性假设是从人的现实形态对人的本质进行事实判断和对人性应该成为的样态进行展望而提出的，所以，人性假设的内涵是人性在特定时代中的普遍性与特殊性的统一。人性假设是人的发展水平的现实反映，也是人类社会发展阶段的现实反映，它受社会发展物质条件的制约，同时又受社会形态对人的发展的现实要求的制约，人性假设是对人的现实存在设定了理论范式，是特定的社会发展条件下人的共同属性和区别于其他动物的根本特性。这种共同属性，既是对人的规范与约束，又是人之于社会的共同要求，因而对主体的人具有引导和示范的效果，直接作用于人的身心发展，起到教育人的目的。

人性涵化在本质上就是对普遍性人性的思想教化和德性内化。人性假设与人性涵化在逻辑上存在着三种关系：一是理论上的支持关系；二是实践上的互动关系；三是方法上的指导关系。

在理论上，人性假设为人的现实存在本质作出了事实判断，是对人共同本质进行外化的概括与总结，它包括人的自然本质、社会本质和精神本质，这三者是人的全面发展的重要内容。一方面，人性假设是对人的本质的普遍性阐释，对现实的人具有思想武装、情感固化的作用，这是人对自身认识作用于具体人的反衬作用，在一定意义上，现实的人、具体的人也受着人性假设抽象的人的本质的影响，通过具体的现实的人把抽象的人性本质化为人的具体思维，并以此为基础，在人的实践活动中生成和发展；另一方面，人性假设理论源自对人性普遍性的概括，又是对具体人性的超越，它蕴含着对人的价值实现的愿景。人之为人的价值不仅表现在人的自然本质和社会本质，更表现为对精神价值的不懈追求，是人的德性走向崇高并内化于心的过程。人的理性、欲望、情感的合理化生成就是人的品质得到塑造并趋于健全的表现。

在实践上，人性假设理论只有置于某一学科领域的入口之处才具有实践的价值，"经济人"假设奠定了西方经济学研究的基础，"社会人"假设开拓了管理科学新的领域。从某种意义上说，人性假设理论与实践的互动性促进了理论本身不断发展深化，也在各学科领域的实践中找到了自身的价值。同时，人性假设理论为人的思想教化和道德内化提供了思想基础，也为人性涵化的实践提供了路径和价值观。

在方法上，人性假设为人性涵化提供了方法论。人性假设是研究人性的范式，人性假设具有目的指向性。人性假设所提出的相关概念一定是与人们普遍存在的行为相互联系，人性假设是质的分析与量的分析相统一的研究方法。人性假设方法是对人的思维和行为的分析方法，通过假设人的需求和动机特点，推导出人性的基本模式。它是基于演绎逻辑的一种方法，而演绎方法的特点就在于能够通过内涵的设定获得较为全面的外延变量。[①] 人性假设对人性涵化来说，不仅提供了宏观的方法论指导，在微观方面更是具体方法和途径的呈现。人性假设以人的现实需要为出发点，概括人的需要与动机，反映出人的本质特点。这为形成社会管理规范提供了可能。有效成熟的管理规范就是一种制度安排，是人性涵化在方法论上的最高追求。

三 人性假设为人性发展提供实现步骤

人的实践存在决定了人性是处于动态生成与发展之中，实践的历史性决定了人性发展的历史阶段性，人性的发展与人类社会历史发展具有吻合性和适应性，人性发展的阶段性是由人类社会发展的阶段性决定的。人性假设是人性发展的阶段性表现和概括。人性假设理论的发展过程是人性发展中量变引起部分质变的过程，从而体现了人的全面自由发展的过程性与阶段性，保证了人的全面自由发

---

① 张俊宗：《人性假设的方法论意义》，《天水师范学院学报》2009年第4期。

展目标实现的可能性和现实性。

　　人性发展是理论与实践的统一，也就是人性的理论假设与人性的实践生成的统一。人性不是一成不变的，而是处于不断生成与发展之中，人性随着人类历史发展而演变，以人性假设为主要内容的人性理论也是阶段性地不断演变的。一方面，人性的现实表现是人性假设理论的现实基础，是人性假设得以丰富和发展的前提条件。人是社会的产物，人在社会生产劳动中的本质体现和实践要求可以通过人性假设理论反映出来。人性假设是对一定历史阶段的人性的科学概括和对人性发展的期盼，并通过实践表现出来。另一方面，人性假设作用于人的思想，形成人性价值观念，并直接地塑造着人的人性，使现实的人性朝着人性假设对人性期盼的方向发展，也可以说人性假设理论对人性涵化具有指导意义。人性假设的理论与实践的相互作用与相互促进，推动着人性的螺旋式发展。然而这种人性发展是阶段性和过程性的统一，阶段性反映了人性发展部分质变的过程，过程性反映了人性发展的轨迹。人性发展是量变引起部分质变的历史过程，每次质变都使人的全面自由发展向前迈进一步，这是人的全面自由发展的根本动力，也是人的全面自由发展得以实现的根本保证。

第三节　传统人性假设对人性本质阐释的价值考量

　　关于人性探索中提出的"经济人"假设、"社会人"假设、"道德人"假设等人性假设理论在某种程度上也反映了人性现实。以下几个案例足以让我们联想到人性假设中的人性与现实人性表现的吻合。

一　人性假设与人性表征辨析

　　案例一：某地区暴发洪水，淹没了许多村庄，村庄的村民被政府转移安置在不同的灾民安置点，政府向社会发出倡议，号召社会人士赈灾救灾，数名赈灾人士慷慨解囊，购买一批矿泉水、大米、面条等，雇上大货车亲自送往灾民安置点，某一参与救灾协调的官员知道消息后立即与赈灾者联系，希望把救灾物资送到"某一灾民安置点"（此安置点条件稍好，因为是这位救灾协调官员的上司挂点负责的安置点）。天气炎热，赈灾者汗流浃背，考虑到卸货工作量大，于是就想请安置区的灾民帮助卸货，灾民听到赈灾者要自己帮忙卸货，当即回答："天气这么炎热，卸货能给我们多少劳务费？"赈灾者听后无语，当即要司机调头把水送到别处。从上述例子我们可以看到几种人性表现和动机，赈灾者怀着对社会负责、对灾民同情和怜悯的情感动机慷慨解囊，亲自赈灾，展示了一方有难八方支援的道德价值和对社会负责的道德情怀，可谓是"道德人"的直接表现；某安置点的灾民从"个人私利"出发表现为会算计，从而失去了"公利"，也损害了自己的"私利"，让我们能直接联想到"经济人"的思想意识和行为特征；救灾协调官员的思维意识是把迎合上司、营造自己个人的人际关系放在救灾大局之上，来满足自己的社会需要，映衬出"社会人"的种种弊病与丑陋之处。

案例二：某一地方商场打出标牌"打折商品，概不退换"，某一地方把"购买商品，概可退换"写入商业规则（除部分食品外的其他商品）。前者虽有所告示，但却损害了公平正义，其出发点都带有维护自身私利的倾向，是"经济人"的十足表现；后者把诚信作为履行公平公正的前提条件，把社会道德、公德作为自己的行为规则和思维意识，体现了"道德人"假设的道德特征。在这里作者并没有认为哪个人高级，哪些人低级的意思，这只是反映了人性现实表现与人性假设理论有耦合之处。这正说明人性假设不是将人性固化，而是对人的存在与实践提出的人性进行判断与概括。人性表现直接作用于人的思维和意识，即思考问题的出发点和落脚点。

二 利己与利他人性本质的价值考量

人性的利己与利他问题是人性阐释的关键问题,这与我国古代哲学中的"人性本善"与"人性本恶"有着异曲同工之处,在西方的人性假设理论中主要表现为经济人假设和道德人假设。经济人与道德人所表现的利己与利他是根植于人性内部的维度之中,表现在人的社会生产、经济生活的社会实践中。经济人以自己逐利本性为价值基点植入于人与自身、人与社会、人与自然的关系考量之中,使人成为孤立的人、抽象的人和片面的人,歪曲了人的本真形象。"道德人"把人的利他本质局限于现实的社会关系之中,忽视了人对自然界和未来人的道德义务,难以在人的发展维度之中解释人的完整本质。

"经济人"假设从人性的利己出发,把个人利益目标的实现和提高利己目标能力作为价值追求,虽然在亚当·斯密看来,经济人在实现自己利益的同时,可以通过"看不见的手"的调控进而达到财富的社会增长,但这并不是经济人的本意,而是一种附带,即在经济人的思维意识和价值选择上就是理性地追逐自身利益。这种人性假设难以阐释人的完整形象,因而是片面的、抽象的。以这种人性假设理论指导人的思维和行动,必然将导致人与人的关系是一种赤裸裸的交换关系,也是一种尔虞我诈的算计关系,产生没有良知的社会关系,加速人对自然界的无穷索取,并直接葬送人类自身。一是在经济人的体系和视野中,忽视了人与自然、人与社会的关系,把人预设为一种彼此孤立的"原子状态"。马克思说:"自然的人的本质只有对社会来说才是存在的;因为只有在社会中,自然界对人来说才是人与人联系的纽带,才是他为别人的存在和别人为他的存在,只有在社会中,自然界才是人自己的合乎人性的存在的基础,才是人的现实的生活要素。"[①] 在马克思看来,把人孤立

---

① 《马克思恩格斯文集》(第1卷),人民出版社2009年版,第187页。

于自然存在和社会存在都是不可能的，因为在现实社会中人与人是相互依赖、相互制约的，这种依赖和制约并不是纯粹的为了私利，当然也不可能只为了利益。人类社会发展至今每时每刻都不曾离开人与人、人与社会、人与自然的联系，每个人的行为选择无不受到社会历史条件的制约。即便是人的利己愿望和理性在面对现实时也必然处于复杂的社会关系之中。二是经济人把人概括为抽象的人，把社会制度和社会关系看成是永恒的、固化的，难以从现实的社会关系中来认识人性。经济人假设把资本主义制度定为永恒，从根本上否定人类社会的历史发展规律，把社会关系固化在资本主义制度形成的特定模式之中，因而把经济人的利己愿望和理性定格为永恒不变的定律。人的创造性劳动是区别于动物的根本特征，而人类的劳动生产和社会生活总是在具体的现实社会中进行的，并形成具体的生产关系和社会关系，因此，现实社会关系和生产关系就是人性生成和发展的温床。所以，马克思认为，经济人假设没有从人类的具体实践活动去考察人的本质，人的本质不是抽象的，"它从现实的前提出发，它一刻也离不开这种前提。它的前提是人，但不是处在某种虚幻的离群索居和固定不变状态中的人，而是处在现实的、可以通过经验观察到的、在一定条件下进行的发展过程中的人"[①]。三是经济人假设片面理解人与自身和人与人的关系，经济人虽有理性之光，但他的理性永远跳不出利己的"紧箍咒"，这种理性还成为经济人欲望无限膨胀的动力之源，为了追求利益最大化，理性就成了经济人满足私利的工具，从而直接导致了经济人沦为逐利的奴隶。马克思认为，经济人本性在私有制条件下必然表现为异化劳动，"异化劳动，由于（1）使自然界同人相异化，（2）使人本身，使他自己的活动机能，使他的生命活动同人相异化，因此，异化劳动也就使类同人相异化；对人来说，异化劳动把类生活变成维持个人生活的手段。第一，它使类生活和个人生活异化；第二，它把抽

[①]《马克思恩格斯文集》（第1卷），人民出版社2009年版，第525页。

象形式的个人生活变成同样是抽象形式和异化形式的类生活的目的"①，从而在人与人的关系上形成了对立。一方面，资本家大肆榨取工人的剩余价值，形成赤裸裸的剥削关系；另一方面，工人变成了机器的奴隶，人的自由发展成为这对关系的牺牲品。在人与自身的关系方面，形成了资产阶级与无产阶级不可调和的社会矛盾。由于经济人的逐利本性，人的心灵充满着私欲，陷入了无限欲望的深渊，人性的扭曲打破了人自身的和谐平衡，人则成为畸形的人，不仅与自己相异化，也与自己的生活相异化，人的全面发展成为泡影。更为重要的是，由于资本的无限逐利本性，必然会不断地榨取自然界的资源，并且追求利润最大化，所以不可能有对自然的尊崇，而是不顾自然界的承载能力和自净能力，从而导致资源逐渐枯竭、环境不断恶化，因此根本不能形成生态意识，具备生态品质。

"道德人"的利他本性是建立在同情心和怜悯心的基础上，道德人假设在一定程度上能解决现实经济发展与社会道德的困境，但是，道德人也没能从价值层面去阐释人的完整本质。一方面，道德人只把人放在现实的人与社会关系和人与人的关系中，在处理人与人和人与社会的关系上体现了人性的价值维度，却忽视人与自然的关系，把人对自然界的利用与索取来充实人之于社会的道德关系，道德人只承认自然的工具价值，否认自然的内在价值和人应该对自然承担切近的道德义务。道德人没有能从人与自然的关系维度来概括人的本质，因此，道德人在对人的本质的阐释中只表现了社会本质，而缺乏对人的自然本质的解读；另一方面，就道德人的社会本质而言，道德人只关注对同代人的道德关怀和同情感，即所谓的代内道德情感，而没有生态化可持续的代际关怀，即道德人难以承担对后代人的道德责任。因而，对人类社会的可持续发展缺乏价值支撑，在人性的完整阐释上缺失生态化循环意识和可持续发展的思维。

---

① 《马克思恩格斯文集》（第1卷），人民出版社2009年版，第161页。

随着人类社会发展水平的提高和人类生活方式的转变,人对自身存在和发展的认识不断深入,经济人假设、道德人假设面临着许多自身无法解决的理论困境,需要更为完整合理的人性假设来取代,才能实现人的更全面的价值目标。因而寻求人性合理的发展模式是人性内涵的升华,是人类社会发展对人性认识的必然需求。

第三章　社会生态人人性生成的学理支撑和现实依据

为什么提出社会生态人？社会生态人人性的生成有何依据？从人性假设的理论发展与时代价值上看，人性假设具有合理性；从对与自然对立的人性反思上看，呼唤着人与自然及社会和谐的人性生成，孕育着社会生态人人性生成的理性期待；同时，自然价值中的人性生成为社会生态人人性的生成提供了价值源泉；马克思主义人性观为社会生态人人性生成提供了哲学基础；人与自然及社会协同进化的现实要求为社会生态人人性生成提供了价值依据。

第一节　与自然对立的人性反思：社会生态人人性生成的理性审视

全球性生态危机日益凸显，人类在经济社会取得巨大发展的同时却使自己的生存环境付出了惨重的代价，全球性气候变暖等带来的灾害正吞噬着我们看似美丽的家园，一场生态危机正转换成人类生存危机，其危机的背后就是人类自身的人性危机，人性危机表现的是价值危机，价值危机的根源来自于人与自然对立的价值观念和价值取向，反映为与自然对立的人性观，同时，也孕育着一种"人与自然及社会和谐"的人性期待——社会生态人。

一　中世纪基督教神学人性观

"中世纪基督教神学将上帝视为人性生成和人之存在根源，认为人们只有听从上帝的召唤才能确保人性的完善和获及永恒的幸福。"① 上帝创造了自然界也创造了人类社会，上帝创造了亚当和夏娃，亚当和夏娃偷吃了禁果而贬为凡人，因而负有"原罪"。不仅如此，上帝还说："我们要照我们的形象，按照我们的样式造人，使他们管理海里的鱼，空中的鸟，地上的牲畜，地上所爬的一切昆虫。"(《圣经·创世记》)。在上帝看来，人是上帝派来管理和统治自然界的化身，因而人是上帝造化的使者，上帝不仅造化了人的形体还造就了人的本性，并赐予神性和圣灵，人对自然界的管理是上帝赐予的权利和责任。因而人在管理自然界时必然带着上帝神圣的权力。由此我们可以看出，神学人性观认为，人性是由自然本性和神性构成，人的神性与上帝相通，不但高于自然还超越自然，是神灵下人类中心主义观点的集中表现。"怀特还指出，在实践的层次上，基督教教义还导致了人对自然界的冷漠和随意掠夺。"② 神学人性观认为，上帝是人性生成的基础，上帝赋予人在自然界居高地位和统治权力。这种人性观为人类征服自然，控制自然提供了依据，神学人性观的思维观念必然导致人类征服自然的欲望的过度膨胀。这种过度征服欲望也必然导致对自然的过度开发与破坏，违背自然规律，打破生态平衡，从而使自然界日益陷入生态危机的局面，导致人与自然的和谐统一被打破和生态规律的价值被颠覆。

二 文艺复兴时期人文主义者人性观

14世纪文艺复兴运动的人文主义者以理性破除信仰，以批判消除迷信，以人文主义人性取代神性，用人权消解神权，逐渐实现研究重心从人与上帝的关系转移到人与物的关系上，突出人性价值，人的自由和人的价值，颂扬人的高贵，提高人的权威，赞扬人

---

① 曹孟勤：《人性与自然：生态伦理哲学基础反思》，南京师范大学出版社2006年版，第72页。

② 同上书，第74页。

的价值和尊严,实现了人类社会从神性世界到人性世界的转变。文艺复兴时期人文主义者对人性的探索主要存在着自然人性观和理性人性观。

自然人性观认为,人根本不是上帝创造的,人不纯属于上帝,人是自然而然的存在,是自然界的一个成员,人性就是人的自然本性。人的自然本性否定神学人性观的"原罪"和"神性"。人具有七情六欲和趋利避害的本性,而这种本性是人性自然而然所决定的,人这种顺乎自然本性的生活就是不断追求感官快乐和幸福生活,充分满足人的物质欲求。"我不想变成上帝,或者居住在永恒中,或者把天地抱在怀里。属于人的那种光荣对我就够了。这是我所祈求的一切,我自己是凡人,我只要求凡人的幸福。"[①] 这样,人就倾向于享受尘世生活的快乐,追求物质享受,冲破禁欲主义枷锁,把人性的实现和完善与个人物质欲望的满足统一起来。人文主义自然人性观从人本自然出发,把人的物质利益和需要的满足作为人自然而然的本性,把人享受世俗快乐和幸福作为人的天性,并在哲学上寻找合理化,认为趋利避害、自私利己是人的天性所为。孟德威尔提出,人的本性是自私的,人的各种欲望和意向全部发端于利己之心,他认为:"人类行为的动机不论是出自生命自保的冲动,还是为了满足个人的荣誉感,归根结底,行为动机都发端于人的自私本性,人类的一切行为,一切美德,都起源于人的利己心,没有任何力量能够消灭人类这种自私本性。"[②]人的自私本性源自于人的自然本性,人文主义者从人的自然本性推导出人的自私本性,以说明人性自私的根源,这为后来的"经济人"假设提供了思想基础,并作了理论上的准备。按照这样的逻辑理路,那么人为什么要自私自利、趋乐避苦呢?爱尔维修和霍尔巴赫从感觉主义出

---

① 《从文艺复兴到十九世纪资产阶级文学家艺术家有关人道主义人性论言论选辑》,商务印书馆1971年版,第11页。
② 罗国杰、宋希仁:《西方伦理思想史》(下卷),中国人民大学出版社1988年版,第106页。

发，认为这是人的"自爱"本性，人的"自爱"本性对谋求个人的利益和幸福是人的最应然的行为，所以"自爱"是人的自然而然的本性。从这里可以看出，自然人性观将自私、自爱、自利、自保等行为作为人的本性表征，把追求物质满足和享乐世界作为人的根本目的，在这种思维意识的支配下，人就必然要向大自然不断索取，掠夺和利用自然资源来满足自己的物质利益。无限的掠夺和利用必然造成自然资源的枯竭，并产生大量的废弃物质，从而违背生态规律，破坏生态平衡。

卡西尔在《人论》中概括了苏格拉底的思想，"人是一个对理性问题能给予理性回答的存在物"[①]，人的理性源自于人的认识活动和对知识的回忆。亚里士多德认为，"求知是人类的本性"[②]的论述就是对人的理性来源的例证。人的求知过程是自我意识和思维意识的统一，就像黑格尔说的那样："如果说人之所以异于禽兽在于他能思维"，这话是对的（这话当然是对的），则人之所以为人，全是他的思维在起作用。[③]

"在古希腊哲人看来，将理性规定为人的本质目的，在于使人能够有理性的生活，所谓有理性的生活就是用理性控制情欲，使理性与情欲达到一个平衡状态，而能够用理性控制情欲的人便是具有美德的人，所以理性在某种程度上说也就是人的德性。"[④] 柏拉图认为，人的德性是由人的灵魂中理性、意志、情欲三因素构成，这三者和谐统一则会有真正的幸福生活，并产生四种美德，即智慧、勇敢、节制、正义。在这三因素中，理性处于核心统治地位，指挥和调控着意志和情欲。当理性控制了意志和情

[①] [德] 恩斯特·卡西尔：《人论》，甘阳译，上海译文出版社1985年版，第9页。

[②] [古希腊] 亚里士多德：《形而上学》，吴寿彭译，商务印书馆1981年版，第1页。

[③] [德] 黑格尔：《小逻辑》，贺麟译，商务印书馆1980年版，第38页。

[④] 曹孟勤：《人性与自然：生态伦理哲学基础反思》，南京师范大学出版社2006年版，第89页。

欲，即产生智慧；当意志能调控情欲并充分发挥作用便产生了勇敢；情欲服从于理性和意志，使人能克制情欲，即产生了节制。同时，理性、意志、情欲这三因素各正其位、和谐统一即产生了正义。而同时具有智慧、勇敢、节制和正义四种美德的人就是人的最高境界。而理性人性主义则认为，人是理性存在物，理性是人之为人的本质。这种理性人性观虽然继承和发展了古希腊的哲学体系，但就其理性的目的来看，它并不是控制情欲，而是凭着理性的天赋能力满足自己的物质欲望。康德认为，人"可以作为天赋有理性能力的动物而自己把自己造成一个有理性的动物"[①]。在康德看来，人是有理性的动物，而理性是人的本质和天赋能力。人的本质和能力可以自己创造出来，从而变成现实的理性的人。

这种理性的最终目的就在于追求"凡人的幸福"。培根有句名言"知识就是力量"，理性就是引导人们发现真理，建立真理和确定真理的智慧力量，并坚信这种力量可以为人们重新创造一个新的物质世界。这激励人们勇于运用自己的理性认识自然、征服自然。人的理性在认识自然界、揭示自然规律中表现出无穷的魅力，在利用自然、占有自然、享受自然的巨大胜利的同时，逐渐变成人的欲望膨胀的工具。科技理性孕育孵化的科学技术不断将自然资源转化为具体的物质成果，人类在科学技术帮助下感受到了空前的富足，然而就在人们正陶醉在科学技术无所不能的喜悦之时，千疮百孔的自然界也开始报复人类自身，人的生存与发展正面临着生态危机的严峻挑战，而经济理性则以最小的投入换取最高的产出和最大的利润，就必然是建立在庞大的资源消耗基础上的快速发展，理性"经济人"思想迅速膨胀：一方面，利润最大化导致资源换利润，自然平衡被打破，生态环境危机四伏；另一方面，竞争白热化，人际关系异常紧张，人的心理空间受到空前挤压，"凡人的幸福"逐

---

① [德]康德：《实用人类学》，邓晓芒译，上海人民出版社2002年版，第248页。

渐从物质的富庶走向精神的脆弱。

三 社会人性观

人的社会化发展增强了人对社会的依赖，形成了密不可分的社会关系，人与社会的关系之间产生了普遍联系。一方面，人的高度社会化过程就是人的社会关系的形成过程，人的社会化程度越高，人对社会依赖程度就越高，人的社会性表现就愈加突出；另一方面，社会化程度越高，社会关系就越复杂，社会对人的制约程度就越强，因而人的社会存在特征就越明显。社会人性观认为，人性就是人的社会性，人本质上就是一个社会存在。荀子认为："水火有气而无生，草木有生而无知，禽兽有知而无义，人有气有生有知亦且有义，故最为天下贵。人力不如牛，走不如马，而牛马为用，何也？曰：分。何以能行？曰：义。故义以分则和，和则一，一则多力，多力则强，强则胜物。故宫室可得而居也，故序四时，裁万物，兼利天下，无它故焉，得之分义也。故人生不能无群，群而无分则争，争则乱，乱则离，离则弱，弱则不能胜物，故宫室不可得而居也，不可少顷舍礼义之谓也。"（《荀子·王制》）人是自然存在物，但人又优于自然存在物，人的"义""能群"就是区别于其他自然存在物的重要标志，这充分表明人更重要的是社会的产物，具有突出的社会性。古希腊亚里士多德指出："谁也不会选择单独一个人去拥有一切善。人是政治动物，天生要过共同的生活。"[①]亚里士多德说的人是政治动物，其实质上就说明，人是社会动物，因为政治是社会的政治，是社会治理的集中表现。同时，法国思想家卢梭在他写的《社会契约论》中也阐述了人通过社会契约的缔结形成一种社会状态，即人在社会化过程中打上社会的烙印，并逐渐成为社会人。人的社会规定性决定了人性，人的社会需求不断满

[①] ［古希腊］亚里士多德：《尼各马科伦理学》，苗力田译，中国社会科学出版社1999年版，第211页。

足的同时也产生了新的动机,这也为"社会人"假设提供了支撑。人在满足自己自私自利的同时,更需要社会、心理的满足,也表现出利他和同情心。斯宾塞说:"如果我们把利他主义定义为在事物的正常过程中一切有利于他人而不是有利于自己,那么,从生活一开始,利他主义一直就不比利己主义更根本。首先是利他主义依赖于利己主义,其次是利己主义也依赖于利他主义。"① 正是由于人性中的利己和利他本性推动着人的发展,进而推动着人类社会的发展。马克思在《关于费尔巴哈的提纲》中提出了人的社会性本质的论述,在这里马克思批评了费尔巴哈关于"人的本质表现在'我欲故我在'的命题中"的关于对人的本质的论述,认为人的现实本质主要是人的社会性本质,说明人性是社会本质在人身上的烙印和表现,人与人的社会关系不同,人的社会表现就不同,人类社会是人性生成的根源,人性的奥秘隐藏在人类社会之中。但如果把人类社会的形成发展过程仅仅视为人对自然界的利用与征服过程,人类社会最引为自豪的就是战胜了自然界的侵害,成功地征服了自然界的桀骜不驯,建立了人类独有的王国,那么就会形成人类社会与自然界的对立。近代以来,人们认为,人类的文明以告别了自然界的野蛮为标志,因而形成了用人的社会性抑制人自身的自然本性,并以形成社会联合体共同征服自然的强大力量,从而把人推向了利欲熏心、欲望无止的境地,形成的社会人性观的价值就是:越远离自然界就越进步、越文明和越有人性的思维定式,这种思维定式指导着人类实践活动与自然的彻底决裂,从而使得人类社会与自然界冲突日益加剧。所以,把生态之维整合到人的本质之中,就是应对这样一种片面的人性观的根本出路。从马克思、恩格斯的关于人的本质以及人与自然的关系的论述中,我们可以看出,马克思主义的人的本质观实际上包含了生态之维。

---

① 转引自万俊人《现代西方伦理学史》(上册),中国人民大学出版社 2010 年版,第 95 页。

四 现代人本主义人性观

现代人本主义人性观倡导唯意志论，其代表人物主要有叔本华和尼采。他们认为，人固有本质既不是物质化的实体，也不是精神化的理念，而是一种不可抑制的生命意志，人性就是为求生存，求自保的生存意志。叔本华认为："人的全部本质就是意志，人自己就只是这意志所显现的现象"[1]，并且他还认为，人生是痛苦，痛苦即是生命的本质，人在满足了一些欲望之后，又会产生对新欲望的渴望，这样得陇望蜀，至死方休，会给人带来无限的痛苦。然而，尼采不同于叔本华的悲观主义论调，他把生命意志看作是不断自我超越，永远追求发展、控制、创造和超越一切的生命冲动力量，永远是面向未来开拓进取。在尼采看来，人既不存在先天的普遍本性，也不存在后天固定的某种行为范式，人是不定型动物，人在不断地创造自我，又在持续地超越自我。人是自由的存在，人的本质就在于人的自由的创造。法国哲学家保罗·萨特认为，"人的自由先于人的本质并使本质成为可能，人的存在的本质悬置在人的自由之中，因此我们称为自由的东西是不可能区别于'人的实在'之存在的"[2]，即认为人的存在与自由先于人的本质，这就是说人的本质是一个认识过程，并同时也是一个自我创造的生成过程，人按照自己的设计不断发展自己，否定自己，超越自己。人本主义心理学创始人马斯洛从人的需要出发，以人性的自我实现为目标价值，把人的自我创造与自我实现看作是人性的本质特征，马斯洛认为，人在逐级满足需要的过程中造就人的本质，只要人的自我实现的需要能够满足，人性就能够达到完美的境界。

现代人本主义人性观将人本身的存在与发展作为人性生成的

---

[1] ［德］叔本华：《作为意志和表象的世界》，石冲白译，商务印书馆 1982 年版，第 396 页。

[2] ［法］保罗·萨特：《存在与虚无》，陈宣良等译，生活·读书·新知三联书店 1987 年版，第 56 页。

根源，以人本身所具有的心理、意识和行为作为人性的基本特征，从人的生命或存在的范畴来考察人的本性问题，把人的主观存在和自我意识作为人性发展的核心内容，其本质就是对人自身的认同。而抛开与自然的联系，注重人的活动和行为对人性的决定作用，注重从人自身把握人性，就必将是人性与自然界相分离，把自然界放在与人性不相干的层面上，明显带有人类中心主义的倾向，从某种角度看，现代人文主义人性观隐含着对自然界的忽视或歧视。

综述历史上的各种人性观，无论是中世纪基督教神学人性观，还是文艺复兴时期人文主义人性观，都没能从人的自然本性和社会本性相融合的角度来阐释人性。不管是社会人性观还是现代人本主义人性观都缺乏从生态维度来把握人的本质中的生态意蕴。在上述各种人性思想中，其人性观的本质都是带着统治、歧视自然界的信念，提倡掠夺自然界，征服自然界，它们都把人与自然界的对立、人与自然界的分离看成是人之为人的规定性。

第二节 自然价值中的人性生成：社会生态人人性生成的价值源泉

"人性深深的扎根于自然，受惠于自然，也受制于自然。"[①] 人性的生成离不开自然的惠泽。人们在改造自然、利用自然的过程中开始感受到了自然的工具价值，同时，随着人对自然的认识的深入，我们更感受到自然的内在价值。人们对自然的认识过程就是与自然对话的过程，这种对话表现了双方的互动与平等性。人对自然的工具价值的认识与人类的社会实践活动互为并进，并在此过程中促进人性生成，正像罗尔斯顿所说，"放在整个环境中来看，我们

---

① [美]霍尔姆斯·罗尔斯顿：《哲学走向荒野》，刘耳、叶平译，吉林人民出版社 2000 年版，第 93 页。

的人性并非在我们自身内部,而是在我们的与世界的对话中"[①]。首先,人类在与自然对话和互动的过程中认识自然的价值;其次,人必须在人与自然的关系中确认人性,人在融入生态循环的过程中产生人性的自然价值;最后,人类在认识生态规律的实践中促进人性的自然生成。相反,只承认自然的工具价值而否认自然的内在价值,则必然会形成人与自然的对立。

一 自然的价值

自然本身是否有价值?"荒野自然本身具有工具价值和内在价值,以及在多大程度上具有这两种价值"[②],这是我们确定人性中的生态之维时所必须回答的。在我们传统的政治经济学中,自然界及自然资源的价值只表现出使用价值,而且使用价值是依附在人类的劳动之中,自然的价值在于辅助人类劳动时表现出劳动工具性价值,即自然的工具价值。当人类站在自然循环角度和生态学的立场来看待价值时,就会逐渐发现价值本身并不局限于人类自身。罗尔斯顿认为,"我们从生态事实都推导不出价值,那我们也就不该把价值定位于人类,而否认我们周围的自然的价值"[③]。因此,人必然要跳出自身来审视自然的内在价值,那就是站在人类与自然对话的视域中来看待自然的价值,即从人性角度看,自然具有工具性价值;从生态学的角度看,自然则具有内在价值。

1. 自然的工具性价值

(1) 自然的经济价值。"经济学家会把价值看成是原初没有价值的东西里加入了人类劳动才形成的"[④],人类劳动赋予自身以价值,其价值形成过程是人的一种认知,更是一种劳动。人类的技艺

---

① [美] 霍尔姆斯·罗尔斯顿:《哲学走向荒野》,刘耳、叶平译,吉林人民出版社 2000 年版,第 92 页。
② 同上。
③ 同上书,第 93 页。
④ 同上书,第 122 页。

离开了自然物质,无论如何也产生不出非自然的化学物质和能量来。一方面,自然的经济价值是因为它具有工具性能,自然物质使人类的技艺得以发挥;另一方面,自然的价值在于其神奇的功能和特性,导致形成自然的可塑性,而可塑性是自然的经济价值的另一表现。"从实用的角度看,正是由于自然物种类繁多,并有多方面的神奇的功能,才能使自然呈现出丰富的可塑性,这正是自然的经济价值所在。"[①] 所谓"巧妇难为无米之炊",科技工作者的技术水平表现有赖于自然物的优异性能,因为技艺是没有独立能力的,自然的经济价值取决于科学发展的水平,但它同时更取决于自然资源的性能。

(2)生态循环价值。人类文明自始至终都受到自然生态系统的规限,现代科学技术推动了人类文明从农业文明过渡到工业文明,但是人类始终不能摆脱自然生态系统的规限。自然的生态循环价值造就了人类的生态福祉,生态价值难以用货币加以计算和衡量,自然的生态循环价值并非商业性价值,如大气、海洋、冰川、臭氧层等的价值在于为人类提供生命支撑,自然的生态循环价值还在于为自然界生成了循环往复的生态系统,这样的生态系统承载着每一个生命个体的生命价值,生命价值的表象就是生命现象,生命现象表现出来的奇特可以说是宇宙的稀罕现象,这足以让人类陷入无限的探索和久久的沉思。生态的循环价值更表现在自然的多样性与统一性和稳定性与自发性两对互补价值上。自然的多样性与统一性使人类认识了多样的具体物类的价值,也认识了渗透在这些具体物类之中普遍规律的价值;稳定性和自发性源自于自然的有序规律性和自然现象的偶然性。

(3)科学价值。科学是关于自然的故事,并阐述自然是如何以及如何变迁演化。人类根植于自然之中,科学是给人类带来快乐

[①] [美]霍尔姆斯·罗尔斯顿:《哲学走向荒野》,刘耳、叶平译,吉林人民出版社2000年版,第123页。

的智力活动，正是人的理性的表现。科学是研究形态、结构和生物体自动平衡的过程，自然的科学价值就在于人类认识自然过程中的心理愉悦，对利用自然、改造自然为人类带来幸福的感受。人类每一次重大科学发现都表现出极大的科学价值，如通过侏罗纪的始祖鸟化石的发现揭示了爬行类与鸟类动物的中间环节；"通过研究一只多腹腔鹦鹉螺，发现其腹腔里一般都有30只细微的刺骨，刺骨每天分泌生成螺壳，这些刺骨的分泌与月球绕地球的运行周期（即海潮涨落的周期）相关联而呈周期性，形成一个叫斐波纳契数列①的对数螺旋形。"②人们从自然中寻找到了科学的规律，其科学价值是显而易见的。

"天空、云彩、海洋、百合花、落日、秋天那闪亮的欧洲蕨、春天那遍野里迷人的绿叶，这一切都洋溢着美，自然真是无限美好，她披戴着美，就像她披戴着色彩与声响，那么，为什么她的美倒成了我们的，而不是她自己的呢"③，自然界的鸟语花香给人以欣赏价值，"名山大川争奇夺艳"，还给人极大的审美价值。

2. 自然的内在价值

"自然的内在价值是指某些自然情景中所固有的价值，不需要以人类作参照。"④ 自然的内在价值并不被人的经验感知，即"没被经验的价值"，价值是主体与客体的关系范畴，没有无主体的价值。我们经常谈论的价值是建立在人为价值主体的基础上的人类价

---

① 列奥·纳多·裴波纳契（Lenoardo Fibonacci，约 1170—1240，另有说 1180—1250），意大利数学家，在向欧洲介绍印度—阿拉伯计数系统有重大贡献，且于一元二次、三次方程求解及数论领域有重要发现，裴波纳契数列为 1，1，2，3，5，8，13，21，……（给定前两项后，其余的项可用递归公式 $U_{n+2} = U_{n+1} + U_n$ 递推）。自 19 世纪以来，科学家在自然中发现了多种可用此数列来表示的结构。

② [美] 霍尔姆斯·罗尔斯顿：《哲学走向荒野》，刘耳、叶平译，吉林人民出版社 2000 年版，第 138 页。

③ John Laird：*A study in Realism*，Cambridge，England：Cambridge University Press，1920，p. 129.

④ [美] 霍尔姆斯·罗尔斯顿：《哲学走向荒野》，刘耳、叶平译，吉林人民出版社 2000 年版，第 189 页。

值，如果把主体设定为除人类之外的自然物，那么这种价值就是非人类价值，那么这种价值是否有存在的可能呢？"一个客体被喜欢或被讨厌，就构成它的价值……某种主体的存在是价值存在的必要条件。所谓主体，并非一定得是具有判断能力的主体，但至少得是能够进行运动和做出感情反应的主体。对于猫来说，奶油是有价值的。但更简单也更好的说法是：猫认为奶油、温暖、别人给它搔痒是有价值的，尽管它很可能不会形成'奶油'的概念，也不会对温暖做出各种判断。"[①] 从这里我们还可以推断，自然界中互为依存的物种都存在着价值关系，即这个物种对另一物种有价值，就这个物种而言就存在内在价值，从生态系统的食物链中更能体现某一种食物在其链中的价值，它们之间形成的价值关系是自然价值关系的一部分，这种价值关系也就是自然的内在价值关系。就单个物种而言，每一个物种的遗传都有着一套规范，遗传使某个物种能够生长和自我修复，并能够繁殖，保护自己的同类，否则就将导致物种的灭绝，那么这种物种遗传也具有内在的价值，这种价值被赋予了一种非主体的生命形式，这种价值是被某个生物体所拥有，不管是否有人来衡量其价值，这些物种是有价值的，而这些都是不被经验的价值。

这样看来，"'内在的自然价值'这一概念在从价值主观论到价值客观论的转化中起了主导作用，但它同时又迫使价值从个体中走出，走向个体的角色及个体所处的生态网"[②]。从此，我们可以达成一个共识，即人类价值和非人类价值同在，人类主观价值和自然客观价值也同在。那么承认自然的内在价值有什么意义呢？一方面，自然的内在价值是自然循环、生态和谐的价值基础；另一方面，自然的内在价值关系与人类的价值关系有着必然的联系，自然

[①] David W. Prall, *A Study in the Theory of Value*, University of California Publications in Philosophy, Vol. 3, No. 2, Berkeley: University of California Press, 1921, p. 227.

[②] [美]霍尔姆斯·罗尔斯顿：《哲学走向荒野》，刘耳、叶平译，吉林人民出版社2000年版，第192页。

的内在价值关系的稳定与和谐是人的价值实现的基础，更是人的存在与可持续发展的保障。

自然的工具性价值和内在价值存在辩证统一的逻辑关系，自然的工具性价值的发挥是以内在价值的和谐稳定为前提的，自然的内在价值的现实意义是以其工具性价值实现为依据的。

二 人性的自然生成

人性从何而来，如何生成，成为中外古今各派学者讨论的经常话题。我国古代哲人早就提出"天人合一"的思想，古希腊哲学家提出"大宇宙"与"小宇宙"的哲学观，近代以来，人性的生成问题成为近现代思想家、哲学家讨论的重要内容。马克思指出："人不是在某一种规定性上再生产自己，而是生产出他的全面性；不是力求停留在某种已经变成的东西上，而是处在变易的绝对运动之中。"[1] 马克思在继承和批判近现代西方人性思想的基础上提出人性的自然维度和"人是社会关系总和"的重要论述，这些重要的思想为人性的自然生成提供了思想基础。人与自然的现实关系以及自然化人与人化自然的统一成为人性从自然生成的现实基础。

1. 人性从自然生成的思想渊源是"天人合一"的思想

"天人合一"的思想精髓蕴含着人与自然的和谐统一。我国古代哲人分别从人与自然的客观存在与和谐统一以及人性和天性在道德意志的统一来论述"天人合一"。儒、道、墨、佛家都把"天人合一"作为处理天人关系的最高境界和指导思想，"天人合一"的思想精髓蕴含着人与自然的和谐统一。他们把"天"解释为人自身之外的存在，即自然现象、自然界、自然规律，人是人自身的存在。《周易·易传》上说："夫大人者，与天地合其德，与日月合其明，与四时合其序，与鬼神合其凶吉。先天而天弗违，后天而奉

---

[1] 《马克思恩格斯全集》（第46卷）（上册），人民出版社1979年版，第486页。

天时。"① 它告诉人们应有天地的品德，无私地化育万物，人的行为应该如四时运转有序，要与天地日月和谐统一，顺应自然变化规律，从而进入人不违天、天不违人的境界，表明人性与天德的统一。孔子说："天生德于予"②，"天生德"意味着德由天生，"于予"则是"德"内在于我，"德"是指人的本性，"生"则"成"之意，"天生德"则为自然成就人性，即为人性自然生成。在董仲舒看来，"事各顺于名，名各顺于天。天人之际，合而为一"③。张载提出："儒者则因明致诚，因诚致明，故天人合一。"④ 以孔孟为代表的儒家注重人性与天地自然的伦理融为一体，从天人合一的角度看待人对自然的道德义务，调节人与自然的关系，其中蕴含着人与自然的道德统一和道德共同体的思想。而以老庄为代表的道家则注重人性与自然本性的合一，人应该遵从自然而生活，不断追寻"天人合一"的生存境界和人生理想。老子在论道中说："有物混成，先天地生，寂兮廖兮，独立而不改，周行而不殆，可以为天地母，吾不知其名，强字之曰'道'，强为之名曰'大'。大曰'逝'，逝曰'远'，远曰'反'。故道大，天大，地大，人也大。域中有四大，而人居其一焉。人法地，地法天，天法道，道法自然。"⑤ 天地本源，浑然一体，寂静空虚，独立存在，循环不息，称之为"道"，无边无际、无所不在称之为"大"，大就运行不息，又称之为"逝"，"逝"就延伸遥远，又称为"远"，"远"就返回本原，又称为"反"。如此循环不息的道，是效法自然而来。老子认为，人是自然的一部分，与天地万物合为一体，而"道"是天地万物的根源和统一的基础，人应该以自然而然为准则，顺应自然

---

① （商）姬昌：《周易》，宋祚胤注译，岳麓书社2000年版，第15页。
② （春秋）孔丘：《论语》，杨伯峻、杨逢彬注译，岳麓书社2000年版，第64页。
③ （汉）董仲舒：《春秋繁露·天人三策》，陈蒲清校注，岳麓书社1997年版，第170页。
④ （宋）张载：《张载集》，章锡琛点校，中华书局1978年版，第65页。
⑤ （春秋）老子：《道德经》，徐澍、刘浩注译，安徽人民出版社1990年版，第71页。

而生活。庄子说:"天地与我并生,而万物与我为一"①,天地与我共同生存,万物与我浑然一体之意。老子认为,人与自然融为一体,"执大象,天下往。往而不害,安平泰"②,掌握和遵守道的规律,就可以让百姓归依,平和安宁。

古希腊哲学家、思想家从人与自然的关系、人的生存意义和宇宙论背景下探求整个世界的本质和产生的根源,产生一种宇宙论意识,形成了"小宇宙"和"大宇宙"一体化观念,这种观念认为,客观自然世界是"大宇宙",而人自身是"小宇宙"。客观世界"大宇宙"秩序与人自身"小宇宙"秩序是和谐一致,在人自身的"小宇宙"中充满内在的生命活力,是遵循自身秩序的自我运动,自我生成和自我发展,并同时遵循自然客观世界的自然秩序而生成发展。人自身的"小宇宙"和客观世界的"大宇宙"运动发展具有一致的同一性,"大宇宙"的秩序是"小宇宙"秩序的根源,而"小宇宙"则是"大宇宙"的附属。因而,人自身的本性与自然客观世界的普遍本性是同一的,"我们每个人的本性都是整个宇宙一部分"③,人性的生成与发展理应与自然本性保持和谐一致。人来自自然界,人是自然界的一部分,人性源自于自然,生成于自然,人性生成的根源就在于自然世界的本性,充分表达了"天人合一"的思想精神。

2. 人性从自然生成的现实基础

"人向自然生成,是指人在与自然界的相互作用中领悟自然界的自然,并把它内化为自我意识,从而生成为具有自然规定性,能够代表自然意志和利益的人。"④ 人的本质表现只有服从自然界的自然规律,并把自然规律内化为自我意识和品行,人才能有遵循自然界的本性的意识,才能有善待自然界的行为。从现实上看,一方

---

① 王孝鱼:《庄子通疏证 庄子内篇新解》,岳麓书社1983年版,第48页。
② 《老子》,饶尚宽译注,中华书局2007年版,第87页。
③ 苗力田:《古希腊哲学》,中国人民大学出版社1989年版,第602页。
④ 曹孟勤:《人性与自然:生态伦理哲学基础反思》,南京师范大学出版社2006年版,第233页。

面，人与自然的关系本质决定人性从自然生成，自然化人与人化自然的统一是人性生成的本质特征；另一方面，人与自然界的关系是人性从自然生成的现实依据。人与自然界的关系是一种物质交换关系，是人利用和改造自然客观世界的关系，也是自然界反作用于人的实践活动的关系。

（1）人与自然的关系本质决定人性从自然生成的基础。人与自然的关系反映了人与自然界的关系和人与自然规律的关系（即人与自然而然的关系）。人与自然的关系属于物质世界的总关系，解决了人的生存关系。自然界是人类存在的物质基础，生命的形成是自然界物质运动的结果，人类的进化是在改造自然界的实践活动中得以实现的。人类生命有机体物质循环以自然界为物质基础，人的生产劳动是嫁接人与自然关系的纽带，因而，人与自然的关系是人的存在与发展的必要条件。人是对象性存在物，人的活动是一种对象性的活动，人与自然的关系是人类利用和改造自然界时所形成的对象性存在的特征。"一方面为了使人的感觉成为人的，另一方面为了创造同人的本质和自然界的本质的全部丰富性相适应的人的感觉，无论从人的理论方面还是从实践方面来说，人的本质对象化都是必要的。"[①]人把自己本质对象化给自然界是人与自然界关系的内化表现。人类改造自然是一种有意识、有目的的活动，而人在展示自身与自然界关系的同时也展示出了自身的需要和目的，所以人的实践活动是把自己的需要对象化给自然界，自然界在人的实践活动中参与人性的生成；人性在生成中体现了自然界的本质。从人与自然界的关系来看，人与自然界融为一体，人是自然界中的一部分，但人又不同于自然界中的普通成员，人有意识有目的的活动正是区别于人与自然界的关系和自然界普通成员与自然界的关系的本质特征，人在处理人与自然界的关系中，逐渐理解自然界，把握自然规律，同时被自然界的本性所规定。人与自然界的关系是人性生

---

① 《马克思恩格斯文集》（第1卷），人民出版社2009年版，第192页。

成的基础。一方面，自然界直接参与人性的生成，另一方面，人与自然的关系是人性生成的参照系，这也为人性向自然生成提供了现实依据，人性向自然生成是对"人是目的"困境的超越，人不仅要对人讲道理，也要对自然界讲道理，人对自然界的道德义务是保持人与自然界关系可持续发展的根本要求。

自然对自然界来说就是自然界的本性，就是自然界的自然，人与自然的关系是人性与自然本性的关系，是指人与自然界建立的本真关系，也是人与自然规律的关系。人与自然的关系包含在人与自然界的关系之中，人与自然的关系是人与自然界关系的核心，并制约着人与自然界的关系，人与自然的关系通过人与自然界的关系反映出来。不同时代、不同地域或不同社会的人对自然界的理解是不一样的，有的能正确反映人与自然的关系，有的就可能歪曲反映人与自然的关系。那么，人与自然的关系又是如何反映人性从自然生成的呢？人类社会的发展史就是人与自然规律相适应的历史，反映了自然界是其所是和人之为人的本质特征。人性从自然生成就是人探索和顺应自然规律的过程，人顺应自然规律就是人与自然关系和谐统一，即人的本性与自然规律的融合。自然界是人存在的基础，遵循自然是人得以发展的前提，恩格斯指出："而人本身是自然界的产物，是在自己所处的环境中并且和这个环境一起发展起来的；这里不言而喻，归根到底也是自然界产物的人脑的产物，并不同自然界的其他联系相矛盾，而是相适应的。"[①] 一方面，从人与自然的关系变化的实践上看，人性从自然生成是应然，人与自然的关系主要表现在人对待自然的方式和思维上，并经历了敬畏自然、顺其自然、改造自然、控制自然的价值观念和行为实践的变化。当前由于人类控制和征服自然的观念和行为极端发展而导致生态危机的产生，直接危及人类的持续生存与发展。如全球性气候变暖，地球家园正面临着毁灭的可能，人们开始从人性的生成角度来反思人与自

[①] 《马克思恩格斯文集》（第9卷），人民出版社2009年版，第38—39页。

然的关系问题。马克思在《1844年经济学哲学手稿》中指出,导致这一结果的根本原因在于资本主义的异化劳动和私有财产,异化劳动必然导致人的异化,人的异化结果就是人性扭曲,要使人性回归本性,人和自然的关系就应然的又要从控制自然回归到顺应自然的价值观念和行为实践上来,即人性应该向自然生成;另一方面,从人与自然的关系"和解"上看,人性向自然生成是必然。人对自然的控制关系产生了人与自然关系的异化,导致了人的生存危机,人要走出危机就应该实现人与自然关系的和解。人与自然的关系是人类社会关系的基础,人与自然关系产生了人与人和人与自身的社会关系,调解人与自然关系的阀门是人与人和人与自身的社会关系,所以,人与自然关系的异化的直接根源就是人与人和人与自身关系的异化,这就是人以什么样的思维方式和价值观念去看待人类社会的可持续发展,如何看待人自身的存在与发展,这种思维方式和价值观念直接决定人与人和人与自然的关系,也决定着人以什么样的价值观念和行为实践对待自己赖以生存的自然界,从而影响着如何对待人与自然的关系,要"使自然界真正复活","人和自然界的矛盾真正解决",实现人与自然和人与自身的和谐统一,就必须重新调整人类认识和利用自然的思维方式和价值观念,调节人类生产方式和生活方式,自觉遵循和顺应自然规律,在人与自然的和谐统一中实现人和自然之间的"物质交换",促进人与自然关系的和谐,这是人类社会得以持续发展、科学发展的必然要求。

(2)自然化人与人化自然的统一是人性向自然生成的现实依据。马克思在《1844年经济学哲学手稿》中提出自然主义与人道主义的统一,其内涵实质就是自然化人与人化自然的统一。德国哲学家施密特指出:"物质变换以自然被人化,人被自然化为内容。"[①] 人化自然与自然化人是人与自然关系的辩证统一,一方面,

---

① [德]阿尔弗雷德·施密特:《马克思的自然概念》,欧力同、吴仲昉译,商务印书馆1988年版,第77页。

人化自然的基础源自于人是自然的存在物，是自然的一个组成部分，同时，自然界是人的现实的自然界。人化自然的根本途径在于人的实践活动，人的意识在人的实践活动中升华，人与自然界进行物质变换过程是人类有意识、有目的的实践活动，人的实践活动对自然界打下了深深的烙印。另一方面，人在利用和改造自然界的实践过程中，把自然万物都看成具有人的品格，富有人的情感，能与人进行精神上相互沟通的生命体，所谓移情于景，使自然万物富有灵性，把人的情感寄予万物之中，人与自然万物处于情景交融的境界，"我见青山多妩媚，料青山，见我应如是"①就是自然化人的意境。人与自然的辩证关系，使人与自然融为一体，一是自然被人化了，二是人也被自然化了，人与自然在本质上是统一的，既有自然向人生成的过程，也有人向自然生成的过程。

3. 人性向自然生成的人性表现

自然界是一个循环的生态系统，生态系统循环的内在要求在于关爱生命。人性向自然生成的人性表现就在于实现和维护生态系统的良性循环，其实质就是关爱生命，实现自然平衡。罗尔斯顿指出："自然平衡可不仅是我们一切价值的源泉，它是我们可以建立的所有其他价值的唯一基础。而其他价值必须符合自然的动态平衡规律。"② 在罗尔斯顿看来，一些物种的退化就意味着一些新物种的产生，自然界的生命生生不息，形式多样都是自然界关爱生命的表现。而人与自然界实现本质统一的表现就在于关爱生命和关爱自身。只有关爱生命和关爱自身才能化解当前人类出现的生态危机和心理危机。

（1）关爱生命是人性向自然生成循环的表现。人将自然本性纳入自我意识，为人与自然的和谐统一迈出了第一步，把关爱生命

---

① 出自辛弃疾词《贺新郎》。
② ［美］霍尔姆斯·罗尔斯顿：《哲学走向荒野》，刘耳、叶平译，吉林人民出版社 2000 年版，第 13 页。

的本性纳入人利用自然、改造自然的社会实践活动，推动了人性向自然生成的循环，"实际上，人只有通过关爱生命和关爱自然，才能从动物界彻底超拔出来，而成为作为人的人"①，因为只有人才能在自己意识的支配下去为自然界和其他存在物承担道德义务；只有在承担道德义务的前提下，才能为自我的生存与发展而更好地开发和利用自然，那么这种道德义务就是在遵循自然规律的前提下关爱自然、关爱生命。人是自然界有意识的能动动物，只有人所具有的关爱生命的意识对自然规律才有意义。关爱生命是保证自然界和生态系统平衡的根本，是人类永葆生机的基础，人性向自然生成的根源在于自然，人性向自然生成循环的基础在于生命系统的循环往复。

（2）关爱自我是人性向自然生成发展的表现。关爱生命是人对自然世界和人类社会认识的升华，而关爱自我则是人对自我认识的超越。当前人正面临着自我膨胀的心态危机，人类自身心态危机的产生意味着人对自我认识得不足，也是对自我关爱得不够，那么，为什么人类社会越发展，人的自我认识会越浅呢？其实不然，随着人类社会的发展，人对自然、社会和自身的认识都在不断深入，只是社会的发展速度加快，社会复杂性呈极数变化，人们投入认识自然、认识社会的能力远远超过对自我的关注，或者说社会对人的要求提高远远大于人对自我认识的增长，人自身的生态平衡受到了冲击而导致了人自身心态危机的产生，人们开始意识到认识自我、关爱自我已经成为人自身存在与发展的新课题。这要求人们在自然本性中去寻找人性发展的新思路。人自身由自然生成，必然带有自然本质属性，那就是自身的"生态平衡"，即人以怎样的心态来看待自我发展，以什么样的价值观念来衡量自身的价值，人的理智、情感、欲望如何来实现有机和谐统一，是追求财富越高、权威

---

① 曹孟勤：《人性与自然：生态伦理哲学基础反思》，南京师范大学出版社2006年版，第257页。

越高还是自得其乐，如果我们站在历史长河中审视人生，从"动态平衡"的维度去看待得与失，人的自我关爱就能找到支点，关爱自我是对自我认识的重新梳理，是人性回归自然的释放，在自然人性中寻找自身发展方式和身心协调平衡，关爱自我是人性向自然生成的加油站，是人性和谐发展的主要表现。

第三节 马克思主义人性观：社会生态人人性生成的哲学基础

西方主流经济学避开社会因素对人的动机和行为的影响，提出经济人假设，把经济人的利己本性看作是自然不变的人性，把人在特定的社会制度形式的利己表现上升为永恒性特征。同时，从西方管理学的角度把人看作是"社会人"的假设则强调人的社会化动力是出自于人的社会、心理需要的不断满足，人应在一定的社会制度下遵循社会规范，充分强调人的社会属性，而忽视人与自然环境之间存在的必然联系和辩证统一。马克思主义人性观要求把对人性问题的讨论放在人类社会发展的不同历史阶段去考察，这是检验人性的假设前提是否合理和科学的重要依据，直接关系到以此为基础建立理论是否具有科学性和可行性。一方面，人性假设必须建立在人性多元化的基础之上，用全面发展的思维方法来考虑人性问题；另一方面，对人性假设还需要从多学科相结合的思路来加以研究，必须综合经济学、社会学、政治学、伦理学、心理学、生态学等领域来考虑。人性不是一成不变的，而是处于不断的生成之中，是历史地演变的，同时，不同社会历史条件下人性表现形式和价值内涵都会有一定的发展。

一 人性是一个社会历史范畴

马克思主义把人性看作一个社会历史范畴。马克思首先认为：

"人作为对象性的、感性的存在物,是一个受动的存在物。"① 人的存在具有双重含义,它既是自然的存在,又是社会的存在,即人具有自然属性,同时又有社会属性,因此人性既由生物性决定,又由社会性决定。人的社会性揭示了人区别于其他动物的特殊本质,是人类特有的属性。马克思说:"人的本质并不是单个人所固有的抽象物。在现实性上,它是一切社会关系的总和。"② 人的社会关系制约着人的自然性,人的自然性就是生命有机体存在的生物特性。人类的生产活动,维持生命体的生存与发展,形成人与人的社会关系,通过生产和交换强化了人的社会性。马克思在《资本论》中指出:"社会化的人,联合起来的生产者,将合理地调节他们和自然之间的物质交换,把它置于他们的共同控制之下,而不让它作为盲目的力量来统治自己;靠消耗最小的力量,在无愧于和最适合于他们的人类本性的条件下来进行这种物质交换。"③ 这里指的"物质交换"就是指人类改造自然的实践活动。马克思从社会关系总和的框架出发,在具体的历史的维度中分析人性,排除了永恒不变的人性思想,马克思不否定人的利己性,但把个人利益的动机和行为放在一定的社会关系和历史背景来考察,人类利己行为是特定的历史产物。马克思认为,商品生产的过程中的人,是在私有制社会条件下的产品生产者。由于资本主义社会大生产,导致社会分工,社会分工决定劳动生产者交换自己的劳动,每个生产者的劳动交换都必然追求获得自己满足需要的最大利益,等价交换成为维护和获得自己最大利益的必然选择。这时的商品生产者确实具有"经济人"的特征,但是整个经济活动的过程促进了个人利益和公共利益的相对统一。在马克思对资本家描述中,承认了人的"经济人"本性是逐利的,追求利益最大化。他认为资本家是资本的人格化,

---

① 《马克思恩格斯文集》(第1卷),人民出版社2009年版,第211页。
② 同上书,第505页。
③ 《马克思恩格斯文集》(第7卷),人民出版社2009年版,第928页。

资本家既有商品生产者的特征，又有资本特性。"作为资本家，他只是人格化的资本。它的灵魂就是资本的灵魂，而资本只有一种生活本能，这就是增殖自身，获取剩余价值。"① 但是我们更应该明确，马克思描述的人的利己行为和实现利己最大化的目标离不开当时特定的社会关系总和的性质。

二 人性是普遍性与特殊性的统一

马克思认为，人性具有普遍性又具有特殊性。所有人类无论他们属于什么特殊社会，都必须从事满足他们各种需求的某种活动，融入一定的社会关系之中，人类的生产劳动没有一般的生产，只有特定的人在特定的社会经济关系中从事特定的生产活动。人性的普遍性是人性的抽象化，是人性普遍价值的反映，人性的特殊性基于人的需求与能力的变化之中，正如肖恩·塞耶斯所说："诸种需求随着它们要满足的社会条件的不同而不同。尽管对事物的需求是一种普遍的需求、一种生物学上的特定需求，但它总是在有限的特定社会条件中得到满足。"② 这反映了人的本质不是永恒不变的，人性随着社会历史的变迁而不断发展，"正像一切自然物必须形成一样，人也有自己的形成过程即历史，但历史对人类来说是被认识到的历史，因而它作为形成过程是一种有意识地扬弃自身的形成过程。历史是人的真正的自然史"③。因而，考察其利己行为应该放在社会关系总和的整体框架中加以论证和阐述。

三 人与自然的关系是人性生成的基础

马克思把人性看成是人在改造自然界的实践活动中生成的，这为科学地认识人性奠定了理论基础。马克思指出："通过实践创造

---

① ［德］马克思《资本论》（第1卷），人民出版社1975年版，第260页。
② ［英］肖恩·塞耶斯：《马克思主义与人性》，冯颜利译，东方出版社2008年版，第196页。
③ 《马克思恩格斯文集》（第1卷），人民出版社2009年版，第211页。

对象世界，改造无机界，人证明自己是有意识的类存在物。"① 马克思、恩格斯在《德意志意识形态》中指出："这样，生命的生产，无论是通过劳动而生产自己的生命，还是通过生育生产他人的生命，就立即表现为双重关系：一方面是自然关系，另一方面是社会关系。"② 从这里我们可以看出，人在改造自然界的实践活动中有两种基本关系，一是人与自然界的关系，二是人与人类社会的关系。人与自然界的关系是人的生活和存在的前提，马克思说："劳动首先是人和自然之间的过程，是人以自身的活动来中介、调整和控制人和自然之间的物质变换的过程。人自身作为一种自然力与自然物质相对立。""当他通过这种运动作用于他身外的自然并改变自然时，也就同时改变了他自身的自然。"③ "环境的改变和人的活动或自我改变的一致，只能被看做是并合理地理解为革命的实践。"④ "外部世界、自然规律，乃是人有目的的活动的基础。"⑤ 所谓人创造环境，同样环境也创造人。这说明人在改造自然界的同时也改造着自身。离开人与自然的关系去架构人性，显然是抛去前提和过程而只看结果，这不符合马克思主义实事求是的基本原则。马克思还认为，人是对象性的存在物，人的活动是对象性的活动。人的这种对象性存在决定了人必须把自己的本质对象化给自然，事实上，现实的自然界也参与了人性的构成，只有这样，人才能获得人的本质。"一方面为了使人的感觉成为人的，另一方面为了创造同人的本质和自然界的本质的全部丰富性相适应的人的感觉，无论从理论方面还是从实践方面来说，人的本质的对象化都是必要的。"⑥ 人的物质需要和精神需要的满足依赖于自然界，"说人是肉

---

① 《马克思恩格斯文集》（第1卷），人民出版社2009年版，第162页。
② 同上书，第532页。
③ 《马克思恩格斯文集》（第5卷），人民出版社2009年版，第207—208页。
④ 《马克思恩格斯文集》（第1卷），人民出版社2009年版，第500页。
⑤ [苏]列宁：《哲学笔记》，人民出版社1974年版，第200—201页。
⑥ 《马克思恩格斯文集》（第1卷），人民出版社2009年版，第192页。

体的、有自然力的、有生命的、现实的、感性的、对象性的存在物。这就等于说，人有现实的、感性的对象作为自己本质的即自己生命表现的对象；或者说，人只有凭借现实的、感性的对象才能表现自己的生命"①。因此，自然界不仅确证着人的本质，还表现和充实着人的本质。

所以马克思关于人性的阐述的落脚点人是人类对象的存在物和社会关系的总和，这一理论表述充分揭示了人的自然性、社会性以及人与自然、人与社会的关系，"如同一切自然被社会所中介一样，反过来，社会作为整个现实的构成要素，也被自然所中介。这种联系就是马克思那里所隐含着的自然思辨的特征"②。自然和社会是互为中介的。这为我们在现阶段研究人的本性提供了研究方向和理论基础。

第四节　生态文明建设的人性期待："社会生态人"人性生成的现实依据

生态文明建设过程不仅是技术器物层面的建设过程，更是一个价值体系塑造过程。因此，生态文明是发展的上层建筑，应该"将生态文明纳入社会主义核心价值体系"③，生态文明建设的过程就是社会主义生态价值观的培育和实践过程，并把生态价值观纳入社会主义核心价值观。可以说，生态文明建设是人性的塑造过程，生态文明建设的成功与否，关键在于提高全民的生态文明意识，塑造与生态文明建设相适应的人性范式，积极培育生态文化、生态道德，把生态文明理念植入人的思维方式和行为实践中。

---

① 《马克思恩格斯文集》（第1卷），人民出版社2009年版，第210页。
② ［德］施密特：《马克思德自然观》，欧力同、吴仲昉译，商务印书馆1988年版，第78页。
③ 《中共中央国务院关于加快推进生态文明建设的意见》，《人民日报》2015年5月6日。

一 树立生态文明理念需要新型的人性载体

"面对资源约束趋紧、环境污染严重、生态系统退化的严峻形势，必须树立尊重自然、顺应自然、保护自然的生态文明理念"[①]，当前严峻的生态环境形势导致生态环境问题，引发生态危机，成为我们人类当前社会生活的突出问题，人与自然的关系调整是人对自然认识转换的核心内容。在理论的发展推进的过程中，学术界通过创立人性假设来应对社会生活中的现实问题，用于指导社会实践和理想追求。这种研究方法和视角为本研究提供了借鉴。例如，"经济人"假设（斯密，1776；穆勒，1821）为市场经济活动提供了人性理论支撑；"社会人"假设（梅奥，1933）为管理学和行为科学提供了某种合理的人性基础；"生态人"（Hart，1984）假设认为，人应该与自然协调发展，追求人与自然的共生共存；类似的假设还有"文化人"假设、"复杂人"假设等；罗尔斯顿在《哲学走向荒野》中认为，现实的人性是导致生态危机的根源，提出"人性应该实现生态转向"等。国内外学者都在前人的基础上力图实现人性范式的时代转换，来应对社会生活中的突出问题，在面对发展任务更加艰巨、生态环境不断恶化的新形势下，还存在着应该进一步推进的方面：第一，大力推进生态文明建设，把生态文明理念渗透到中国特色社会主义事业"五位一体"总体布局的各方面和全过程，需要新型的人性范式作为承载对象；第二，新的人性范式应该有科学性、开放融通性、全局性和理想性，不是现实社会生活出现了什么问题，就主张人性内涵中就增加什么维度，而是能够包容经济、政治、文化、社会和生态文明建设对人性的期待。在面对资源约束趋紧、环境污染严重、生态系统退化的严峻形势，需要怎

[①] 胡锦涛：《坚定不移沿着中国特色社会主义道路前进　为全面建成小康社会而奋斗——在中国共产党第十八次全国代表大会上的报告》，人民出版社2012年版，第39页。

样的人性范式，怎样塑造与生态文明建设相适应的人性内涵，推进人性内涵的发展与变革，这是我们需要正视的两个基本问题。

树立生态文明理念需要把生态意识、生态道德、生态思维嫁接到人的思想认识之中，浸润到人性之中，从而实现新的人性内涵的丰富和发展，从而形成一种生态文化，并通过生态文明制度固化下来。相反，生态文明制度制定和执行过程也必将是一个人性新发展和新转换的过程，并逐渐形成新的人性范式，塑造新的人性模态，形成生态文明的新风尚。

加强生态文明制度建设，将生态文明建设融入经济建设、政治建设、文化建设、社会建设需要新型人性承载对象。制度是人类文明建设的成果，生态文明制度是体现生态价值并要求大家共同遵守的办事规程或行动准则，其制定的前提就是生态意识成为社会显性的思维意识，人的生态品质成为人们普遍认同的精神品质，并逐渐转化为人的精神需要。生态文明制度建设包括生态文明建设规划编制、国土空间开发保护制度、耕地保护制度、水资源管理制度、资源产权制度、资源税费制度、生态环境评价制度、生态补偿制度和生态文明建设相关法律法规。通过生态文明制度的执行和落实，把生态文明建设融入经济、政治、文化、社会建设的全过程，而这个过程就是要将生态文明的思想理念融入人的价值观、融入制度设计和制度安排之中。生态文明是人类社会发展的内在要求，人与社会和自然的和谐发展是人的自由全面发展的现实需求和理想境界，也是人本质发展与进步的具体表现。

在生态文明建设中，迫切需要塑造能够承载生态文明理念和价值的人性范式，把生态文明的理念、价值、技术和制度渗透于经济、政治、文化、社会建设的各环节并贯穿始终，作用于技术应用和制度设计的全过程。"建设生态文明，是关系人民福祉、关乎民族未来的长远大计。"这意味着生态文明建设关系当前人民的幸福感和生活质量，直接惠及民族的永续发展，也是实现当代人与子孙后代公平正义的重要前提。现阶段，我们面临着人与自然和谐发展的现实问题。高投入、高消耗、高污染和不平衡、不协调、不可持续的问题日益凸显，资源约束趋紧、环境污染严重、生态系统退化的严峻形势成为制约我们可持续发展的瓶颈。人与自然环境之间的冲突与矛盾日益加深。这些冲突和矛盾就是人与自然不和谐的强烈音符，这甚至能摧毁人类发展过程长期积淀形成的人类文明。这些现实问题源自于人对自然、社会和自身的认识，包括方法、手段和参照物等因素。以自然为师，汲取自然的生态智慧，不仅是借鉴自然造化推进技术创造，而且还可以借助自然智慧拓展我们的思维。

生态文明建设既是技术问题更是价值问题。推进生态文明建设，发展循环经济，倡导低碳生活，实施绿色发展和可持续发展，实现人与社会、人与自然、人与人和自身和谐的科学发展，这不仅仅是一个技术问题，更是价值问题。美丽中国不仅表现为山美水美，更表现为人更美，山美水美可以通过建设绿化和生态保护来实现，而人美却反映在思想理念、道德素质、人文涵养、科学精神等方面，要通过人格塑造和价值转换来实现。一方面，要通过技术手段和知识智慧优化国土空间开发格局，控制开发强度，调整空间结构，促进生产空间集约高效、生活空间宜居适度、生态空间山清水秀，给子孙后代留下良好的生存条件和发展空间；通过主体功能区战略，构建科学合理的生态安全格局；通过技术应用推动能源生产和控制能源消费，实现循环经济发展的技术改造，降低资源消耗率和提高资源利用率；通过技术创新加强生态修复、污染治理和环境保护。另一方面，要实现人的价值观念与价值取向、思想意识和思维方式以及人的生活方式的转变，对人类的发展过程与目标重新定位，重新审视人与自然、人与人、人与社会、人与自身之间的价值关系。通过生态文明制度建设，增强全民节约意识、环保意识、生态意识，营造爱护环境的良好风气，唤醒蕴藏在人心底的生态之维，树立尊重自然、顺应自然、保护自然的生态文明理念。

二 转变生产方式和生活方式需要重塑的人性范式

在工业化进程中,人类正陶醉于通过科学技术统治自然、控制自然和驾驭自然,粗放式的工业化生产消耗着大量的自然资源,正破坏着维系人类可持续发展的自然生态系统,人与自然的关系日渐恶化。"人类的贪欲正在快速消耗有限的地球的资源,人类发展和生活方式正在快速改变着地球环境!"[①] 生态危机的反作用力正在撞击着工业文明的发展轨道。人类正面临着人与自然关系失衡的困境,走出这样的困境,需要重新审视工业文明的发展思路和人与自然的关系,重新塑造人与自然的价值关系。当前,绿色发展的新理念迫切需要渗透到人们的生产生活之中,建设资源节约型和环境友好型的"两型社会"需要把塑造人的生态文明价值观放在突出位置。转变生产方式,需要摒弃高污染、高投入、高消耗的生产方式,推进循环生产、低碳生产,促进绿色发展,实现人的价值理念转变和人性范式的重塑。

"要构建一种后现代的生态文明远非一蹴而就的易事,它是一项前无古人的巨大而艰巨的系统工程。它不仅意味着思维方式的转变,产业结构的调整,增长方式的改变,而且包括生活方式的变革。"[②] 受这种现代生活方式熏陶的生活主体就是人与自然关系恶化的根源,这样的主体无法承担起生态文明建设的重任。当前,消费主义、享乐主义盛行,这种生活方式必然带来大量资源的消耗,资源消耗过程中带来了两大矛盾。一方面,人类生活资料消耗的无限性与地球资源及其再生能力的有限性的矛盾日益突出,以这样的趋势下去,必将损害人类的可持续发展,使人类陷入"资源危机"的困境;另一方面,大量的资源消耗,带来的是废弃物排放成倍增

[①] 陈家宽、李琴:《生态文明:人类历史发展的必然选择》,重庆出版社2014年版,第157页。

[②] 王治河:《后现代生态文明与现代生活方式的转变》,《岭南学刊》2010年第3期。

加与回收利用和污染处理不足的矛盾,将导致大气污染、水污染和土地污染的加剧,使人陷入"生态危机"的困境。面对这两大矛盾和双重危机,必然要对消费享乐型的生活方式进行反思,着力转变人类的生活方式,构建健康科学、文明和谐的生活方式。实现生活方式的变革,需要人性素质提升和人的生活观念、消费理念的转变。一是需要整体提升人的文明素养,塑造人的生态理性,涵养人的生态品质;二是需要转变人的消费价值观和健康和谐的生活观念,形成科学的消费结构,促进产业结构和产品结构的优化升级,从而实现节能减排的生产生活方式,进一步改善人与自然的关系;三是需要人们形成健康科学、文明和谐生活方式的行动自觉,这是塑造生态新人的关键内容,也是人性重塑的根本。

因此,转变人们的生产生活方式最根本在于塑造生态新人,促进人与自然和谐共生,并以此成为扭转当前生产生活方式的根本力量。

三 培育理性平和的社会心态需要和谐的人性状态

当前,社会生活环境与文化的深刻变化,人与自身的对峙也呈现突出的问题,促进社会公平还任重道远,人与社会的矛盾引爆点较低,人的社会心态时常有不平衡、不和谐的状态。党的十八大报告指出,"加强和改进思想政治工作,注重人文关怀和心理疏导,培育自尊自信、理性平和、积极向上的社会心态"[1]。周晓虹认为,"社会心态是一定时期内弥散在整个社会或某些社会群体中的宏观、动态和突生的社会心理态势","其形成机制在于集体表征和个体认同的相互作用"[2]。费孝通先生早在 20 世纪 90 年代就指出,

---

[1] 胡锦涛:《坚定不移沿着中国特色社会主义道路前进 为全面建成小康社会而奋斗——在中国共产党第十八次全国代表大会上的报告》,人民出版社 2012 年版,第 32 页。

[2] 周晓虹:《转型时代的社会心态与中国体验——兼与〈社会心态:转型社会的社会心理研究〉一文商榷》,《社会学研究》2014 年第 4 期。

"当前世界的形势发展已使人们觉悟到生态秩序日趋紧张,但是很多人还没有觉悟到更为迫切的心态秩序危机"①。近年来,人们社会心态表现出复杂性,有一些突出的倾向和趋势,如,"多层次、高标准的民众需求挑战民生工作;社会不信任的扩大化、固化,成为群际冲突、社会矛盾的温床;阶层意识成为社会心态和社会行为的重心;社会群体更加分化。群体行动、群体冲突增加;社会情绪总体基调正向为主,负向情绪的引爆点低,'社会情绪反向'值得警惕"② 等。这些可能就是费孝通先生提出的"更为迫切的心态秩序危机"的种种表现,缓和、消除这种心态秩序危机的表现迫切需要塑造和谐的人性状态。通过思想政治工作、人文关怀和心理疏导,重塑人性中美好的心灵和行为价值导向,使之成为推动人与社会关系和谐的主体力量。

四 加快生态文明制度建设需要"社会生态人"新型人格为依托

生态文明制度建设问题成为当前关注的一个热点,有学者认为,"生态文明制度就是关于推进生态文明建设的行为规则,是关于推进生态文化建设、生态产业发展、生态消费行为、生态环境保护、生态资源开发、生态科技创新等一系列制度的总称"③。"建立系统完整的生态文明制度体系,要完善科学决策制度,提高对建设生态文明的政治领导力,要强化法治管理制度,提高生态文明制度的执行力,要形成道德文化制度,提高全社会的生态文明自觉行动能力。"④ 从目前的研究来看,制度伦理的角度来研究生态文明制

---

① 费孝通:《中国城乡发展的道路——我一生的研究课题》,《中国社会科学》1993 年第 1 期。
② 王俊秀:《当前值得注意的社会心态问题和倾向》,《中国党政干部论坛》2015 年第 5 期。
③ 沈满洪:《生态文明制度的构建和优化选择》,《环境经济》2012 年第 12 期。
④ 夏光:《建立系统完整的生态文明制度体系》,《中国环境报》2013 年 11 月 14 日。

度建设问题则鲜有涉及。那么，生态文明制度本身是否具备内在的伦理属性？如何从制度伦理的视域来考量生态文明制度建设？如何将制度伦理应用到生态文明制度建设中？这是值得我们去思考的问题。十八届三中全会把"加快生态文明制度建设"作为全面深化改革，大力推进生态文明建设的首要举措，并进一步细化生态文明制度建设的四个制度建设问题。生态文明制度建设靠什么建设、如何建设？我们认为，可以从制度伦理的角度开展生态文明制度建设研究，通过对生态文明建设中的制度伦理考量，建立社会生态人的正义制度来保障生态文明制度建设的科学性、合理性。

加快推进生态文明制度建设需要塑造顺应生态发展规律、与自然环境和社会环境和谐共生并协同进化的新型人格。为了应对以上要求，我们提出"社会生态人"人性假设，是从马克思所揭示的"人的本质，在其现实性上，是一切社会关系的总和"著名论断中发展出来的，立足于人生存与发展的"社会"和"生态"两个系统和两大属性。"社会生态人"中的"社会"，就是"一切社会关系的总和"，即立基于人类物质生产实践的各种社会关系的总和（而非仅仅指"社会和心理需求"等主观因素）；马克思、恩格斯关于人类物质生产实践的对象首先是自然界，同时"自然界都报复了我们"的深刻洞察，"共产主义作为完成了的人道主义等于自然主义"等重要论断，实际上也指明了人类客观的物质生产实践中所蕴含的生态之维。当前，生态危机日益凸显，生态文明建设成为世界性的重要议题，我们认为，建设生态文明，破解当前"生态危机"，要对人性范式做出重新考量，需要寻找更加丰富完整的人性承载体。提出"社会生态人"作为生态文明建设的人性范式来研究，就是据于这些思考。把现实的人塑造成为具有"社会生态人"人格的人是一个解放思想、转变观念、营造爱护生态环境的良好风气的过程，也是人的发展的具体实践。同时，构建以社会正义制度和生态正义制度为主要内容的社会生态人正义制度，有利于加强和完善生态文明制度建设。

五 彰显生态文明制度的伦理价值需要"社会生态人"正义制度作保障

发挥社会生态人正义制度的伦理价值在生态文明制度建设中有重要的引导作用。有学者认为:"制度伦理不外乎两种,制度的伦理——对制度的正当、合理与否的伦理评价和制度中的伦理——制度本身内蕴含着一定的伦理追求、道德原则和价值判断。"[1] 也有学者认为:"所谓制度伦理,主要是指以社会基本制度、结构和秩序的伦理维度为中心主题的社会性伦理文化、伦理规范和公民道德体系,如制度正义、社会公平、社会信用体系、公民道德自律等等。"[2] 国际顶级制度伦理研究基地——俄勒冈健康与科学大学伦理研究中心的学者认为,制度伦理是组织的价值宣誓、功能阐释和道德准则的价值评估与实践。加快生态文明制度建设需要以生态文明建设的制度伦理价值为基点,从制度伦理学角度考察现实生态文明的价值和制度建设问题,如罗尔斯在《正义论》一书开篇就指出,"正义是社会制度的首要价值"[3],学者们认为,"制度伦理是判断社会道德进步与否的客观标准"[4]。由此可见,制度伦理是生态文明制度建设中需要考察的首要问题。一方面,从制度伦理学的角度来审视生态文明制度建设的伦理问题,能从内在逻辑上将制度伦理与生态文明制度联系起来,使全社会在进行生态文明制度选择、制度设计、制度运行、制度创新之始就注入制度伦理的准则,考察制度的伦理基础。这为生态文明制度建设提供了思想借鉴和理论支持。另一方面,从制度伦理价值的实现来考量如何进行生态文

---

[1] 方军:《制度伦理与制度创新》,《中国社会科学》1997年第3期。

[2] 万俊人:《制度伦理与当代伦理学范式转移——从知识社会学的视角看》,《浙江学刊》2002年第4期。

[3] [美] 罗尔斯:《正义论》,何怀宏等译,中国社会科学出版社1988年版,第3页。

[4] 杨通进:《制度伦理视阈中的道德建设及其进路》,《道德与文明》2013年第3期。

明制度建设的实践问题，在生态文明建设的实践中，在合乎伦理原则的生态文明制度运行中，人们能够从合理的制度体系中汲取符合时代要求的生态文明观念和生态伦理意识，提高全社会的生态文明自觉行动能力，优化人们的生产方式和生活方式，指导人与自然和谐发展的社会实践。

社会生态人正义制度彰显生态文明制度本身蕴含的伦理维度以及生态文明制度建设如何彰显出合乎伦理的价值。从制度价值取向上，这是对生态文明制度的"应然"要求，如公平与效率、自由与平等、正义与和谐、民主与法制、信用与公开等，通过把生态文明的伦理观念与价值取向渗透于经济、政治、文化、社会建设的各环节并贯穿始终，作用于技术应用和制度设计运行的全过程，是生态文明制度建设体现出伦理价值的关键途径。从制度形式上看，可分为正式制度和非正式制度，或可以称之为刚性制度和柔性制度；从制度内容上看，可分为土地保护制度、水资源保护制度、环境治理保护制度；从制度执行上看，可分为源头保护制度、损害赔偿制度、责任追究制度、环境治理与生态修复制度；从制度性质上看，可分为无选择的强制性制度、权衡利弊的选择性制度和道德教化引导性制度等。

生态文明建设中的制度伦理要以制度和伦理为两个抓手，坚持伦理自律与制度自觉相结合。一是以生态文明制度为切入点，抓住各类各层次制度在选择、设计、运行的各环节应该遵循的基本原则、伦理要求，让生态文明制度体现生态文明建设的合理性和道德性，促进生态文明建设的制度自觉；二是抓住伦理的这个核心内容，在生态文明制度的设计、执行过程中，让经济、政治、社会、文化等建设都整合渗透着生态伦理的价值内涵，形成生态文明的伦理规范，促进生态文明制度建设各主体的伦理自律。并进行生态伦理教化，培养塑造人们的生态意识和生态品质。在理论上，期待着人性范式转换，并不断塑造顺应生态发展规律、与自然环境和社会环境和谐共生并协同进化的"社会生态人"新型人格，建立社会生态人社会正义制度和生态正义制度；在现实上，期待着现实人道德能力提升和新的人格塑造的有力实践，在生态文明的制度伦理构建体现社会生态人的社会和生态两项正义制度建设的实践中，提高人们生态文明建设的伦理自觉、制度自信和实践自觉。

第四章　社会生态人人性假设的科学内涵

社会生态人的人性假设根植于人的自然本质与社会本质之中，表现为人的自然性、社会性和生态性，其根本要求在于人与自然、人与社会、人与人以及自身的关系全面和谐与可持续发展，社会生态人是人的思维意识、价值观念和行为模式三位一体的人性反映。梳理社会生态人人性假设的科学内涵、层次要素与能力特征，有助于我们研究社会生态人的人性价值，剖析现实社会历史条件下对人的内在要求。

第一节　社会生态人的概念界定

在界定社会生态人概念之前，我们有必要对"生态"一词的内涵作一界定，黄爱宝在《政府作为"理性生态人"：内涵、结构与功能分析》一文中认为："广义的'生态'概念，意指人与自然、人与社会、人与自身等各种关系的和谐，或经济、政治、文化、社会与自然等各种关系的和谐，也就是指与人类有关的各种关系的和谐。狭义的'生态'概念，意指作为自然性的人类与自然环境的和谐，即人类与自然环境的自然性和谐，也即包括人类在内的自然生态系统的平衡与稳定。"[①] 从广义的"生态"概念来看，

[①] 黄爱宝：《政府作为"理性生态人"：内涵、结构与功能分析》，《社会科学家》2006年第5期。

表现了一种整体的系统观与和谐的生态观，它揭示了人与各种环境关系和人与自身关系和谐的哲学基础，从狭义的"生态"概念来看，体现了一种能动性与实践性，反映了人对各种环境关系和自身关系的能动与实践的指向性。展示出三个方面的和谐内涵，一是人与自然环境和人与自身的自然性和谐；二是人与社会、人与人、人与自身的社会性和谐；三是人与自然环境和社会环境的能动性和谐。和谐是"生态"概念的理念，由此，和谐是"社会生态人"概念的核心价值。

"所谓社会生态人，就是指顺应生态发展规律，与自然环境和社会环境和谐共生并协同进化的人。"① 社会生态人以人—境（人与自然环境、社会环境和自身环境）和谐共生为精神旨归，以协同进化为价值目标，以社会责任和代际、代内公平为根本规范。社会生态人是社会价值主体与价值客体的统一，是人的发展过程中的一个阶段，是社会主义市场经济条件下人的全面发展追求的阶段性目标，是特定历史阶段人性的表现和追求。社会生态人以"和谐"为价值目标，它致力于构建人、自然、社会三者和谐发展的系统。社会生态人是马克思主义关于人与自然及社会和谐的人的本质论的发展的必然，社会生态人是发展的人，是竞争的人，更是和谐的人。和谐是永恒目标，竞争是提升能力的手段，发展是永恒主题。

由此可见，社会生态人具有以下三种素质：一是具有深厚的生态环境意识和伦理素养。能深刻理解人与自然、人与社会、人与人、人与自身之间的生态关系，并将这些内化为自己的内在素质，形成自己的自觉行为。二是具有对社会，对自然，对他人，对自身，对自然环境和社会环境的道德感、责任感和使命感，并且明白自己所肩负的道德责任感和社会正义感的科学内涵。三是具有相当的能力，这包括人作用于自然环境和社会关系的能力，

---

① 钟贞山、黄平槐、葛刚：《社会生态人：社会主义市场经济条件下人的发展目标》，《南昌大学学报》（人文社会科学版）2006年第1期。

这将使人与自然环境和社会环境和谐共生、协同进化具备现实基础。以上三种素质决定了社会生态人具备社会品质、生态品质和心理品质等三大突出品质。三大品质的凸显并不否认人的其他品质的存在要求，而是对人的普遍品质的提升和社会生态人内在品质的凸显。

一 社会生态人的素质

社会生态人的生态环境意识和生态伦理素养源自于人对自身存在和对自然价值的判断与认识，也是人对生态危机危及人的生存危机的反映。生态环境意识也可称为生态意识或环境意识。人的意识是人的认识的反映，人类认识主要包括认识自然、认识社会、认识自我等三大认识，除认识自我以外，认识自然和认识社会在某种意义上说就是认识自然环境和社会环境，也可以说是认识环境，当然离开了对环境的认识，认识自我也就无从谈起，所以认识环境就成为人的认识的核心问题，而人的环境意识随着人认识实践的深入而不断发展，环境意识是人的对象性意识，马克思说，"我对我的环境的关系是我的意识"①，生态环境意识是人的重要意识之一，"生态意识来源于人对环境危机的反思，来源于对人类可持续发展的关注，以及对后代生存和保护地球的责任感"②。苏联学者 B. 基鲁索夫认为："生态意识是指根据社会和自然的具体可能性，最优解决社会和自然关系问题所反映的，社会和自然相互关系问题的观点、理论和情感的总和。"③ 刘湘溶在《论生态意识》一文中写道，"我们把生态意识界定为：人类包括自己在内的自然中的一切生物与环境之关系的认识成果为基

---

① 《马克思恩格斯文集》（第 1 卷），人民出版社 2009 年版，第 533 页注②。
② 余谋昌：《生态哲学》，陕西人民教育出版社 2000 年版，第 237 页。
③ [俄] B. 基鲁索夫：《生态意识是社会和自然最优相互作用的条件》，《哲学译丛》1986 年第 4 期。

础而形成的特定的思维方式和行为取向"①,"生态意识是反映人与自然和谐发展的一种新的价值观"②。生态环境意识以顺应生态发展规律为思维起点,用生态价值观优化人与自然、社会与自然的关系。生态环境意识是一种哲学素养,是对生态规律和生态哲学的理解和认识,生态环境意识反作用于人的行为模式和生态实践。"生态意识是关于人与自然的关系存在的主观反映,其内部结构是由许多不同的结构层次组成的,主要有观念、意向、知识、能力、意志等。"③"哲学的环境意识就其内容而言,它由自然环境意识、社会环境意识和文化环境意识构成","根据意识主体的普遍程度,也可将哲学的环境意识分为个体环境意识和群体环境意识。个体环境意识是个体实践的产物,是个体对环境的认识、情感和意志。群体环境意识是人们对环境的共同认识、共同情感和意志"④。在主客体关系上,人和社会成为生态环境意识的主体,人与自然的关系成为生态环境意识的客体,生态环境意识是对生态系统存在和活动的能动反映,表现了生态规律的整体性、广泛性和连续性,反映了人与自然和社会与自然的和谐以及人对人类实践活动的生态化规律的欲求。"生态意识的特点及价值取向主要表现在以下三个方面:第一,强调整体性;第二,主张生态伦理观;第三,关注未来。"⑤ 深厚的生态环境意识包含着以下内容,一是生态环境对象意识的全面整体性,包括生态环境意识的结构层次整体性和内容程度的全面性;二是生态环境对象意识的和谐发展性,体现在人与自然关系的和谐意识和生态环境内容层次的互动发展与和谐一致;三是生态环境对象意识的未

---

① 刘湘溶:《论生态意识》,《求索》1994年第2期。
② 余谋昌:《生态哲学》,陕西人民教育出版社2000年版,第237页。
③ 钱俊生、余谋昌:《生态哲学》,中共中央党校出版社2004年版,第430页。
④ 孙朝阳、马志政:《简论哲学的环境意识》,《浙江大学学报》(人文社会科学版)2000年第5期。
⑤ 赵建军:《关于生态意识的几点哲学思考》,《辽宁教育学院学报》1992年第4期。

来实践性，生态环境意识作用于人的未来思维和行为，通过具有生态环境意识生成思想理论进而指导人类实践。生态伦理素养，简而言之就是人的生态伦理修养，它包括人的生态道德观念、生态道德情感、生态道德信念和生态道德实践与人的生态伦理道德的行为能力，是生态价值观和生态道德观的内化，是生态文化的形成的基础和生态自觉的力量之源。生态伦理素养取决于人对人与自然、人与社会、人与人、人与自身的生态关系的认识程度。深厚的生态伦理素养的核心就是人的生态伦理观念和思维意识，其基础源自于人的生态环境意识，关键在于生态道德实践，表现在生态道德涵养的习得和生态道德实践能力的提高。

  社会生态人对社会，对自然，对他人，对自身，对自然环境和社会环境的道德感、责任感和使命感，主要表现为人不仅要对他人和社会的和谐负有道德责任，更对自我充满着道德关怀和对人与自然关系和谐负有道德责任，对维护生态和谐平衡和对遵守自然生态规律负有切近的道德义务。人的道德责任和使命不仅体现在对前代人、当代人的道德情感，还要保持对后代人应该享有的道德关怀；不仅对本区域的人负有道德义务，对不同区域的人也同样负有道德义务。这种道德感、责任感和使命感的落实是着眼于人类社会与自然生态系统的和谐与可持续发展。所谓的"莫断子孙粮"，指的就是对未来人和人类社会的持续存在与发展的担忧。

  社会生态人的能力主要表现为人之于自然的能力和人的社会关系能力，人之于自然的能力包括人对自身和对自然的关系能力，人的能力发展是人的全面自由发展的重要内容，同时人的能力发展也是人全面自由发展的重要条件。人的能力是指"人的素质在现实行动中表现出来的，从事或对付某项活动或事件的本领、能量或作用力，是人自身本质力量的体现，也是促使社会发展和改变人的生命的积极力量，它是人的知识、技能、经验、体力、智力等因素的总和"①。社会生态人的"能力"既可指个体能力,也可指组织或群体能力。从理论层面看,这种能力包含三个方面的内容:一是作为个体能力的自我生存和发展能力,主要依赖于人的综合素质和实践能力的提升;二是作为组织或群体能力的组织或群体机构适应社会与环境变化的能力,在改革的过程中,为适应新的形势要求,组织或群体的职能发生了变化,采用新的理念、技术和手段的能力和适应各种变化的能力;三是实践和改善人的社会环境、自然环境以及自身环境的能力。在现实层面看,人的能力主要表现为决策力和执行力,决策过程的能力主要体现在决策的预见能力、应变力、创造力和群众对决策的参与能力,而执行力是由理解力、判断力、领导力、协调力、变通力、控制力等多项能力组成的综合性和系统性能力的全面反映。社会生态人的能力是人之于自然和社会的综合能力,是处理人与自然、人与人、人与社会、人与自身的关系的决策力和执行力集中的体现,反映了人的认识程度。从当前生态危机的事实来看,社会生态人在处理生态方面能力的决定因素源自于人的生态思维意识和生态伦理素养。

二 社会生态人的三大品质

社会生态人的生态品质、社会品质和心理品质是人的品质在这生态、社会、心理三个层面的凸显。人的社会品质是人的社会性本质对象化的表现,是人在提升自身福祉和个人潜能的条件下,参与社会和经济生活的程度,体现在人的社会活动能力和道德实践能力。人的社会活动能力包括人的实践和创新等能力,人的道德实践能力主要指人对社会正义感的认知与实践。社会生态人的社会品质根植于人对人类历史发展规律的认识与把握,着眼于人与社会、人与人的关系处理上,从人与社会的关系来说,是把建设和谐社会的责任

---

① 刘汉辉:《论人的能力建设:从终结性建设向终身建设转变》,《生产力研究》2004年第4期。

感和对人类社会可持续发展的使命感内化为自己的本质；从人与人的关系来说，是把顾全不同空间人和不同时间人的发展化为自己的责任，把当代人与后代人的利益关系放在可持续发展的实践维度之中。

社会生态人的生态品质突出表现为人的生态人格，是以生态意识、生态良心和生态理性为基本内容。生态人格的内涵是"个体人格的自然道德规定性，是个体在长期的社会实践中，基于对人与自然的道德关系的把握和认识而形成的作为自然道德主体的资格、规格和品格的统一，或者说，是自然道德主体存在过程中的尊严、责任和价值的集合。生态人格的主旨是在人的自然化与自然化人的过程中，通过培养健全人格使人类具有与自然和谐共生的能力，并使得人类精神得以依靠自然重新获得完满"[1]。那么，人为什么能够培养自己的生态品质呢？这是因为人与自然存在着天然的依赖关系，人每时每刻都离不开自然生态抚育，自然界是人的生命之源；同时，人为何要具有生态人格呢？因为人是价值的动物，人的价值创造和价值实现是以自然界为对象和手段，人的价值是以和谐为归宿，人类价值源自于自然界。生态人格是一种人的新型人格，它是人的生态意识与生态精神的转化，是人的生态理性与生态智慧的统一，是人的生态良心与生态实践的融合。

人的心理品质是先天与后天相互作用的结果，它表现在人的信念、心态、意志、个性、情感、兴趣和能力等方面，社会生态人的心理品质突出表现在身体健康、外部关系和谐、内心和谐和幸福感受。身体健康是基础，而外部关系和谐主要指人与社会、人与人的关系和谐，同时也表现出人对社会关系的思维方式和处理能力；内心和谐不仅是一种乐观的处事心态，更表现出人的内心的生态循环，是否具有自然规律和生态循环的思维来看待自身的成长规律和生活得失，是否能利用生态法则处理自身心理困惑；幸福感是对自

---

[1] 彭立威：《生态人格论》，湖南师范大学博士论文，2009年，第120页。

身生理状态的一种主观的感觉，也是对自己社会关系的和谐与内心和谐的程度的一种主观的感受。

社会生态人的三大突出品质以心理品质为基础，三者相互依存、相互促进。

一是社会品质、生态品质必须建立在心理品质的基础上，因为心理品质不仅附带着人的先天的自然本性，同时附带着后天对人作用而产生的社会属性，人的先天的自然本性和后天的社会属性决定了人的品质的生成与发展，因而是基础。没有心理品质作为基础，人的社会品质和生态品质是无从谈起的，心理品质是社会品质和生态品质的动力源，是"发动机"。二是社会品质、生态品质是以心理品质为中心，心理品质渗透于人的社会品质和生态品质之中。和谐的心理品质对社会品质和生态品质具有促进作用，并能维持这两种品质保持良好的状态，否则，就会有抑制作用。当然，社会品质和生态品质也都渗透在心理品质之中，能对心理品质产生积极促进作用。三是社会品质、生态品质不仅与心理品质相互依存、相互渗透，其两者自身也是相互影响、相互促进的，生态品质为社会品质指明方向，是"方向盘"，社会品质为成就生态品质提供保障，是"加速器"。四是社会品质、生态品质和心理品质形成一个循环系统，每一品质都为其他两种品质的发展积聚能量，双向促进。社会生态人的三大品质的凸显和作用推动着社会生态人和谐精神目标的实现，也推动着人向全面自由的目标发展。

三 社会生态人的特征表现

社会生态人是人与自然、人与社会、人与人、社会与自然、人与自身关系的综合体现。社会生态人的特征体现在对以下五大关系的认识和处理上：一是人与社会的关系。马克思认为，人是社会历史中的具体人，社会是由人组成的，但不是单个人的简单相加，而是按特殊的规则和特定的结构组成的有机整体。"社会生态人"的人性假设能正确说明人与社会之间的辩证关系，并按这种辩证关系的规律实现从自然人向社会人的转变,成为富有社会责任感的人,并遵循人类社会发展的客观规律,即以追求社会公平、社会安全、社会稳定、社会公益、社会正义、社会保障目标的实现的人。二是人与人之间的关系。社会生态人能从空间和时间两个维度正确认识人与人之间的关系。从空间上说,作为整体范围的人既有共时性,即同时代的不同空间的人体现的是人的共时性;从时间上说,作为整体范围的人具有历史性,即前代人、当代人和后代人的划分体现了人的历史性。作为社会生态人,不仅体现着共时性维度,而且也体现着历史性维度,在满足本群体需要的同时,都担负着控制自己的欲望,减少和避免为他人留下障碍和陷阱的责任,肩负起代内平等和代际公平的历史任务。三是人与自然的关系。马克思指出:"人靠自然界生活。这就是说,自然界是人为了不致死亡而必须与之不断交往的……所谓人的肉体生活和精神生活同自然界相互联系,也就等于说自然界同自身相联系,因为人是自然界的一部分。"① 社会生态人能全面地理解人与自然的关系。一方面,既注重人与自然之间的开发利用关系;另一方面,又能自觉遵循人与自然之间、自然生态之间的关系所体现的自然规律和生态法则,着眼于可持续发展,并自觉调整人与自然的关系,实现人化自然和人被自然化的和谐统一。这种和谐对象化到自然界之中,就能促进自然界的和谐稳定。人以自然界为对象,人类通过改造自然界的实践活动来实现人的本质对象化,即自然界表现着人的本质,人也体现着自然界的本质,人成为真正的人(社会生态人)和自然界成为社会生态人的自然界是一种内在统一的过程。四是社会与自然的关系。"社会是人同自然界完成了的本质的统一,是自然界的真正复活,是人的实现了的自然主义和自然界实现了的人道主义。"② 当然,这里马克思所说的"社会",是指人类社会的高级形态。自然

---

① 《马克思恩格斯全集》(第42卷),人民出版社1979年版,第95页。
② [德]恩格斯:《自然辩证法》,人民出版社1971年版,第122页。

是社会存在和发展的基础，社会是人与自然作用的结果，是一种运动着的自然存在，是自然发展过程中一个现实部分。一方面，社会是人与自然统一的媒介，离开了社会，人就不成其为现实的人，自然界就不成其为现实的自然界；人与自然的关系形成社会关系，社会关系是人与人的关系和人与自然关系的综合。另一方面，任何社会都是人与自然的统一，劳动使自然进入社会历史过程，成为社会的存在物。五是人与自身的关系。社会生态人能够充分认识自我，把心灵和谐作为自我存在与发展的根本要求，人不是表象的存在，而是和谐心灵的存在。社会生态人在处理人与自身的问题上能够拥有生态思维，即用生态循环的视野来看待人的得失，用生态规律的尺度来认识自我的成长与发展，把自己的成长与发展放在人类发展的长河中来加以审视，人与自身关系集中表现在人的心理健康、心灵和谐、人格健全。

以上五大关系，都蕴含着人与环境之间的关系，这里的环境包括自然环境、社会环境和自我心理环境。首先，面对自然环境，社会生态人牢记人和自然之间的生态关系法则，担当着保护生态环境和顺应生态发展规律的职责；其次，面对社会环境，社会生态人具有科学的生态环境保护和促进社会和谐的意识和能力，能正确处理自己、他人、家庭、集体和社会之间的关系，具有与社会生态环境协同进化的理念和智慧；最后，面对自我心理环境，能正确处理现实行为表现与内心状态的有机结合，表现出生态理性、和谐情感、完全意志、适度欲望，实现在心理、心灵和人格上的和谐发展与内在平衡。

第二节　社会生态人的人性要素

人性是人区别于动物的根本标志，说动物通人性，是指它在某一行动上表现出具有人的一点情感，亚里士多德认为，人和动物都有营养灵魂和感觉灵魂，但人和动物的区别在于，人有充分的理性，人的理性远远高于动物的智慧。那么人性由哪些要素组成，各要素之间是如何相互作用而表现出具体的人性的呢？人性作为人的一种普遍性是其成为人的根本特性，这种普遍性是源自于人的智力的物理性构造区别于或优越于动物的智力的物理性构造，即人的自然属性优越于动物的自然属性，其结构的优越表现在人的大脑以及大脑把客观事物作用于人的身体所表现出理性、情感、意志、欲望等诸方面；人性的特殊性就是人的理性、情感、意志、欲望与自身周围不同的客观事物和环境相互作用而表现出来的思维方式和价值观念等。所以我们认为人性要素是由人的理性、情感、意志、欲望等诸要素构成。人性的诸要素相互作用与互动形成人性的具体表现形式。社会生态人以人—境（人与自然环境、社会环境和自身环境）和谐共生为精神旨归，以协同进化为价值目标，以社会责任和代际、代内公平为根本规范，是现阶段人性表现的理想模式，表现出人性普遍性中的特殊性，是马克思主义关于人与自然及社会和谐的人性范式，是人性诸要素相互作用达到和谐融通的良好状态，其人性要素表现为生态理性、和谐情感、完全意志和适度欲望，这是人性要素相互作用、和谐发展与内在平衡形成的良好状态的反映。

一 价值论的人性论与结构论的人性论对人性要素的解读

中西方选择人性论的路径是不同的。"荀子和亚里士多德分别采取价值论和结构论的人性论，并且这也是中国和西方人性论的两条不同路径。"[①] 从价值论上看，中国古代对人性的分判是预先判定"人性本善"或"人性本恶"等，然后阐述善从何而来或恶从何而生，再从道德教化的角度如何达到扬善抑恶或弃恶从善，在人的实践中实现人的道德价值的选择，如孟子主张的人性本善，荀子

---

① 詹世友：《道德价值奠基：人性论路径及其分判——以荀子和亚里士多德思想为例》，《人文杂志》2006年第1期。

主张的人性本恶，还有告子主张的人性本无善恶等，而这种价值预判也是来源于人的行为、思想等微观要素的表现或对人的行为、思想等微观要素的一种期望，其实是从宏观价值预判到微观要素表现的一种方法；从结构论上看，西方古代对人性的分判是从人的心灵作用的要素与功能的分析入手，分析这些要素怎样发挥其功能，如何达到和谐融通的良好状态。各要素相互作用达到融通和谐的状态称之为善，相反则为恶。如柏拉图主张的理性、激情、欲望三要素论，还有亚里士多德主张的营养灵魂、感觉灵魂、有限理性灵魂和无限理性灵魂四要素论。其分析各要素相互作用的目的也是要达到一种人性的良好状态，那就是善的价值，这是一种从微观到宏观的过程与方法。综合价值论与结构论的人性论路径可以看出，价值论与结构论人性论路径为分析社会生态人人性的结构、要素以及各要素的相互关联提供了方法论。一方面，价值论可以从宏观的角度为社会生态人设定价值目标，社会生态人以人与自然、社会和自身的和谐共荣、协同进化为价值目标，这不仅是结果的价值，也是过程的价值，这也是人性的微观要素不断实现的和谐过程，进而反映宏观的目标价值；另一方面，结构论从人性的微观结构为我们揭示了人性的要素的构成，以及各要素的功能发挥和相互作用的微观状态，通过微观的和谐状态达到宏观的目标价值。人性的要素是连接价值论人性论与结构人性论的桥梁和纽带。

二 社会生态人人性要素的层次结构

在哲学上，人们把真、善、美作为人生的美好追求，而支持人达到真、善、美的境界就是人的理性、情感和意志，社会生态人的人性要素包括生态理性、和谐情感、完全意志、适度欲望，这四者中，生态理性处于核心地位，它是和谐情感、完全意志和适度欲望的中枢。

1. 生态理性

现代科技为人们带来了丰富的物质财富，也满足了人们的物质欲求，但在富足的财富后面，人们面临的生存环境却日益恶化，"不同制度不同国家中的每一个人都同样面临着工业社会对大自然的破坏所带来的同一种生态灾难，虽然国家不同、制度不同，但是大家共处在同一条船上，吞噬着同一种恶果，承受着同一种命运"[①]。人的精神蒙上经济利益的功利色彩，人生的价值和对未来的期盼陷入了重重低谷，就像德国哲学家萨克塞所说："如果我们对生态问题从根本加以考虑，那么它不仅关系到与技术和经济打交道的问题，而且动摇了鼓舞和推动现代社会发展的人生意义。"[②]人对生态问题的忧虑促进了人的意识形态的生态转向，实现人的生态理性的生成，从构建外部自然的生态平衡到重建人类社会的生态文化和生态精神的协调与平衡。高兹认为："生态理性在于，以尽可能好的方式，尽可能少的、有高度使用价值和耐用性的物品满足人们的物质需要，并因此以最少异化的劳动、资本和自然资源来实现这一点。"[③] 生态理性是基于人与自然、社会和谐的思维结果的行为，是人在认识自然、社会、自身的过程中形成的，促进人与自然、社会和谐的规范，也是指导自身实践的自觉意识，体现了一个人用生态知识、科学知识等对认识、理解、思考和决断的能力，人的自觉生态理性是系统有机的事实与价值融合的思维范式，生态理性的意义在于对自身存在及超出自身却与生俱来的自然、社会使命负责。生态理性是人与自然和社会和谐共生的生态理念，注重科学理性与价值关怀相契合，生态理性将自然工具性价值与内在价值统一起来，以生态价值的思维关注自然生态系统的动态平衡，实现人类的代内平等、代际平等和种际平等，自觉担当生态的道德责任与伦理使命。生态理性产生了理性的文化价值形态，主要体现在传统文化价值观念向生态和谐的思维意识转变，一是由传统哲学观向生

---

① [德]乌尔里希·贝克：《从工业社会到风险社会》，《马克思主义与现实》2003年第5期。
② 转引自汉斯·萨克塞《生态哲学》，东方出版社1991年版，第2页。
③ Andre Gorz, *Capitalism*, *Socialism*, *Ecology*, Verso, 1994, p. 32.

态哲学观转向，从人与自然关系的对立与控制向人与自然关系的和谐与共生转变，人的生态之维得到彰显，生态价值成为人类价值观念的主体；二是"资源消耗型"生产生活方式向"低碳循环型"的生产生活方式转变，即以高污染、高排放、高耗能的自然征服型的生产生活方式向利用现代科学技术的资源节约型的生产生活方式转变，把依靠资源大投入、大消耗、大废弃的恶性循环转向依靠技术实现低排放、低消耗、低污染的良性循环的生产上来；三是功利性行为与目标向可持续发展的行为与目标转变，即从追求经济增长速度获取经济利益的单一型目标向崇尚经济发展质量与速度相统一的发展目标，就是所谓的又好又快的发展，使单一的功利性经济目标向获得物质文明、精神文明、生态文明的丰硕成果的目标转变；四是由传统的伦理价值观和世界观向生态伦理价值观与和谐世界观转变，即人与自然及社会和谐发展、协同进化的价值观和世界观成为人们显性的价值观念，并形成人类社会的自觉文化，内化为人们的自觉行动。生态理性是当前人类普遍的意识诉求，表现了人们建设物质文明、精神文明和生态文明的思想动力。"生态理性是人类对现代性文化批判与反思的结果，也是对后者的理性超越。生态理性是继承了其一切积极成果而避免现代文明的致命弊端的更高级、更复杂的理性形态，是文明理论研究的新课题，预示着文明实践活动的新方向，意味着人类文化理性渐进到了一个新的境界。"[①] 生态理性保证了真、善、美的生态伦理的实现，表现了人的生态品质，"生态理性是人的自觉的生存状态的理性表征，它在对生态世界观和生态价值观的把握中，通过人的主体精神世界的构建，对人的存在的类的本真价值意义和类的存在目的的追问，探索人与自然和谐共生之道，通过自我生态意识的建构和生态伦理精神的把握克

[①] 种海峰：《生态理性：现代人生存困境的文化澄明》，《河北学刊》2010年第6期。

服科技理性的弊端"①。生态理性彰显人的生态目的性和价值内涵，展现人文生态精神，进而化解生态困境。生态理性使人们产生了融合自然与社会的和谐情感。

2. 和谐情感

社会生态人的和谐情感表现在人对自然、社会及自身和谐关系的内化，《心理学大辞典》中指出："情感是人对客观事物是否满足自己的需要而产生的态度体验"，情感是态度这一整体中的一部分，它与态度中的内向感受、意向具有协调一致性，情感的表现在于人的价值观念，事物对于人的价值是一个变量，它有两种变化方式：一是价值增加；二是价值减少。人对人的情感不仅与他人价值的变化方式和变化时态有关，而且还与他人的利益相关性相联系。根据他人价值的不同变化方式、变化时态和利益相关性而变化，人们对事物及人的价值不同直接影响着人的态度，因而和谐情感是态度的理性评价和体验，是人的心理品质的外化表现。和谐情感包括对自然的道德感、生态和谐价值感和心灵和谐美等方面。第一，人的和谐情感源自于人的生态理性，是人对自然生态循环的要求而产生的态度体验，人的生存与发展依赖于自然生态循环的实现，人不仅要遵循自然生态规律，更要对自然生态系统承担切近的道德义务，在情感上表现出对自然生态的道德责任感；第二，社会生态人以人—境和谐为精神旨归，对自然充满着无限的情感，尊重自然、热爱自然，把承认自然的内在价值上升为一种理性思维；第三，和谐情感是心灵的和谐之美，标志着人的健康心理，是人对自身的重新认识和定位，具有和谐情感的人能够充分认识人自身在人类社会中的位置，把人的一生放在人类历史的长河中来考察自己的价值，进而培植自己博大的胸怀，有效化解人自身内部的矛盾，使人自己心理与行为和谐，不仅对自己、对他人都充满着无限的爱，把

---

① 牛庆燕：《"科技理性"的合理性限度与"生态理性"的价值转向》，《湖南师范大学社会科学学报》2010年第3期。

"纠结"抛置脑后,用和谐的情感融化抑郁,化解痛苦,把快乐和幸福永驻心田。人的和谐情感是人与自然和谐的基础,也是建设和谐社会的基石。一方面,和谐情感蕴含着人对自然生态的态度,只有充满着对自然的友爱之情,才有人本身追求发展和幸福的条件,同时,和谐情感是人幸福的表现,它造就个体人格的和谐发展。同时,人的和谐情感是推动人们探索未知世界、追求真理的动力,也是激发个体创造力的源泉。另一方面,人的和谐情感是人和社会的纽带,维系着人与人之间的和谐关系,成就人与人及社会的和谐,是对人极端功利行为的否定,人的同情、正义与仁慈正是人的真、善、美的有力表现,亚当·斯密在《道德情操论》中指出:"生活在人类社会中的所有成员都需要彼此的帮助,同时也面临着相互的伤害。凡是必要的帮助是出于爱心,出于感激,出于友谊和尊重而相互提供帮助的地方,那个社会就繁荣和幸福。社会的所有不同成员通过爱和情感的愉快的纽带被连结在一起,仿佛被拖往一个相互行善的共同中心。"[1]人的和谐情感促进了人与人的联系,建立了人与人之间的和谐关系。

3. 完全意志

乌申斯基在《人是教育的对象——教育人类学初探》指出:"意志是心灵对肉体的一种支配力量"[2],意是指心理活动的一种状态,志是对目的方向的坚信、坚持。那么,通俗地说,意志可理解为决定达到某种目的而产生的心理状态,通常表现在人的语言或行动中。我国古代文字章句中就表现出这一含义,"夫微妙意志之言,上知之所难也"(《商君书·定分》)。"既性暗善忘,又少文,意志不专,所识者甚薄,亦不免惑。"[3] "被告的没理会,告状的失了意志。"(《杀狗记·断明杀狗》)从哲学上看,意志是人对于自

---

① [英]亚当·斯密:《道德情操论》,蒋自强等译,商务印书馆1995年版,第105页。

② [俄]康·德·乌申斯基:《人是教育的对象——教育人类学初探》,张佩珍等译,人民教育出版社2004年版,第957页。

③ 《抱朴子外篇》,张松辉、张景译注,中华书局2013年版,第1108页。

身行为的价值关系的主观反映,价值关系反映了客观事物对于主体生存与发展所产生的作用过程,行为关系则反映了人对于客观事物的反作用过程。行为关系体现了主体的能动性,反映了主体运用自己的本质力量对客体施加的反作用力,是创造新价值的过程。主体与客体之间的相互作用可以分为两个相反的方面:一是客体对主体的作用;二是主体对客体的反作用。主体与客体之间的作用与反作用相互促进、相互依赖、互为前提、共同发展。意志"不仅体现着人与客观世界的实践关系,而且也体现着人与客观世界的理论关系和审美关系"[①]。社会生态人的完全意志是对自身个性自由的追求,是建立在生态理性与和谐情感的基础之上,也表现了生态理性与和谐情感对人的心理状态、目的方向的控制与调节所表现出的支配力量,与西方哲学中提出的人的自由意志属于同样的概念,康德认为:"所谓具有意志,也就是具有按照对规律的意识、观念或表象来行动的能力,也就是按照原则行动的能力,唯独有理性的东西才具有这种功能,才具有坚持原则的力量。"[②] 是人的本质力量在追求人与自然、社会及自身关系和谐的反映,表现出人的自我决定、自我控制的社会品质和心理品质,许苏民在《人文精神论》中指出:"人的自由自觉的本质与'一切社会关系的总和'并不是凝固、静态的统一,而是历史、动态的统一。二者之中,人的自由自觉的本质是更为根本的。所以马克思在讲了'人的本质在其现实性上乃是一切社会关系的总和'这句话以后,紧接着就说'费尔巴哈不是对这种现实的本质进行批判'。也就是说,为了推动社会进步和人类的解放事业,应该而且必须对'一切社会关系的总和'采取批判的态度,以高扬人的能动地改造社会的自由自觉的

---

① 吴根友:《自由意志与现代中国伦理学、政治学、法哲学的人性论基础》,《文史哲》2010 年第 4 期。
② [德]康德:《道德的形而上学原理》,苗力田译,上海人民出版社 2005 年版,第 34 页。

类本质。"① 完全意志的本质力量和自觉行为受人的生态理性的控制，以和谐情感为调节器，"从哲学的角度看，'自由意志'就是这样一种哲学规定：即人自我决定、自我主宰的一种精神意识或意识状态"②。自由意志是人对客观世界的反映，通过主观能动性表现人的内在精神状态与意识状态。社会生态人的完全意志是人的自由全面发展的根本力量，由于人的完全意志始终处于动态的发展变化之中，这种动态的发展变化促使人性或人的本质始终处于一个动态的发展过程之中，进而实现人的本质是一个不断超越和扬弃的过程。"这表明：人的本质'是一切社会关系的总和'这一命题本身就是一个包含着人性是一个不断克服旧的、扬弃旧的、超越旧的而迈向新的之辩证发展过程。这种辩证发展的过程得以实现的内在主体动力就来自于人的'自由自觉'的活动。人在现实历史过程中所表现出来的'自由自觉'的活动，其哲学前提就在于承认人具有'自由意志'。从历史唯物主义的角度看，人的'自由自觉'的能力的产生、获得在具体的历史过程中展开并逐步得以实现的。一旦人们具备了这种内在的能力，则这种内在能力将成为新的历史发展的起点而不断地被人所丰富、所发展。"③ 完全意志为社会生态人人性范式的实现提供了根本力量，也为人的全面自由发展提供了动力之源，它对正确处理人与自然、社会及自身的关系，建立人与自然及社会和谐共生、协同进化的价值观念和思想意识奠定了基础。

4. 适度欲望

人的欲望是人性固有之本，是人类最原始的、最基本的一种本能。欲望是人从心理到身体的一种渴望、满足，对能给以愉快或满足的事物或经验的有意识的愿望或一强烈的向往。孟子说："口之

---

① 许苏民：《人文精神论》，湖北人民出版社 2000 年版，第 555 页。
② 吴根友：《自由意志与现代中国伦理学、政治学、法哲学的人性论基础》，《文史哲》2010 年第 4 期。
③ 同上。

于味也,目之于色也,耳之于声也,鼻之于臭也,四肢之于安逸也,性也。"① "欲者,情之应也。"② 朱熹把"欲"看作是人的精神和意识的波动状态,《朱子语类》第1卷第五曰:"心如水,性犹水之静,情则水之流,欲则水之波澜。"③ 一个人就像一条欲望的溪流,它流淌的不是溪水,而是人的各种欲望。人类社会却似一个永远不会干涸的欲望海洋,似乎随时都可能掀起波涛和巨浪。司马光说:"臣愚欲望圣慈特降指挥,下诸路州县相度上件里正衙前与乡户衙前,各具利害奏闻。"(《论衙前札子》)它是本能的一种释放形式,构成了人类行为最内在与最基本的要素。人的生理的或物质的和心理的或精神的欲望都是人性的表现。在现代社会,追名逐利是现代人的主要欲望,"义与利者,人之所两有也,虽尧舜不能去之利欲"④。人的欲望根植于人的本性之中,在人的社会关系和社会实践中得到实现,所谓"仓廪实则知礼节,衣食足则知荣辱"⑤。这说明人的欲望不是单独存在于个人之中,欲望深深地扎根于内心的伦理道德之中,并受社会规范和伦理道德的约束。同时,人的欲望是人的行为动力,《吉斋漫录》上说:"盖'五性感动而善恶分、万事出'者,以有欲故也。有欲则为动。"⑥《吕氏春秋·为欲》中说,"使民无欲,上虽贤犹不能用"⑦。人没有欲望就没有可用之处,人的欲望是人性生成的重要因素,也是促进人向全

---

① (战国)孟轲:《孟子》,秦学颀注译,西南师范大学出版社1995年版,第308页。
② (战国)荀况撰:《荀子》,廖名春、邹新明校点,辽宁教育出版社1997年版,第108页。
③ (宋)黎靖德编:《朱子语类》(第1卷),杨绳其、周娴君校点,岳麓书社1997年版,第85页。
④ 同上书,第130页。
⑤ (春秋)管仲撰:《管子》,吴文涛、张善良编著,北京燕山出版社1995年版,第19页。
⑥ (明)吴廷翰:《吴廷翰集》,容肇祖点校,中华书局1984年版,第14页。
⑦ (战国)吕不韦编撰:《吕氏春秋全译》(上、下)(修订版),关贤柱等译注,贵州人民出版社2009年版,第568页。

面自由发展的不懈动力。在欲望的推动下，人不断占有客观的对象，从而同自然环境和社会形成了一定的关系。"人是欲望的产物，生命是欲望的延续"，通过欲望或多或少的满足，人作为主体把握着客体与环境，和客体及环境取得同一。在这个意义上说，欲望是人改造世界也改造自己的根本动力，从而也是人类进化、社会发展与历史进步的动力。

然而，正是人类的欲望无止无尽，使人陷入了欲望的深渊，成为欲望的奴隶。一方面，人的物质欲望的无限追求，推动着人对自然的过度索取和掠夺，导致自然资源的枯竭和自然的污染，人的生存环境日益恶化，由于自然生态规律的破坏，局部洪水、干旱、火灾频繁，全球气温上升，冰川融化，海平面上升，地球家园失去了平衡，这些使人类的生存与发展面临着严峻的挑战；另一方面，人的精神欲望的无限膨胀，人对社会、对自己的期望和要求也越来越高，人自身的压力愈大，人的心理矛盾愈加突出，心理失衡成为人认识自身的最大障碍，人的抑郁症、精神病的发病率日益增高，自杀、暴力事件频发，人的内心和谐、社会和谐受到极大破坏。这些都是人的理性、情感、意志和欲望不平衡的结果，也是人性失衡的结果，因此，社会生态人要求保持适度欲望乃是人自身寻找平衡，追求人与自然、社会以及自身和谐的调节阀，是调整人的发展动力与环境（包括自然、社会、自身环境）相协调的重要因素。

三　社会生态人人性要素的互动关系

古希腊哲人和近代哲学家都认为人是理性的存在物，理性是人之为人的本质，追求理性的生活是人的本质目的，苏格拉底认为，"人是一个对理性问题能给予理性回答的存在物"[①]。理性的生活就是人的理性、情感、意志、欲望相互作用、相互影响、相互制约而

---

① ［古希腊］亚里士多德：《形而上学》，吴寿彭译，商务印书馆1981年版，第1页。

达到一个平衡的状态，这种平衡状态能够产生美德，即有德性的生活。柏拉图提出，人的理性、意志、情欲发挥一定的作用和功能，就能产生人的美德，达到人自身内部的和谐秩序。他主张通过理性对欲望的节制获得正义之善的美德，而正义之善是维护个人与国家政治和谐的保证。我国古代思想家、哲学家朱熹认为，要维护人与自然的和谐就必须顺天理灭人欲，其思想就是对自然生态规律的遵从，在顺天理的前提之下，实现人的欲望的力量与人的本性的同一，"圣人千言万语只是教人存天理灭人欲"（《朱子语类》卷十二），"人之一心，天理存则人欲亡，人欲胜则天理灭。未有天理人欲杂者，学者须要于此体认省察之"（《朱子语类》卷十三），朱熹主张的是明理见性，人因为被自己的私欲偏情所蒙蔽，所以看不到自己本来的真实面目，因此不能也无法体悟到上天之理，在天理与人欲之中达到平衡，从而达到人与自然和谐的状态。朱熹说："去其气质之偏，物欲之蔽，以复其性，以尽其伦。"也就是说要把自己的非正义和公理的偏情私欲尽数割除，由此来再次呈现自己本性之善与人伦之美。由此，我们可以看出，中西方的哲学家都想通过人的理性、欲望、力量等的调节来实现人与政治社会、自然环境之间的和谐。

从现实上看，人类面临着生存环境恶化与自身发展困惑的挑战，解决这两大问题需要塑造社会生态人的人性范式。从宏观上看，社会生态人的思想理念、思维方式以人与自然、社会及自身和谐为精神旨归，将改变人的生产方式和消费方式，顺应自然生态规律和人类社会发展规律来处理人与自然及自身的关系问题，对于优化人际关系和心理状态提供了理念指导和精神支撑；从微观上看，需要社会生态人人性要素之间相互作用、相互影响，促进社会生态人的人性本质力量的和谐超越，为社会生态人价值观的形成提供微观基础。社会生态人的生态理性的确立，激发了人的生态之维的呈现，是产生人的生态品质的本质力量，在社会生态人的四要素中居于主导地位，它指挥着人的情感、意志，控制着人的欲望，当生态理性控制着人的情感、意志、欲望，就能产生和谐情感、完全意志和适度欲望，使人产生生态品质，形成生态智慧，使人对自然的认识进入更加全面、更加理智的境界，是自然属性观形成的价值基础；完全意志是根据生态理性的要求来行动的，并帮助形成人的和谐情感和适度欲望，产生社会生态人的社会品质，形成人的和谐社会观，社会生态人的完全意志为人美化自然和保护生态提供了行动力量，为人利用生态理性和科技理性改造人的生存环境提供了动力，激发人的生态智慧在创造和谐可持续的生活方式和消费方式的积极作用；和谐情感是生态理性和完全意志相互作用的结果，和谐情感反映了人对自然、社会及自身的态度，是人的恶感转化为善意的表现，这种善意是一种爱自然、爱社会、爱他人、爱自己，爱是人心灵深处的情感表达，爱是人类文明的标志，也是道德情感的集中体现，爱之中充满着和谐。以爱为出发点的意志必然能结出善良美好的果实，以爱自然、尊重自然为情感基础的意志必然能产生生态文明的成果，以爱他人、爱自己的行动就处处能释放出精神文明的花香，以爱社会为力量的行为必然能折射出物质文明的光芒。当然，没有生态理性的约束与指导，人就不会有爱自然的情感。同时，适度欲望是人的理性的表现，表现了人的欲望合理性，禁欲是对人性的扼杀，欲望放肆又是对人性的颠覆，适度欲望是对人性尊严和价值的肯定，生态理性对欲望的节制、和谐情感对欲望的引导、完全意志对欲望的实现是适度欲望产生的必然。适度欲望优化社会生态人的心理品质，适度欲望表现在处理人与自然的关系是遵循自然生态规律，以顺应自然和与自然和谐共生为价值追求，在处理人与社会的关系时以追求公平正义的制度规范为行为指导，在处理人与自身的关系时以人与自身的和谐发展为终极目标，不断克服经济领域中的急功近利，扼制人的社会关系中的尔虞我诈，缓解人的自我心理的抑郁失衡，建立可持续发展经济发展方式，培育富有社会公平正义的社会良知和充满和谐快乐的健康心理。

　　社会生态人的生态理性、和谐情感、完全意志和适度欲望的相互作用与互动平衡，成为社会生态人的本质的"分子"运动的力量,推动着人向全面自由发展。

第三节 社会生态人的伦理价值观四维度

党的十八大报告指出,"建设生态文明,是关系人民福祉、关乎民族未来的长远大计","必须树立尊重自然、顺应自然、保护自然的生态文明观念,把生态文明建设放在突出地位,融入经济建设、政治建设、文化建设、社会建设各方面和全过程"[①]。生态文明建设是对人的生产方式和生活方式的文明期待。党的十九大报告指出:"坚持人与自然和谐共生。生态文明建设是中华民族永续发展的千年大计。"[②] 生态文明建设的主体是人,其根本要求在于通过人的思想和实践去推动人与自然、人与人、人与社会的关系和谐发展。进入新时代,人们对美好生态环境的向往比任何时期都更加强烈,生态文明建设终究是为了人有更好的发展空间和发展能力,也必须依靠人的主体能动性和实践性。社会生态人从人与自然、人与社会、人与人、自然与社会的关系出发,从处理五大关系中孕育出社会生态人人性的伦理价值观,即社会生态人人性的和谐生态伦理观、和谐社会观、生态文明观、生命价值观。四种伦理价值维度反映了社会生态人对自然、对社会、对生态和人生的基本态度和伦理构想。

一 和谐生态伦理观:人与自然关系的新型生态伦理观

人的自然属性揭示了人从何而来,自然属性是人性之根,是人向自然生成的基础。人作为自然进化的产物,其本身就是自然的一部分,人具有自然本质。俄罗斯近代哲学家车尔尼雪夫斯基在

[①] 胡锦涛:《坚定不移沿着中国特色社会主义道路前进 为全面建成小康社会而奋斗》,人民出版社2012年版,第39页。

[②] 习近平:《决胜全面建成小康社会 夺取新时代中国特色社会主义伟大胜利——在中国共产党第十九次全国代表大会上的报告》,人民出版社2017年版,第23页。

《哲学上的人本主义》一书中说："人本学是这样一门科学，它无论谈到人的生命过程的哪一部分，都是发生在人的机体中；这机体就是它的研究的现象的材料；现象的性质是由材料的性质决定的，至于现象发生的规律只是自然规律发生作用的特殊个别情况。"[1] 人源自于自然，人参与了自然的构成，所以人不是超脱于自然之上，而是自然的一部分。"所谓和谐生态伦理观，就是以人与自然道德关系和谐为研究对象，以解决人与自然冲突为终极目标的建立在人类利益基础上的实现生态平衡的各种行为规范的总和。"[2] 社会生态人的和谐生态伦理观表现为生态整体观、自然价值观和自然和谐观等三个方面。

一是生态整体观，主要表现为人与自然同存共荣的自然观，以建立包括人在内的生态系统。人是自然法则下的人，遵循自然法则就是对人的存在与发展的维护。"在自然界中也没有什么神来统治，有的只是自然的力量，自然法则。"[3] 自然界是一个统一的有机体，自然法则是有机体的调节阀，自然界是相互联系的系统，每一个事物既是自然界这个大系统的构成要素，又是自身构成要素的组合系统，自然法则表现在自然规律上。人的生产实践活动必须遵循自然规律，老子的"道法自然"就表明自然界的变化是自发进行的，人的行为必须遵循"道"的运行方式，"道"就是自然法则，因而，遵循自然规律，顺应自然法则就是要求人与自然的协调统一，即"天人合一"。在工业社会时代，科学技术的推崇，使科学技术成为战胜一切困难和物质短缺的重要手段，这种"思维意识"把人与自然的关系推向了分离和对抗。人的功利与物欲高度膨胀，人成了利益的奴隶，形成了对自然的大肆掠夺，人的智慧与

---

[1] 北京大学哲学系：《西方哲学原著选读》，商务印书馆1995年版，第539页。
[2] 李承宗：《论和谐生态伦理观的三个理论问题》，《湖南大学学报》（社会科学版）2007年第2期。
[3] 《费尔巴哈著作选集》（下），生活·读书·新知三联书店1959年版，第355页。

创造性成为非理性的经济生产方式的动力源,人丧失了自我,看到的就是利益,经济利益成为主宰人的行动和思维的主体,人的主观能动性的异化是人远离了对自然规律的遵循,必然导致自然环境的恶化和生态危机的产生。人不得不对生态危机的产生进行反思,重新审视人在自然界的地位与作用。自然法则告诉我们,自然界是一个有机的生态系统,人的生产实践活动不能突破系统的平衡和系统的"围囊",否则,自然界将千疮百孔,人类将丧失自己生存的家园。罗尔斯顿认为,"生态系统既是一个生物系统,也是一个人类处于其顶端的系统"①。人类在顶端的位置是建立在整个生态系统平衡的基础上。人对自然的征服与掠夺,就必然导致生态危机和生态系统失衡,使人类处于生态系统顶端的系统塌陷,人在挖自己生存发展的"墙脚",人类成为自己的"掘墓人"。遵循自然法则就是维护和稳固整个系统的基座,所以我们说,遵循自然规律就是要树立一种生态系统观念,人类更要承担维护和优化自然生态系统的责任和义务。

二是自然价值观,即自然的内在价值观。承认自然的内在价值,自然界既是一个系统组成,又是一个有机组成,自然界中的任何自然物包括人在内都是自然界不可缺少的组成部分,自然物构成了生态系统的完整性表明,自然物的自身价值具有内在客观性。"个体并不拥有独立于它所依赖的多种关系的价值;个体的重要性是由它在生态系统中所发挥的功能来决定的。"②"大地伦理使人类的角色从大地共同体的征服者变为其中的普通成员和公民。它蕴含对它的同道成员的尊重,也包括对共同体的尊重。"③ 承认自然界的内在价值,就必须把人的利益实现放在自然共同体整体利益不受

---

① [美] 霍尔姆斯·罗尔斯顿:《环境伦理学》,刘耳、叶平译,中国社会科学出版社 2000 年版,第 101 页。
② 孙道进:《环境伦理学的哲学困境:一个反拨》,中国社会科学出版社 2007 年版,第 20 页。
③ Aldo Leopold. *A Sand County Almanac*, New York: Oxford University Press, 1968.

损害的基础之上，即人的行为受到生态共同体内在系统的制约。否则，当人类作为一个成员对其他成员的利益造成损害，影响到自然界共同体的整体利益时，自然系统必将使人的利益受到损害，自然物的工具价值也必将大打折扣。"在那里，形式、本质、过程和真实性，事实和价值是不可分割地联系着，内在价值和工具价值穿梭般地来回在整体中的部分和部分中的整体中运动。局部具体的价值嵌入全球结构。这是在环境中的珍宝，与它们适应的环境的某种结合。那里的价值不再单独存在，每一个善都是在共同体中的善。"[①]就像罗尔斯顿所说："一个生物体捍卫共享有其自身的、内在于个体的价值，但同时又对其他生物体和生态系统整体有着工具性价值。"[②]"所有的生命内在价值，同时又作为一种工具价值参与构成了生态系统整体价值。"[③]承认自然的内在价值是对传统价值的挑战，也是对人的传统思维和价值观的挑战。它挑战了人作为价值的唯一主体，就像R.T.诺兰指出的那样，"生态意识中所包含的道德问题属于我们这个时代中最新颖的，富于挑战性的道德困境。这些问题之所以最新颖，是因为它们要求我们考虑这样一种可能性，即承认动物、树木和其他非人类的有机体也具有权利；这些问题之所以富有挑战性，是因为它们可能会要求我们抛弃那些我们所长期珍视的一些理想，即我们的生活达到了一定的水准及为了维持这种水准应该进行的各种各样的经济活动"[④]。长期以来，我们区分主体与客体是以人在现实对象性活动中的地位为标志并建立的一对关系范畴，主体只能是人。但是，如果我们把视野放在生态循环和生

---

① 邱仁宗：《国外自然科学哲学问题》，中国社会科学出版社1994年版，第293页。

② [美]霍尔姆斯·罗尔斯顿：《哲学走向荒野》，刘耳、叶平译，吉林人民出版社2000年版，第118页。

③ 杨志文：《价值随生命进入世界：论价值的自然基础》，《自然辩证法通讯》2001年第4期。

④ [美]R.T.诺兰等：《伦理学与现实生活》，姚新中等译，华夏出版社1988年版，第435—436页。

态系统状态维度中，就会有新的发现，比如，我们看见"猫捉老鼠"这一现象应该是非常有意义的事情，就猫和老鼠来说，它们是互为有价值的存在，也就意味着有价值主客体的存在，并且这种价值主客体是可以互相转化的，而对整个生态系统来说，食物链中的每一个自然物的存在都对生态系统的自觉循环具有相当的价值，这时候的价值主客体表现为自然规律与自然生物的关系，即自然规律是价值主体，而自然生物是价值客体，对自然规律而言，自然生物包括人类都是渺小的，因为，不管人的能力多强，也逃脱不了自然规律对人的作用，没有任何一个人能生而不死，但自然规律却永不停息。承认自然规律的价值主体性，正是对自然认识不断深入的表现，说明人对未知领域的认识又深入了一步。承认自然的内在价值，也就意味着人类将以更加积极的心态和更加全面的思维来认识自然和认识自身。因为"人性深深地扎根于自然，受惠于自然，也受制于自然"，"如果我们从生态事实都推导不出价值，那我们就不该把价值定位于人类，而否认我们周围的自然的价值"①。人类不能脱离自然而存在，更不能违背自然规律而行动，人性的价值在于人对待自然的方式，在于自然的协同进化中找到人性的光辉。"放在整个环境中来看，我们的人性并非在我们自身内部，而是在于我们与世界的对话中。"②

三是自然和谐观，即人与自然的和谐观。罗尔斯顿指出："大自然启示给人类的最重要的教训就是：只有适应地球，才能分享地球上的一切。只有最适应地球的人，才能其乐融融地生存于其环境中。"③ 人与自然的和谐共生关系是人类社会存在关系中的基础关系，自然是人类社会存在与发展的物质基础和前提条件，"无论是

---

① [美]霍尔姆斯·罗尔斯顿：《哲学走向荒野》，刘耳、叶平译，吉林人民出版社2000年版，第93页。
② 同上书，第92页。
③ [美]霍尔姆斯·罗尔斯顿：《环境伦理学》，杨通进译，中国社会科学出版社2000年版，第484页。

在人那里还是在动物那里，类生活从肉体方面来说就在于人（和动物一样）靠无机界生活，而人和动物相比越有普遍性，人赖以生活的无机界的范围就越广阔"[1]。人与自然的关系无处不在，人们生产实践活动既创造了人类社会，也升华了人与自然和谐共生的关系，所以，马克思认为，人类创造性实践活动既是人与自然和谐共生的助力器，也是人类自然和谐观萌发和产生的纽带。如果人生产实践活动不以人与自然的和谐共生精神为旨归，就必然导致人与自然的分裂，产生全球性的环境问题、资源问题和生态问题，在漠视自然内在价值的生产方式中，人对自然的过度开发，无视高排放对环境造成的污染，把人的力量凌驾于自然规律之上，就必然打破自然界的自然循环和动态平衡，因此，就物质生产领域而言，"这个领域内的自由只能是：社会化的人，联合起来的生产者，将合理地调节他们和自然之间的物质变换，把它置于他们的共同控制之下，而不让它作为一种盲目的力量来统治自己；靠消耗最小的力量，在最无愧于和最合适于他们的人类本性的条件下来进行这种物质变换"[2]。人与自然的和谐共生关系是以人类遵循自然规律为条件的，人与自然的和谐是社会生态人致力于构建人、自然、社会整体和谐系统的基础。

二 和谐社会观：人与社会及自身关系和谐的伦理价值观

人不仅具有自然属性，也具有社会属性，人的存在与发展是人社会化的过程。马克思认为，人不是单个的抽象物，在现实上是一切社会关系的总和。人的社会存在是人所在的社会历史条件、生产和生活方式、经济状况和社会关系等方面构成的综合表现，马克思说："个人怎样表现自己的生活，他们自己就是怎样。因此，他们是什么样的，这同他们的生产是一致的——既和他们生产什么一

---

[1] 《马克思恩格斯文集》（第1卷），人民出版社2009年版，第161页。
[2] 《马克思恩格斯文集》（第7卷），人民出版社2009年版，第928页。

致，又和他们怎样生产一致。因而，个人是什么样的，这取决于他们进行生产的物质条件。"① 人的存在是一种关系性存在，决定了人的本质生成的内在规定性。人的存在是一个不断生成与发展的过程，因此，人的本质生成不是先于人的存在而存在，而是一个逐渐生产和发展的过程，与人的存在关系的形成与发展是同一过程，即人在社会化进程中逐渐生成了自己的社会本质。所以，人不仅存在于人与自然的关系中，更是存在于一种社会关系中。这说明人性不仅是自然生成，也是社会生成。人在社会关系中不断发展自己的社会意识，形成自身的认识与思维。社会生态人以自然环境和社会环境协同进化为根本动力，以和谐为精神旨归，主要表现在对人与社会、人与人、社会与自然、人与自身的关系互动与协调发展中，并逐渐形成了社会生态人的社会本质观：即和谐社会观。在我国的《现代汉语词典》中，"和谐，指配合得正当和匀称"②，"在西方，和谐是古希腊哲学用语，用以解释天体运动规律和灵魂机制"③。"按照唯物辩证法所揭示的事物自身的辩证逻辑，和谐是事物本质中差异面的同一，是事物存在和发展的一种状态，它是反映矛盾统一体在其发展过程中对立面之间所表现出来的协调性、一致性、平衡性、完整性和合乎规律性的辩证法范畴。它是矛盾同一性的表现形式之一，反映事物存在和发展状态。"④ 社会和谐观是中华民族优秀传统文化的精髓。"和为贵"的传统思想凝聚着中华民族上下几千年对和谐的追求和向往；和谐的思想更是中国共产党人治国理政的价值源泉，"我们要构建的社会主义和谐社会，是经济建设、政治建设、文化建设、社会建设协调发展的社会，是人与人、人与

---

① 《马克思恩格斯文集》（第1卷），人民出版社2009年版，第520页。
② 《现代汉语词典》（修订版），商务印书馆1996年版，第510页。
③ 全炳华等：《哲学大辞典》（修订本）（下），上海辞书出版社2001年版，第519页。
④ 李殿斌：《简论和谐范畴》，《河北师范大学学报》（社会科学版）1998年第4期。

社会、人与自然整体和谐的社会,要贯穿于中国特色社会主义的历史过程"①。"和谐社会建设,要从解决人民群众最关心、最直接、最现实的利益问题入手,为群众办好事、实事。这是坚持以人为本的必然要求,也是坚持发展为了人民、发展依靠人民、发展成果由人民共享的必然要求。"②

社会生态人的和谐社会观是人的现实伦理规范和伦理精神的统一,是以人与自然、人与人、人与自身的关系和谐为基础,以人与社会的关系和谐为重点,以社会和谐发展为主要内容和依托。主要表现为人际和谐观、社会公正观。

1. 人际和谐观：社会生态人个体关系的指向

生态文明建设的目的是人,主体也是人,人是生态文明建设的决定力量。人既是自然人,也是社会人。"社会是由人组成的,是人们相互作用的产物,是人们生产关系的总和。"③ 社会生态人的人际和谐观突出表现为人与人的和谐和人与自身的和谐。包含着人的社会关系的发展,这为共产主义人的全面自由发展奠定了基础。社会生态人是推进生态文明建设的主体力量,它要求人以自身与环境协同进化为根本动力,以和谐为精神旨归,以协调发展为根本要求,主要表现在对人与社会、人与人、社会与自然、人与自身的关系互动与协调发展中,人类社会包含着人与自身及社会的各种关系,所以社会生态人的协调发展观主要表现在人的关系处理上。

人与人的和谐包含着人与自身关系的和谐与人的社会关系和谐。一方面,人与人的和谐关键在于人与人之间的矛盾的真正解决

---

① 中共中央文献研究室：《科学发展观重要论述摘编》,中央文献出版社 2008 年版,第 72 页。
② 胡锦涛：《全面贯彻落实科学发展观,推动经济社会又快又好发展》,《求是》2006 年第 1 期。
③ 田启波、黄细月：《解读马克思的和谐社会思想》,《江汉论坛》2006 年第 12 期。

以及个体和类之间斗争的真正解决,马克思认为,共产主义"是人和自然界之间、人和人之间的矛盾的真正解决,是存在和本质、对象化和自我确证、自由和必然、个体和类之间斗争的真正解决"①;另一方面,人与人的和谐是人的全面发展的内在要求,只有人与人的和谐,人的全面自由发展才能实现。因为,人是社会化的人,社会是人与人的社会,人与人的和谐关系程度表现为人的社会关系的发展程度。"社会关系实际上决定着一个人能够发展到什么程度。"② 人的全面发展的重要标志就是人的社会关系的全面发展。"个人的全面性不是想象或设想的全面性,而是他的现实关系和观念的全面性。"③ 从这里可以看出,人的社会关系是人的本质存在和实现形式,人的社会关系的发展过程是对人的本质全面占有和充分实现的过程。人的解放与人的全面发展是统一的,"任何解放都是使人的世界即各种关系回归于人自身。政治解放一方面把人归结为市民社会的成员,归结为利己的、独立的个人,另一方面把人归结为公民,归结为法人"④,这样看来,人与人的和谐不仅是一个现实要求,更是一个历史过程,是不同地域、不同时空、不同族类的人之间的和谐。从人的个体上看,人与人的和谐主要表现为现实的人与人之间充满团结互助、关爱友善的道德准则,这是一种消除敌意,共同进步的价值观念,并通过人的生产关系和角色关系的实践表现出来,是人的荣辱观对人的行为和社会整体意识形态的价值判断;从人的群体上看,则表现为不同组织(或集团)、不同种族、不同地域的人形成一种良好的人际关系,每个人都具有"对待他人都像期望他人对待自己那样"的心怀,形成人与人之间的真、善、美关系。就是说,人之间善的情感始终战胜人之间恶的情感;从人类自身来看,人与人的和谐则表现为不同时空的人的利

---

① 《马克思恩格斯文集》(第1卷),人民出版社2009年版,第185页。
② 《马克思恩格斯全集》(第3卷),人民出版社1960年版,第295页。
③ 《马克思恩格斯全集》(第46卷)(下册),人民出版社1980年版,第36页。
④ 《马克思恩格斯全集》(第3卷),人民出版社2009年版,第46页。

益不受损害，是代际关怀与代际平等的价值实现，即现代人的利益实现不以牺牲后代人的利益为前提，保证人类的可持续发展。

2. 社会公正观：社会生态人群体意识的价值指向

"我们应该坚持社会公平正义，着力促进人人平等获得发展机会，逐步建立以权利公平、机会公平、规则公平、分配公平为主要内容的社会公平保障体系，不断消除人民参与经济发展、分享经济发展成果方面的障碍。"① 这是对"社会公正观"的全面、客观、理性、科学的阐述。这是对马克思社会公正观的继承与发展，"马克思社会公正观是以唯物历史观为理论依据的一种社会价值观，是以彻底消灭阶级为根本要求的、所有人平等权利和平等义务相统一的、获得自由全面发展条件的理论观点"②。

社会公正就是要彰显社会的公平正义的价值思想、理念、风尚和制度，公平一般来说就是公道、正义、平等，我国学者对公平有以下几种阐释，强世功认为："公平有以下几种不同的含义。其一是指法律面前人人平等，这是一种竞争规则的平等；其二是指机会均等，即在法律面前人人平等的基础上，'前程为人人开放'。由于自然和历史原因形成人与人占有资源上的不平等，因此机会均等还意味着通过国家干预为每个人提供资源，让他们享受同等的机会；其三是分配公平，即分配正义，在机会均等的条件下每个人获得与自己投入有效资源相称的收益；其四是结果平等，是指人们在最终消费上的平等，也意味着国家通过对收入的再分配向每个人提供等量的报酬。"③范毅认为："尽管不同时代和不同社会的人们对公平的感受和认识很不相同，但人们对公平的认识却从不同的角度揭示了公平的基本内涵：第一，公平以某种程度的平等为基础，允

---

① 胡锦涛：《深化交流合作，实现包容性增长：在第五届亚太经合组织人力资源开发部长级会议上的致辞》，《人民日报》2010年9月17日。

② 汪盛玉：《马克思社会公正观的本质规定》，《安徽师范大学学报》（人文社会科版）2010年第3期。

③ 强世功：《法学视野中的公平与效率》，《中国法学》1994年第4期。

许人与人之间存在差别;第二,这种平等反映了某种利益倾向;第三,这种利益倾向表现为一定社会中占主导地位的评价公平与否的基本标准。"① 从以上阐述来看,对公平含义也没有统一的标准,但是,我们可以看出,公平是以平等为前提,"公平作为一种价值范畴具有独立性,但其内容透过法的其它价值范畴体现出来"②。从不同的角度看,公平分为"机会的公平、起点的公平和结果的公平",公平也可分为"原则的公平、操作的公平和结果的公平"③。公平是对利益享受和处置所表现出来的评价标准,就是"得其所应得",它是对社会正义的彰显。罗尔斯就主张正义是社会制度的首要价值。④ 所以说,社会公正是社会价值取向,是群体意识的集中反映,是社会制度的价值追求。社会生态人作为生态文明崇尚的人性本质,就必然把社会公正观作为自己的意识基础。社会公正观反映了社会生态人的一种价值维度和价值意识,一方面,他不仅是同代人具有平等的发展机会,更是平等的权利和平等的义务相统一的公正,"没有无义务的权利,也没有无权利的义务"⑤。通过制度正义实现分配正义,共享发展的成果;另一方面,社会生态人的价值意识中蕴含着对后代人平等地享受地球资源的正义理念,即当代人与后代人共同地享有地球资源与生态环境,其实质是当代人对环境资源的利用不能妨碍、透支后代人对环境资源的利用,建立有限资源在不同代际间的合理分配与补偿机制,这是对人的发展机会公平的价值导向,是保障现代人、将来人的自由全面发展的条件公正。同时,"实现包容性增长,根本目的是让经济全球化和经济发展成果惠及所有国家和地区、惠及所有人群,在可持续

---

① 范毅:《公平:宪法的基本价值取向》,《中国人民大学学报》1999年第1期。
② 彭礼堂:《法学视野中的和谐社会公平观》,《江汉论坛》2006年第6期。
③ 徐梦秋:《公平的类别与公平中的比例》,《中国社会科学》2001年第1期。
④ [美]罗尔斯:《正义论》,何怀宏等译,中国社会科学出版社1988年版,第1—2页。
⑤ 《马克思恩格斯文集》(第3卷),人民出版社2009年版,第227页。

发展中实现经济社会协调发展"①。包容性增长就是要实现不同地域、不同民族、不同种族的人平等地享受社会经济发展的成果，就是当代人在利用自然资源满足自身利益时要机会平等，任何国家和地区的发展都不能以损害其他国家和地区的发展为代价，实现国与国、民族与民族、地区与地区之间的共同发展，从而实现人类的共同繁荣与发展。这也是马克思所说的"所有人"共同享受公正，这里的"所有人"既是历史的，但又是具体的，它是一个价值主体，所有人的公正不仅是人与人之间的平等原则，更是不同种族之间应有的基本准则。马克思说："努力做到使私人关系间应该遵循的那种简单的道德和正义的准则，成为各民族之间的关系中的至高无上的准则。"② 马克思十分重视正义和道德对人的关系的指导作用，并把正义和道德作为人的思维和价值的根本，他在国际工人协会共同章程中指出，"加入协会的一切团体和个人，承认真理、正义和道德是他们彼此间和对一切人的关系的基础，而不分肤色、信仰或民族"③。

三 生态文明观：社会生态人的伦理价值追求

"生态文明，是指人类遵循人、自然、社会和谐发展这一客观规律而取得的物质与精神成果的总和；是指以人与自然、人与人、人与社会和谐共生、良性循环、全面发展、持续繁荣为基本宗旨的文化伦理形态。"④ 就是人们在改造客观物质世界的社会实践中不断克服实践活动对自然环境和社会环境所带来的负面影响，积极改善和优化人与自然、人与社会、人与人和人自身的关系，建设有序的生态运行机制和良好的社会生态环境所取得的物质和精神、制度

---

① 胡锦涛：《深化交流合作，实现包容性增长：在第五届亚太经合组织人力资源开发部长级会议上的致辞》，《人民日报》2010年9月17日。
② 《马克思恩格斯文集》（第3卷），人民出版社2009年版，第14页。
③ 同上书，第227页。
④ 姬振海：《生态文明论》，人民出版社2007年版，第2页。

和文化方面的成果。第一，在文化价值上，对自然价值有明确的认识，并树立符合自然生态规律的生态价值观，生态价值观是构建生态文明精神的力量和源泉，生态价值观通过生态文明的形态反映出来。第二，在生产方式上，"资源开发利用既要支撑当代人过上幸福生活，也要为子孙后代留下生存根基。要树立节约集约循环利用的资源观，用最少的资源环境代价取得最大的经济社会效益"①。以生态技术为基础实现社会物质生产的生态化代替高消耗、高污染的工业化生产。第三，在生活方式上，以追求人与自然、人与社会、人与自身的全面和谐的生活质量取代以片面化追求对物质财富的过度享受。第四，在制度设计上，以人与自然、人与社会、人与自身的和谐关系为旨归的文化导向替代一种以经济增长速度为指标的急功近利的制度安排。社会生态人作为人性发展的一种理想状态，是人类文明发展对人的本性的要求和期望，生态文明彰显着社会生态人的人性价值，同时，社会生态人的生态文明观体现在人的生态意识文明、生态行为文明和生态制度文明方面。生态文明观的产生是人类文化战略的转变，是人的思维方式、价值观念的转变，是人类的生活方式、消费观念的转变，因此，塑造生态文明观必须以生态思想和生态文化为基础，使生态文明观成为全社会、全人类的共同思想基础，形成生态自觉，产成生态文明的精神成果。生态文明观是生态价值观念和生态化思维方式的结晶，是生态文明的精神依托和道德基础。

生态意识即生态环境意识，是人们对生存环境的观点和看法。生态意识不仅是协调人与自然关系的前提，还是协调人类内部关系有关环境权益的纽带。生态意识作为人认识自然、遵循自然规律的隐性思维，是人的一种素质和能力，"其主要内容包括生态忧患意

---

① 习近平：《习近平谈治国理政》（第二卷），外文出版社2017年版，第396页。

识、生态科学意识、生态价值意识、生态审美意识、生态责任意识"[1]。生态忧患意识是人类面对日益恶化的生态环境对自己的生存与发展是否能具有可持续的忧患意识。人类的生态忧患意识是自身的觉醒，这是值得庆幸的事情，直面当前人的生存状态，认识生态危机的产生与发展的原因，寻找化解危机的办法，这本身就是人类进步的表现，也是人类文明的直接成果。生态忧患意识有助于我们反思工业文明、建设生态文明带来生态化的价值观念；生态科学意识是人的生态科学知识转化成为人的生态素养的表现，是生态知识内化为人的基本素质的反映。一方面，具有生态科学意识的人能够在遵循生态规律的前提下开展社会实践活动，以保护生态环境为基本准则，提倡绿色生产和绿色发展；另一方面，把生态科学知识渗透到人类生活的各个领域，利用生态专业知识来优化和保护环境。近年来，以传统的自然科学知识为基础衍生出环境保护的多种学科，如环境物理学、环境化学、环境生物学、生态学、环境医学、环境地理学和环境工程等交叉学科，这正是人类生态科学知识在自然科学研究领域取得的极大进展，也从另一个侧面反映了社会生态人的生态文明观正在全社会形成共识。生态价值意识是指人们认识实践中对自然生态环境的价值评估和价值取向，产生对生态环境的价值与意义和对生态环境利害与美丑的观点和看法，形成关于生态价值的观念。生态审美意识是具有融自然美与人造美为一体的思想共识。自然环境千变万化，给我们带来了无穷的美的享受。"地球为人类生存所提供环境的多样性，使文化呈现出千姿百态，这是文化演化的特殊方面。"[2] 自然环境内含着诸多美的特性，它能够激发人们对美的向往，能够陶冶人们美的情操，形成生态之美的共鸣。生态责任意识指对生态环境负有保护的责任，人是自然的

---

[1] 姬振海：《生态文明论》，人民出版社2007年版，第36页。
[2] 特马斯、哈定等：《文化与进化》，韩建军、商戈令译，浙江人民出版社1997年版，第19页。

存在物，人对自然规律的遵循就是履行自己作为自然界的一分子应该负有的义务。一方面，是人类社会的各类组织、团体的制度设计和行为规范对生态循环负有保护的责任；另一方面，每一个个体的人也应该对生态环境保护负有责任。要得到这样的局面的前提条件取决于广大公众能否意识到自己对生态保护的责任及参与生态保护的实际行动和程度，这是生态意识的直接表现，一方面是指人类有责任有义务地使生态不受到破坏，自觉抵制各种破坏生态环境的行为；另一方面是要有责任地参加生态建设，使生产生活有益于生态循环和生态建设。同时，人类的这种生态意识不仅只停留在一种人类活动的层面上，更是对生态保护活动的超越，内化为人们的自觉文化，嵌入人的思维意识和价值观的根源，即种植在人性之中，用人类的本质力量维护一个无限循环、运动不息的生态系统，让生态系统充满着循环不止的生命力。生态道德意识是生态道德行为善恶的判断标准，生态道德是人与自然和谐关系的反映，生态道德是调整人与自然关系的行为准则，人类文化和自然的多样性，人和其他生命的多样性，决定了人类的道德关心要延伸到后代，延伸到生命和自然界，这包括在不同社会和不同利益的团体之间、贫困和富足的地区之间以及现代和将来的世代之间，每个人都应该有目的地公平分享自然和社会资源的权利，同时，人类对生命和自然负有切近的道德义务，包含着保护人类、生命与自然界的权利，这是全球性的道德责任，它超越了意识形态和地理上的界限，不仅是个人的责任也是集体的使命。这种生态道德意识存在于人类的古老文化之中，老子说"道之尊，德之贵，夫莫之命而常自然"，这说明古人很早就意识到万物自然而生，天道自然而然的自然法则，儒家文化中的"天人合一""仁爱万物"；佛教文化中"天地与我同根，万物与我同体"；伊斯兰教文化中的真主使自然万物各得其所、井然有序，自然万物各有其独特地位和内在的价值，人类与自然是相扶相依的朋友，人类对自然万物要心存博爱等，这些都体现了人类的生态道德意识，充满着对自然生态的道德关怀，这种生态文明意识集中体现在尊重自然的道德意识和善待自然的道德实践之中。

四　生命价值观：社会生态人的生命价值之维

社会生态人的生命价值观集中表现为人与自身的关系问题和对自然生命的根本态度，人与自身的关系是以自我认识为基础，对自我价值的肯定与褒扬，对自然生命的态度表现出对生命的尊重。人与自身的和谐就是人的类本质的实现，马克思认为，人的类本质就是人的自由自觉的活动，就个体而言，人与自身的和谐表现为人的身体、智慧、能力、情趣、道德精神和审美素质等多方面的协调发展，是人的肉体与精神的高度统一，是人的全面自由发展的重要基础，人身心和谐与全面发展为社会和谐提供前提条件，并反过来直接影响和制约着和谐社会目标的实现程度和效果。党的十六届六中全会通过的《中共中央关于构建社会主义和谐社会若干重大问题的决定》中指出："注重促进人的心理和谐，加强人文关怀和心理疏导，引导人们正确对待自己、他人和社会，正确对待困难、挫折和荣誉。"[①]"人的身心和谐发展是指人在德、智、体、美等方面获得全面地充分的协调的自由的发展。"[②] 包含着人的健康身心、自律意识、合作能力和爱的情感与品德等内容的全面自由发展。人的自身和谐通过学习实践培养和谐意识和个人修身塑造和谐人格来实现的，使人的道德理智与情感欲望实现和谐顺畅。第一，人的学习实践活动不断促进人的良好的行为意识、情感态度和价值观的形成，在实践中不断构建自我，实现能力发展，是一个连续与间隔交互发展的过程，促进了人与自身和谐发展的连续生成。"体验是人对生命意义的把握，是作为一个人和谐成长与发展和作为一个人的全部

---

① 中共中央文献研究室：《深入学习实践科学发展观活动领导干部学习文件选编》，中央文献出版社 2008 年版，第 245 页。
② 殷世东：《研究性学习：一种促进人身心和谐发展的途径》，《课程·教材·教法》2009 年第 11 期。

功能的最基本的要素。"① 就像杜威所说:"直接得到的总不能是一个观念,只有当他亲身考虑问题的种种条件,寻求解决的方法时,才算真正的思维。"② 这种思维一旦成为习惯就能上升为意识,产生对人的道德理智与情感欲望的和谐顺畅,从而形成人的和谐意识。第二,人的身心和谐是一种状态,是人的精神和肉体的和谐统一。修身养性就是化解人的精神与肉体的冲突、解决人心灵的精神世界和身体的物质世界在冲突中形成的矛盾,达到人的内心和谐,塑造人的和谐人格。第三,要化解"自我"与"非我"的矛盾冲突。一方面是要化解"自我"与"他人"的矛盾冲突;另一方面则要化解自身心灵中的"自我"与"非我"的矛盾冲突,所谓"知足者常乐也"。我国古人主张身心和谐就是要保持平和、恬淡的心态,处理好理与欲的关系,所谓《论语·尧曰》中说"欲而不贪"③,就是要控制贪欲;《论语·季氏》第十六中又说,"君子有三戒,少之时,血气未定,戒之在色;及其壮也,血气方刚,戒之在斗;及其老也,戒之在得"④告诫人们在追求情欲、喜怒哀乐、物质享受时要把握中和的原则,保持谦和的心态,要有和谐的心灵。把生命的价值实现融入道义价值的展示之中。"载营魄抱一,能无离乎"(《老子》第十章),阐释了人的精神与肉体不可分离,人与自身的和谐是人的形体与精神的融合。"挫其锐,解其纷,和其光,同其尘,是谓'玄同'"(《老子》第五十六章),即"消除个我固蔽,化除一切的封闭隔阂,超越于世俗偏狭的人伦关系局限,以开豁的心胸与无所偏的心境去看待一切人物"⑤,以培养和谐人格,达到玄妙混同的境界。

---

① 钟启泉、安桂清:《研究性学习理论基础》,上海教育出版社2003年版,第106页。
② [美]杜威:《民主主义与教育》,王承绪译,人民教育出版社2001年版,第174页。
③ (春秋)孔丘:《论语》,杨伯峻、杨逢彬注译,岳麓书社2000年版,第191页。
④ 同上书,第160页。
⑤ 陈鼓应:《老子注释及评价》,中华书局1994年版,第283页。

第五章　社会生态人的人性发展价值

社会生态人作为一种新型的人性假设，它在理论上给当代人的人性观点作了一个完美设计。社会生态人是人的自由全面发展的一个阶段，也是人的全面发展的过程节点。更重要的是，面对人类发展过程中出现的环境问题、社会问题、心理问题，如何实现社会生态人从理论中走向实践，走向实际生活，变成当代社会的现实人，使现实人都成为社会生态人，这不仅是一个理论问题，更是一个实践问题。

第一节　社会生态人人性假设的理论价值

社会生态人的人性范式以围绕实现科学发展和建设和谐社会作出的人性设计，它不是空穴来风而对人性作出的一种理想模式，它是建立在传统人性假设的基础之上，结合马克思主义人性观的基本理论，着眼于当前经济社会发展的现实问题，从现实问题的根源出发，在实践中寻找人性实践与发展的有效模式。

一　社会生态人是对传统人性假设的扬弃

社会生态人人性模式是对"自然人""经济人""社会人""道德人""文化人""生态人"等传统人性假设的扬弃。一方面，社会生态人发扬了传统人性假设对人性的概括，保留了传统人性假设中对人的本质的精辟论述，充分肯定了传统假设对研究现代人性所奠定的坚实基础和理论借鉴，使社会生态人假设能够在高位嫁接、高位设计；另一方面，社会生态人假设摒弃了传统人性假设中不符合当前人类社会发展现实的部分，把马克思主义人性观的理论视角与当前经济社会发展出现的问题以及对当代人的现实期待与要求结合起来，对人的本质问题进行仔细梳理，提出了更能切合当前实际的人性范式，在内涵和外延上，社会生态人比传统人性假设更加丰富，更能体现人的本真形象。

传统"经济人"认为，具有完全理性的人的一切活动都是为了通过合法手段，以最大限度地满足自己的私利，争取最大的经济利益，以求获得经济报酬，经济诱因引发工作动机，满足自身的生理和安全需要成为经济人工作的主要动力。因为人对经济利益的无限追逐，使社会财富的增长呈级数增加，经济人还认为，人在追求自身利益的同时，也会促进社会公共福利的增长。社会生态人发扬了经济人的合理理论观点，第一，社会生态人传承了人的理性，把理性作为人的核心地位，对人的发展具有主导作用，经济人的理性主要表现为精于算计，这是人的智慧所在，社会生态人的理性智慧不限于对经济利益的算计，而是把理性智慧应用于人对现实的合理宏观安排和对未来发展预期的谋划之中。第二，经济人对于促进社会财富的增长与社会生态人把促进人的发展与社会共同进步具有相同之处，社会生态人承认经济人对经济利益追求的合理性以及社会物质财富对人的发展的积极意义，社会生态人把发展社会生产力、增进物质财富作为人的发展的物质基础，解决生产不足与满足物质需要或欲望的矛盾。第三，社会生态人吸收了经济人假定中的经济诱因引发工作动机，满足自身的生理和安全需要成为人工作的主要动力，把人的欲望作为推动人的发展的动力之源，同时通过人的生态理性和完全意志的调节与控制，使人的欲望更加合理和适度。第四，社会生态人借鉴了"经济人"假设作为一种管理思想，应用于经济学研究领域和生产管理实践，并以此制定管理制度和管理规范，上升为一种制度价值。因此，社会生态人的思维方式和思想意识也同样能够通过群体意识上升为人的价值观念，从而形成一种正义制度。

与此同时，社会生态人假设也是对经济人假设的否定。第一，社会生态人否定经济人为追求经济利益最大化，而不断地耗费资源，导致高污染、高排放、高耗能对自然的掠夺和破坏，进而产生"温室效应"等危害自然生态平衡的自然灾害，把人的理性集中于自身功利思想意识。社会生态人崇尚低碳经济的发展模式，"所谓低碳经济，是指在可持续发展理念指导下，通过技术创新、制度创新、产业转型、新能源开发等多种手段，尽可能地减少煤炭石油等高碳能源消耗，减少温室气体排放，达到经济社会发展与生态环境保护双赢的一种经济发展形态"[①]。社会生态人的生态理性把低碳经济的发展模式作为推进社会物质财富增长和个人利益实现的根本途径，一是积极承担环境保护责任，实现节能减排；二是调整经济结构，提高能源利用效益，发展新兴工业，建设生态文明；第二，社会生态人倡导人与社会的和谐共进，把个人的利益满足与社会财富增长相统一，不同于经济人在每个人追求自身利益最大的过程中，顺便也促进全社会财富的增长，其实就是个人利益高于一切的自私自利的思想；第三，社会生态人追求人类社会的可持续发展，关注当代人、后代人、异地人的发展权益，把人的全面自由发展作为人的目标，否定了经济人唯利是图、唯金钱是目标的个人享乐主义。

"社会人"假设认为，人的良好的人际关系对于调动人的生产积极性起着决定性作用，人的物质利益对于调动人的积极性只起着次要作用，影响人生产积极性的除了物质条件之外，还有比金钱更重要的是人的社会、心理因素，协调好人际关系成为管理实践的重点。社会人假设拓展了人性的外延空间，较经济人假设更加尊重人的社会需要和心理满足。社会生态人继承了社会人假设关于人的社

---

① 高建国：《系统分析经济学引论》，中国经济出版社2010年版，第34页。

会性的理论观点,首先,社会生态人关注人与社会及自身的关系是源自于人的社会性本质,把人放在社会环境中来加以考察,把人的社会化作为促进人的发展的重要过程,把人与社会环境的共生统一落实到实处;其次,社会生态人假设与社会人假设一样,关注人自身的心理需求,注重人与自身的和谐发展,这为充分缓和与化解人的心理矛盾提供了理论依据;最后,社会人的合群倾向与集体意识为社会生态人的群体意识的培育和形成提供了理论借鉴。但是,社会人假设只限于把人放在社会系统中加以考察,在表现人性的内涵上还有待丰富和完善。一方面,社会生态人把人放在处理人与自然、社会以及自身的关系中来考察人性,而社会人假设却忽略人与自然的关系,无视人的自然本质和人赖以生存的自然环境,这对全面揭示人的完整本质存在着缺陷,所以说,社会生态人假设较社会人假设对反映人的本质具有更加全面性和丰富性;另一方面,人类社会是一部发展的历史,人类社会的发展进程反映了人的发展过程,社会生态人在创造现实人的幸福生活的过程中,更加关注人类社会的可持续发展,把人的全面自由发展问题看作是一个持续的过程和永恒的主题,并当作一个理想目标来加以实现,社会生态人这一观点比社会人假设的视野更加宏观、更加深邃。

"道德人"假设认为,人是社会性动物,人的利他意识是在社会活动中逐渐形成和发展的;人的自利行为是理性的,道德行为也是理性的,人的利他动机是理性的选择;人对利他主义的追求是有共同利益的人以增进团体的利益来实现集体目标。道德人对社会对他人的道德行为和道德意识为社会生态人如何处理人与社会团体及他人的关系提供了充分的理由,其一,道德人假设为人的利他行为找到了来源,其利他行为的根本就是人的理性,理性导致了人的利他动机的选择;其二,道德人对有共同利益的人以增进团体利益来实现集体的价值目标的思想,这为社会生态人主张人与社会的协同进化找到了思想根源;其三,社会生态人的道德价值根植于道德人的利他的理性思维和利他的道德实践;其四,从过程上看,道德人的个体人性的形成是经过后天的道德教化的过程，从结果上看，个体人性经过教化而成为具有利他意识和道德理性的人，这为社会生态人的道德培育和人格塑造提供了范式。然而，道德人假设与社会人假设一样，只强调人的社会性和社会道德感，而对人从何而来和生活在何处这两个根本问题避而不谈，这显然有舍本逐末之嫌，因而也是不够完整和全面的，社会生态人一方面回答好人的本质自然生存；另一方面把人放在社会系统中来考察人性的变化与发展过程。第一，社会生态人从人与自然的本质联系入手，以人的社会化过程为考察对象，揭示和反映人的自然本质和社会本质，从人自然存在的角度考察人的社会联系，弥补了"道德人"假设对人的存在与发展关系的空缺；第二，社会生态人从自然的价值关系入手，考察人对于自然和社会的道德关怀，人不仅对社会、对他人具有道德义务，人对自己赖以生存的自然生态环境也应该负有切近的道德义务。

"文化人"假设强调人的观念精神在人的欲望及其行为活动中的统驭作用，组织中的成员受组织文化和群体观念的制约，"文化人"假设认为，人是心物合一的统一体，人的理智和欲望是人的两种本能；人性是个性与群体的统一，良好的群体性能克服个性的缺点；人性具有可塑性，教育和磨炼可以优化人性。社会生态人吸纳了文化人假设对人性总结的精髓，首先，文化人假设对人的文化价值观念和组织文化的崇尚对社会生态人的价值观念的倡导和形成奠定了基础，社会生态人通过自己的思维意识产生价值观，可以武装人的思想影响人的行为，形成全社会的文化氛围和文明风尚，促进人的精神境界的提高，使人与自然环境、社会环境和自身心理环境的和谐发展；其次，文化人假设把人的理智和欲望看作是人的两种本能，为分析社会生态人的人性要素提供了线索，引导我们从微观上探究社会生态人的人性结构、内部层次及其各要素之间的相互作用的机理；最后，文化人假设认为，人性具有可塑性，教育和磨炼可以优化人性，从而否定了人性永恒不变的定律，这为社会生态人人性范式的成立提供了依据，对塑造人的生态人格、培养人的生态品质提供了具体方法与路径。但是，社会生态人在反映人的本性更具有全面性，一方面，人区别于动物并不是只有人的理性和欲望比其他生物具有更高的层次，还表现为人的情感、意志比其他生物更具复杂性、丰富性和特殊性，所以，社会生态人把生态理性、和谐情感、完全意志、适度欲望作为人性的要素，这四个要素相互作用、相互制约产生人的外化德性和品格表现，这样既丰富人性的结构内涵，又能从人性结构内部分析人性的具体表现；另一方面，马克思认为，全体人的发展必须以个体人的发展为前提，这说明群体意识的形成必须以个体意识的形成为条件，两者相互作用、相互影响，相反，群体性又为人的个性发展奠定基础和提供养分，社会生态人以人的全面自由发展为目标，尊重人的自由个性发展，群体性与人的个性总是呈交叉发展螺旋上升的状态。

"生态人"假设认为，人应该是能处理与自然、人及其自身关系，保持良好生命状态的人；其行为总是以一定的生态原则为规范，按照生态的道德、智慧和原则做事，追求生态性生存；具有充分的生态伦理素养和生态环境意识，顺应生态发展规律，与自然环境和谐共存的人。生态人假设为社会生态人提供了充足的养分，一是生态人假设揭示了人的生态之维和自然本质，为社会生态人的自然本质提供了有力的论证，也为社会生态人进一步处理人与自然及自身的关系、保持良好的生命状态提供了典范；二是生态人假设为人的生态性生存指出了具体行动规则和道德规范，这为社会生态人的行为意志提供了具体指向；三是生态人假设提出的人的生态能力和生态素质对社会生态人的能力建设与发展具有导向作用和示范作用；四是生态人假设要做与自然环境和谐共生的人，为社会生态人的生活方式、消费方式提出了价值目标，使人对自然的情感和态度由掠夺与控制到顺应与和谐的转变，把征服的理念转变为和谐的意识，使社会生态人对待自然的欲望变得更为适度。社会生态人把人的自然本质和社会本质融为一体，彰显人的本质的完整性，较生态人假设更具全面性,一方面,生态人假设试图用人的自然生态之维来涵盖人的社会本质,用自然生态系统来包容人类社会,这显然有失偏颇,因为人是自然生态系统的特殊动物,人类社会创造的文明成果与自然生态系统的造化同样美丽,在地位上也是属于同一层次,如果用生态系统来涵盖人类社会,就等于把人与其他生物处于同样的地位,抹杀了人的自主能动性以及人与其他生物的区别,这是大家都不会同意的,因此社会生态人假设把自然生态系统和人类社会放在同样的层次,把人的自然本质和社会本质作为人性的两个内容,这样有助于更加充分阐释人性的内涵;另一方面,生态人假设把人与社会的关系纳入人与自然及自身的关系中,以处理人与自然及自身的关系的法则应用到人与社会的关系之中,这虽然有着较好的借鉴价值,但是,人类社会是由自然生态系统中的特殊的人组成,以人为单元组成和引申了国家政治、市民社会和家庭以及不同的团体,这些结构组织有着自己的文化特质和各种差异性,社会生态人把这种差异性作为人类社会发展阶段的特殊性,也是人的发展过程阶段化的不同体现,所以,社会生态人作为人的发展过程中的一个阶段,这种阶段性正是较好地处理好人与社会的关系,也反映了人的发展与人类社会的发展息息相关。

社会生态人继承和发扬了传统人性假设的理论优势,抛弃了传统人性假设中那些不适合人类社会发展与人的发展现实不符的部分,提出了社会生态人既蕴含传统又有拓新,这对揭示人性更具全面丰富和完整。

二 社会生态人是马克思主义人性观的现实发展

马克思根据人类社会历史演进规律,把人与自然、社会的关系演变概括为三个基本形态,即从人的依赖关系到以物的依赖性为基础的人的独立性,再到个人全面发展和共同的社会生产能力基础的社会财富上的自由个性,马克思对人类社会关系形态的划分,揭示了人类与自然、社会关系的本质,乃是对社会关系发展形态的精辟概括。诚然，通过国内外学者研究，"社会生态人"概念的提出有一定理论基础和现实依据，为"社会生态人"的价值哲学的研究构建了理论与实践的逻辑起点，研究社会生态人的价值哲学有助于澄清人与自然和社会和谐发展、协同进化的本质要求。

1. 马克思关于人的本质的生态之维的论述

人与自然界有着密不可分的联系，研究人的本质的生态之维和生态价值，就必须探究自然的本质内涵。有必要将自然和自然界的含义作一区分，自然界是指人类生活在其中的物质世界，包括大气圈、水圈、岩石圈和生物圈；自然则是隐藏在自然界背后的使自然界应该如此的根源，是使自然界成为是其所是的本性。自然界的属性就是自然，是与人性直接相同的自然。人类与自然世界产生了两种关系，一是人与自然界的关系，二是人与自然的关系。[①] 人与自然界的关系是人利用自然、改造自然的物质关系，人与自然的关系即是人与自然本性的关系，这里指的本性就是遵循一定规律发展变化的趋势，所以人与自然在本性上是一致的。马克思认为，人与自然是统一的，自然界对人具有双重意义。其一，自然界是人的无机身体。"自然界，就它自身不是人的身体而言，是人的无机的身体。人靠自然界生活。这就是说，自然界是人为了不致死亡而必须与之处于持续不断的交互作用过程的、人的身体。"[②]其二，自然界是人的本质的对象，是人创造活动的对象，"没有自然界，没有感性的外部世界，工人什么也不能创造"[③]。这是人的现实反映。但是资本主义制度的异化劳动把人与自然对立起来，因而使人与自然的关系也处于异化的形态之中，使人与自然分裂。"异化劳动从人那里夺去了他的生产对象，也就从人那里夺去了他的类生活，即他的现实的类对象性，把人对动物所具有的优点变成缺点，因为人的

[①] 曹孟勤：《人性与自然：生态伦理哲学基础反思》，南京师范大学出版社2004年版，第212页。

[②] 《马克思恩格斯文集》（第1卷），人民出版社2009年版，第161页。

[③] 同上书，第158页。

无机的身体即自然界被夺走了。同样，异化劳动把自主活动、自由活动贬低为手段，也就把人的类生活变成维持人的肉体生存的手段。"①马克思认为，只有消除异化劳动，才能达到人与自然界的最终和解，实现人与自然界在本质上的统一。"只有在社会中，人的自然的存在对他来说才是人的合乎人性的存在，并且自然界对他来说才成为人。因此，社会是人同自然界的完成了的本质的统一，是自然界真正的复活，是人的实现了的自然主义和自然界的实现了的人道主义。"② 因此消除"异化劳动"就是要消除资本主义的思想价值观。今天我们提倡"低碳"生活，实现循环经济，推动科学发展的战略，就是避免"异化劳动"在中国特色社会主义制度中蔓延。

一方面，人类改造自然界的过程，是人与自然界相互作用的过程，是人化自然的过程；另一方面，人类改造自然界的实践活动又是人的本质对象化的过程，也是自然化人的过程，这两个交互的过程孕育了人性的生态之维。

2. "社会生态人"是马克思主义关于人的本质的完整解释

马克思主义关于人的社会属性与自然属性的和谐统一思想是社会生态人假设的思想基础。社会人与生态人的融合统一孕育了社会生态人的人性假设。社会人从人的社会需要和自我心理满足出发，对人的社会本质进行了有效概括，把人的社会性置入了人与社会的关系之中；生态人以人的生态化发展和可持续发展为目标，把人的自然性和生态性放在人与自然界的关系中来加以考察。社会生态人假设是社会人与生态人的融合，是实现人的社会本质、自然本质和生态本质有机统一的人性概括，是社会历史观与和谐生态观对人性价值的预设。

社会生态人更能完整地揭示人的社会本质、自然本质和人的生

---

① 《马克思恩格斯文集》（第1卷），人民出版社2009年版，第163页。
② 同上书，第187页。

态之维,更能全面地反映人与社会、人与自然和人与自身的本真关系,马克思对人的本质和人性的论述直接反映了人的自然本质和社会本质。首先,人的本质是以人的自然属性为前提。"全部人类历史的第一个前提无疑是有生命的个人的存在。因此,第一个需要确认的事实就是这些个人的肉体组织以及由此产生的个人对其他自然的关系。"① 这反映了人的存在的第一个前提就是自然存在,是以自然条件为前提,人根源于自然界,不管人如何发展,都印刻着自然界的深深烙印,这一事实成为人性发展的前提,也是人类社会存在与发展的基础条件。其次,人的生态之维是基于人对自然的价值的重新确认和对自然的道德义务的理性判断。从人对自然界的认识上看,自然界不仅具有工具性价值,而且具有内在价值,对自然界的工具性价值认识为人开发自然界和利用自然界提供了实践依据,同时,自然界的内在价值为我们重新审视人与自然界的关系提供了认识依据,对自然生态规律的价值有了新的认识;从人对自然界的道义上看,人从自然界获得了赖以生存发展的物质依托,也就决定了人对自然应赋予切近的道德义务和遵循自然的生态规律,把人的思维和行动建立在生态规律的法则中来对待自然,把人的生存和发展放在生态循环的体系中来实践自身。最后,人的社会属性是展示人的发展的显著标志,马克思关于"人是一切社会关系的总和"的论述阐释了人的社会本质的包容性和丰富性,也揭示了人的社会本质的历史逻辑和发展逻辑。社会关系蕴含着人与社会的关系和人的社会生产关系,人与社会的关系是随着人的社会化进程而不断深化,人的成长轨迹反映了人的社会性发展轨迹,人类社会发展揭示了人的社会本质的历史变化。随着人类社会的发展,社会生产关系也在发生深刻变化,人的社会本质在社会生产关系的变化中得到完善和发展。同时,人的本质是社会属性与自然属性相统一的观点也得到了美国心理和行为科学家马斯洛的进一步论证,马斯洛的需要

---

① 《马克思恩格斯文集》(第1卷),人民出版社2009年版,第519页。

层次理论把人的需要分为生理需要、安全需要、归属与爱的需要、尊重的需要和自我实现的需要等五种类型,这五种需要的交互实现进一步印证了人的自然属性和社会属性的和谐统一。

第二节 社会生态人对人的全面发展的过程价值

马克思主义关于人的发展目标不是一蹴而就的,必须经历一个一个的历史发展阶段,每完成一个阶段的目标,人的发展就向前迈进了一步,逐渐地实现人的全面自由发展。社会生态人是对"经济人"个体功利现状的超越和对"社会人"行为价值的提升。社会生态人作为人全面发展过程的一个阶段,是社会主义市场经济条件下人的发展目标。社会主义市场经济是竞争经济,更是道德经济、生态经济和循环经济,社会生态人的能力素质、道德水平、伦理维度和生态意识与社会主义市场经济对人的要求和期待是相适应的,因而把社会生态人作为社会主义市场经济条件下人的发展目标是基本符合人的发展要求的。

一 社会生态人揭示人的全面发展的过程性和阶段性相统一

马克思主义根据人类社会历史演进规律,把人与自然、社会的关系演变概括为三个基本形态,"人的依赖关系(起初完全是自然发生的),是最初的社会形式,在这种形式下,人的生产能力只是在狭窄的范围内和孤立的地点上发生着。以物的依赖为基础的人的独立性,是第二大形式,在这种形式下,才形成普遍的社会物质交换,全面的关系,多方面的需求以及全面的能力体系。建立在个人全面发展和他们共同的社会生产能力成为从属于他们的社会财富这一基础上的自由个性,是第三阶段。第二阶段为第三阶段创造条件"[①]。马克思对人类社会关系形式的划分,揭示了人类与自然、

[①] 《马克思恩格斯文集》(第8卷),人民出版社2009年版,第52页。

社会关系的本质,乃是对社会关系发展形式和人自由全面发展过程的精辟概括。

1. 人的全面发展的过程性和阶段性

人的全面发展是一个具体的历史过程,这个历史过程总是伴随着社会历史时代的发展而发展,人的全面发展的现实状态可以反映社会时代的发展状况,同时,不同时代下的人的全面发展也有着不同的内涵和要求。"在现代社会,人的自由而全面的发展集中体现为通过对人的发展的异化现象的控制与消除而促进人的本质的返真、社会性特征的丰富协调发展和人的基本素质的整体性提升。"[①]人与自然、社会关系形态发生转变的过程决定人的全面发展的过程性和阶段性。马克思从哲学、政治经济学和科学社会主义三个角度考察了人的发展问题,指出人的发展与社会发展是相互决定的。一方面,社会发展为人的发展提供物质的、精神的历史条件,决定并影响人的发展;另一方面,人的发展既是衡量社会进步的尺度,又是推动社会前进的动力。因此,马克思认为,随着社会三个基本形态的发展,人的发展也有三个阶段,即原始自然的人——片面独立的人——全面自由的人。马克思这一关于人的全面发展的原理,科学地揭示了人的发展规律,是指导我们对人的发展进行研究的重要理论武器。从马克思对人类社会关系历史形态的划分看,人类从传统社会向现代社会转变的过程,也是人的发展过程,这正是人与自然、社会关系形态发生转变的过程,就是由第一形态向第二形态转变的过程,"这种转变主要表现为:第一,随着农业文明时代的终结、工业文明的兴起及发展,特别是信息时代的到来,人与自然、社会关系的形态由人对自然、社会的直接依赖关系逐渐演变为间接依赖关系,在人与自然、社会之间,作为交往手段与工具的物的作用日益增强,并且对人与自然、社会的交往越来越发生着重要的制约作用;第二,随着人对自然、群体依赖性的降低,人的自我意

---

① 张治库:《人的存在与发展》,中央编译出版社2005年版,第266—267页。

识、主体意识、独立意识不断增强,对自然关系与社会关系的选择性也不断提高,从而使现代社会自觉的选择关系代替了传统社会盲目的顺从关系;第三,随着生产方式与交往手段、方式的革新,人类与自然、社会的交往范围不断扩展,与之交往的程度也不断提高,从而使现代开放的多元的关系形态代替了传统封闭的简单的关系形态"[1]。从这里可以看出,人类社会生产方式和生活方式的变革,提升了人的主体意识和独立意识,引起了人与自然及社会关系形态的演变与发展,推动着人的发展又向前迈出新的步伐。另外,人和社会之间的关系是我们研究人的发展的基本视角。一方面,人的发展与社会发展存在着相互决定的辩证关系;另一方面,人在认识和处理人与自然及社会关系方面所表现出来的理性、意志、道德情感和欲望等,是衡量人的发展水平的重要方面。这是马克思研究人的发展的重要方法论。社会生态人就是遵循人与社会及自然的关系这一基本视角考察人的发展后而提出来的。社会生态人是人的发展过程中的一个阶段,这是我们运用质量互变规律、社会存在的决定作用等辩证唯物主义和历史唯物主义原理研究人的发展得出的一个基本结论。社会生态人是人与社会及自然关系形态演变和发展作用于人的全面自由发展的过程坐标,第一,"人是一种关系性存在"[2],人的存在与发展主要表现在人与自然的关系、人与社会的关系和人与自身的关系三种关系之中,这是人的有意识的感性活动的结果,是以人认识自然、认识社会、认识自我为基础的;第二,人性主要是通过人与自然、社会及自身的关系表现出来,人在发展过程中不断建立和完善这种关系,同时受着这种关系的制约;第三,人的三大关系发展是一个过程,这个过程与人的认识过程和人类社会的历史发展过程是同一的。所以说,人的发展阶段与人与自然、社会及自身的关系发展阶段也是相互对应的。

---

[1] 张治库:《人的存在与发展》,中央编译出版社2005年版,第15页。
[2] 同上书,第56页。

从人与自然的关系来看，随着人对自然的认识不断发展，以人对自然的依赖为基础，人与自然的关系也逐渐经历了敬畏自然、顺从自然、征服自然、控制自然到尊重自然、顺应自然、保护自然与自然和谐的转变的不同阶段，是人的认识上从畏惧到顺从到不怕再到共生共进的轮回过程，这个过程是人与自然"较量"的结果反思，其实这也反映了人对自然的认识从肤浅到深入的过程，每一次认识的深入和飞跃，都促进了人的发展走向了一个新的阶段，形象地揭示了人的发展的过程性和阶段性。原始人对自然的无知，对自然现象感到畏惧，人对自然是一种畏惧感，人对自然的关系是敬畏自然阶段；随着人的认识不断深入，人对自然的现象也进行总结，认为这只是自然内在的活动，而不是针对自己的伤害行为，所以人对自然就产生了顺其自然的态度，这时人对自然的认识也十分不足，人对自然的关系进入了顺应自然阶段；人对这一阶段的反思，认为只要对自然的破坏活动进行趋利避害，自然也不过是踩在地下的土，长在身旁的树，自然的万事万物都能被人所利用，人的功利思想急剧膨胀，同时，人的经济理性凸显，生产工具的日益发达，人开始对自然资源大肆开发，不断地向自然索取物质财富，这时人与自然的关系进入征服自然的阶段；由于人对自然征服开发，破坏了自然的原有状态，自然灾害变得更加频繁，同时，人类在物质上也取得极大的成果，丰富的物质财富和科学技术加快了人对自然的探索，科技理性成为人的理性的标志，加剧人对自然的开发力度，人类面对频繁的自然灾害，试想通过科学技术来遏制和控制自然灾害的发生和对人类产生的不利影响，于是以"拦""截""堵"等为手段的科学技术大量应用于人类控制自然灾害的实践中，人对自然的关系变成控制自然的阶段；由于人的控制，人不仅破坏了自然资源，更重要的是人类已经破坏了自然生态规律，"拦了这边却溃了那边，截了这段却腐了那段"，人类成为自然灾害的"救火队"，自然再也不像从前那样温顺，而变得更加暴虐，这种教训使人陷入了深深的思考；这样的思考让我们找到了人与自然的关系形态，即人与自然的和谐共生关系。这样的思考才促使很多人的思索。人与自然的关系和谐阶段也只能是对未来阶段的期盼和对今后的要求，这也许就是所谓人的发展还处在控制自然向与自然和谐相处阶段的过渡阶段。习近平同志指出："人与自然是生命共同体，人类必须尊重自然、顺应自然、保护自然。"① 人与自然的关系重新回到了应有的本真关系，人作为自然生态系统中最具能动脑的物种，在寻找、发现、利用自然规律的实践中深化了人与自然的关系认识，那就是"人与自然是生命共同体，必须坚持人与自然和谐共生"。

从人与社会的关系来看，人与社会的关系通过社会关系形态表现出来，社会关系形态的变迁反映了人与社会的关系状况，随着人的发展和人类社会的历史演进，人类社会的社会关系形态已逐渐地从传统社会关系形态向现代社会关系形态转变，同时，人的发展也从传统人向现代人转变，这不是一个一蹴而就的简单过程。"现代社会关系的生成及发展必须同时具备两个方面的因素。在客观方面，传统社会关系形态的解体过程中不断滋生出属于现代社会关系的因素，这些因素在时代的演变中经过不断地聚合而结成相对稳定的新的关系形式；在主观方面，传统社会的解体与整个社会现代化的不断发展，在促使人的存在及发展所具有的传统品质不断消解的过程中日益形成与现代社会发展要求相适应的新的品质。"② 传统社会关系在主客观变化的作用下逐渐向现代社会关系过渡。马克思关于人类社会关系的三大关系形态划分充分揭示了社会关系的发展历程，也揭示了人的自由全面发展的过程性和阶段性。第一，最起初的原始的完全自然发生的人的依赖关系，人的能力范围狭小，能力也不足，这是传统社会的萌芽与初步发展，这经历了一个漫长的过程，这个过程，人对物的依赖逐渐增强，从而实现向传统社会过

---

① 习近平：《决胜全面建成小康社会　夺取新时代中国特色社会主义伟大胜利——在中国共产党第十九次全国代表大会上的报告》，人民出版社2017年版，第50页。

② 张治库：《人的存在与发展》，中央编译出版社2005年版，第115—116页。

渡的阶段，人的发展实现了原始人向传统人过渡的阶段；第二，是以物的依赖性为基础的人的独立性的发展，随着人的独立性增强，人的社会化程度和社会能力也逐渐提高，人的发展的物质基础也逐渐丰富，人的社会关系也随之发展，促进了人的个性和人格的相对独立，奠定了传统社会向现代社会过渡的基础，也是社会发展与人的发展的量变促进质变的过程，这个过程表现出人对物的直接依赖逐渐向间接依赖过渡；第三，人对物的间接依赖，主要表现为人利用现代科学技术作用于自然物，人的能力进一步提升，社会生产力快速发展，人与社会的关系从传统中分化出来，并重新建立新的社会关系，以适应现代社会化的生产关系，社会财富急剧增加，人的主体意识增强，自我意识觉醒，现代社会为人的发展提供了快速发展的条件；第四，人的现代社会关系的形成与发展，是以人利用现代科学技术开发自然为基础的，人对物的间接依赖，加速了人对自然的利用力度，导致人类社会的基础关系——人与自然的关系出现了恶化的局面，从而动摇了人的社会关系，人与自然及社会的关系出现了对峙的状态，使人的发展陷入了僵局纠结的境地，这种僵局的对立关系必将被新的和谐关系所替代，人与自然及社会和谐关系将战胜人与自然及社会对立的关系，寻找新的人性和谐的承载对象。人与自然及社会和谐的社会生态人的人性模式将孕育而出，化解人的全面自由发展过程中的面临的矛盾，开启人的发展的新阶段。

2. 社会生态人是人的全面发展过程中的"量变中的部分质变"

社会生态人是"片面独立的人"向"全面自由的人"发展过程中的"量变中的部分质变"。"片面独立的人"不是人的发展的最终目标，一方面，片面独立的人是马克思关于人类社会关系形态中第二形态中的人，随着人类社会的演变与发展，人类社会的第二形态必然向第三形态转变，即建立在个人全面发展和他们共同的社会生产能力成为他们的社会财富这一基础上的自由个性；另一方面，片面独立的人意味着人的独立性增强，在正确处理人类的三大关系（人与自然、人与社会、人与自身）中存在着诸多缺陷，并且导致这三大关系的对抗程度越陷越深。因而片面独立的人向全面自由的人发展也是人的发展势不可当的趋势。

　　人的全面自由发展是人自身内部的潜能和创造性得到全面释放和张扬的过程，也是人的本质力量日益增长和提升的过程，人的本质力量发展的外部表现就是不断发展人的能力，马克思指出："任何人的职责、使命、任务就是全面地发展自己的一切能力。"① 由此可见，在马克思关于人的自由全面发展的论述中，人的能力发展是处于核心地位的。社会生态人的能力核心就是如何处理人与自然及社会和谐的能力，有人将人的能力分为具有自然性质的能力、具有技术性质的能力和具有社会性质的能力，将人的能力发展定义为劳动生产能力、控制社会关系的能力、思维的能力和人的需求能力、消费能力与享受能力等四个层次。这种概括无疑思路清晰，逻辑严密。但是，我们认为，这种观点忽略了一个前提。这个前提就是马克思在论述人的全面发展时始终坚持"两个统一"的原则。马克思、恩格斯在《共产党宣言》中指出："每个人的自由发展是一切人的自由发展的条件。"② 在《共产主义信条草案》中又指出："社会的每一个成员都能完全自由地发展和发挥他的全部才能和力量，并且不会因此而危及这个社会的基本条件。"这些论述表明了"两个统一"原则，一是"每个人"的发展与"一切人"发展的统一；二是人的发展与社会发展的统一。这"两个统一"是我们考察人的发展的前提性条件。坚持这个前提，我们发现，以全面发展为目标，人的能力的最基本的规定性应该是具有社会性质的能力。而这种能力并不是单方面体现在人的交往实践层面，而是同时包括形成全面的观念关系这个层面；并不是单向性地体现在人控制社会关系的能力，而是自我调整与控制社会关系的统一，统一的标

---

① 《马克思恩格斯全集》（第3卷），人民出版社1960年版，第330页。
② 《马克思恩格斯文集》（第2卷），人民出版社2009年版，第53页。

准就是人和社会的和谐共存、协同进化。这种具有社会性质的能力，是以全面发展为目标的人的能力发展的主要方面，是带质的规定性的内容之一。仅仅具备这一能力，并不能实现人的自由全面的发展，但是没有这一能力，就根本谈不上人的全面发展。因此，具备这种具有社会性质的能力就是人的社会能力，人的社会能力反映在人处理人与社会关系的能力上，人的社会能力的提升使人的社会关系日益丰富，同时，社会关系的丰富性也带来人的社会关系的复杂化，人要驾驭这种复杂的社会关系，也对自己的社会能力的提升带来更加严峻的挑战，人的社会关系的丰富发展与人的能力提升呈螺旋发展、交替上升的格局，促进着人的社会关系的全面发展，推动着人的自由全面发展目标的实现。与此同时，人的社会关系的日益发展对人与自然的关系也变得更加复杂，社会关系的发展和人与自然关系的复杂化，又促进了人对处理人与自然及社会关系的能力建设，马克思指出："因为人的本质是人的真正的社会联系，所以人在积极实现自己本质的过程中创造、生产的社会联系、社会本质，而社会本质不是一种同单个人相对立的抽象的一般力量，而是每一个单个人的本质，是他自己的活动，他自己的生活，他自己的享受，他自己的财富。"[①] 这也体现了人的本质的实现是一个过程。人的能力发展也是一个部分量变引起部分质变的过程，促进了人的发展由"片面独立的人"向"全面自由的人"发展过程中的"量变中的部分质变"。社会生态人顺应生态发展规律，与自然环境和社会环境和谐共存并协同进化，所体现的正是上述具有社会性质的能力。这种能力是社会生态人能力发展的本质内容。

　　社会生态人是"片面独立的人"向"全面自由的人"发展的中间阶段，第一，片面独立的人向社会生态人过渡是人的发展的必然。马克思认为，人的发展包括人与自然关系的最终和解，片面独立的人虽然在物质财富的积聚有着成功的经验，有着经济领域中

---

① 《马克思恩格斯全集》（第42卷），人民出版社1979年版，第24页。

"经济人"的行为特征，然而，正是因为对财富的无限追求使人陷入了利益的深渊，丧失了人与自然及社会关系的平衡，重塑这种平衡需要树立社会生态人的人性典范，促进人与自然及社会和谐。第二，社会生态人是人的全面自由发展的必要历程。人的全面自由发展包含着人的能力的充分发展、人的物质财富的充分发展、人的社会关系的充分发展和个性自由，这个目标的实现是建立在人与自然、社会及自身关系和谐发展的基础之上，而社会生态人以人与自然、社会及自身的和谐共生为价值旨归，正是人的全面自由发展所需要的价值观念和精神力量。社会生态人为人的全面自由发展奠定了物质基础和精神基础。

二 社会生态人是中国特色社会主义建设中人的发展的重要目标

1. 中国特色社会主义推进人的全面发展的当代视阈

（1）中国特色社会主义制度与意识形态为社会生态人提供制度和思想文化保证。社会主义社会的民主政治制度和马克思主义占指导地位的意识形态，使人在发展过程中实现"每个人的发展"与"一切人"发展的统一、人的发展与社会发展的统一，并提供了政治和思想文化上的前提条件。社会主义社会是人类社会的一个崭新的时代，在政治方面，社会主义社会实行民主政治制度，剥削阶级已被消灭，剥削制度已被废除，阶级斗争已经不是主要矛盾，国家政权的主要职能已经从专政方面转为经济、政治、文化和社会建设方面。这一切，为人民群众当家做主、参与管理国家事务和社会事务提供了广阔的政治活动舞台；在思想文化方面，马克思主义在意识形态领域的指导地位已经确立，而且根据解放思想、实事求是、与时俱进的精髓，马克思主义与中国特色社会主义建设的伟大实践相结合，不断产生理论飞跃，一脉相承的毛泽东思想、邓小平理论和"三个代表"重要思想、科学发展观是中国共产党的指导思想，深入学习贯彻总书记系列讲话成为广大人民的心声，人民群众在社会主义制度下，在全面建成小康社会的道路上，正逐渐形成共同的理想、道德和纪律，教育科学文化事业正逐步得到健康发展，人民群众建设社会主义的积极性和创造性得到前所未有的发挥，使人开始进入了全面发展的历程。

（2）全面依法治国的治国方略为社会生态人推进人的全面发展提供法治保障。依法治国和以德治国的方略以及社会主义精神文明建设，使得每个人的发展和一切人的发展的统一、人的发展与社会发展的统一由可能性发展为现实性。1997年9月召开的党的十五大明确提出了"依法治国，建设社会主义法治国家"的治国方略，在九届全国人大二次会议上，又把依法治国方略载入宪法，使之具有最高的法律效力。江泽民同志提出"以德治国"的重要思想，并把它放到与"依法治国"同等的地位。依法治国和以德治国的治国方略，反映了社会主义市场经济发展的客观要求，丰富了邓小平理论中关于"两手抓"思想的内容，对每个人的发展与一切人的发展的统一、人的发展与社会发展的统一的实现具有重要的意义。从法治和德治的功能来看，法律重在调整人的外在行为，道德则重于引导人的内心世界。道德建设虽然主要靠人的"内化"与"自律"，但是它并不排斥"外化"和"他律"，在一定程度上还很需要"外化"和"他律"。包括法治和德治在内的社会主义精神文明建设，使每个人的发展与一切人的发展、人的发展与社会发展的统一成为现实的可能。党的十八届四中全会提出，"全面推进依法治国，建设中国特色社会主义法制体系，建设社会主义法治国家"[①]，全面依法治国，推进国家治理体系和治理能力现代化，也需要人的治理能力提升和人的能力发展，同时，又为人的能力现代化发展提供了可靠的法治保障，使人的全面发展放在经济社会发展

[①] 《中国共产党第十八届中央委员会第四次会议文件汇编》，人民出版社2014年版，第21页。

的具体实践中得到实现，为社会生态人在人与社会关系和人与自然关系和谐发展与能力提升提供法治支持和支撑。一方面，市场经济就是法制经济，法治使人在市场经济中依法进行商品交换，平等意识、公平意识、协作意识等在市场经济中逐渐得到养成；德治使人在物质利益面前做到取之有道，诚信意识、责任意识、公德意识逐步得到强化，从而使人的思想道德素质得到提高，因而促进人的品质素质的全面提升和发展；另一方面，人与自然之间的自然生态关系、人与社会之间的社会生态关系都可以作为法律关系要素纳入法律规范调整的对象，并且作为伦理关系要素纳入道德规范调整的对象。这样，自然生态关系和社会生态关系都成为社会主义市场经济条件下人们必须遵循的行为规范，社会生态人也就成了人的发展的现实阶段目标。

全面依法治国把人的全面发展纳入法治化的轨道，规制了社会生态人人性发展的方向和底线，为社会生态人的正义制度建设提供根本遵循，为人的全面发展提供了坚强的法治保障。一是全面依法治国，把坚持党的领导作为社会主义法治最根本的保证，有了为人民利益发展的代言人和忠实的实践者，是人的全面发展的政治保障；二是全面依法治国，把坚持人民主体地位作为社会主义法治最本质的要求，一切为了人民，一切依靠人民，中国特色社会主义法治的本质最终是用人民的力量保护人民、造福人民，是人的全面发展的力量之源；三是全面依法治国，把坚持法律面前人人平等作为中国特色社会主义法治建设过程最基本的原则，充分彰显平等是社会主义法律的基本属性，是人能够全面发展的法制基础；四是全面依法治国，把坚持依法治国与以德治国相结合作为建设法治中国最有效的方法，一手抓法治，一手抓德治，两手都要硬，充分发挥法律规范的重要作用，又强化道德教化在人的品质提升和素质发展的内化作用，是推进人的全面发展的有效手段；五是全面依法治国，把坚持从中国实际出发作为推进中国特色社会主义法治体系的最佳结合点，为人的全面发展提供社会现实。

（3）五大发展理念为人的全面发展提供理念指导。一般的经验表明，坚持什么样的发展观，就会对人的发展产生重大影响。党的十八大指出："不断在实现发展成果由人民共享、促进人的全面发展上取得新成效。""不断开拓生产发展、生活富裕、生态良好的文明发展道路。""统筹城乡发展、区域发展、经济社会发展、人与自然和谐发展、国内发展和对外开放，统筹各方面的利益关系，充分调动各方面积极性，努力形成人民各尽其能、各得其所而又和谐相处的局面。"① 党的十八届五中全会提出："必须贯彻创新、协调、绿色、开放、共享的发展的理念。"② 五大发展理念为人的全面发展提供了新的理念指导。要把创新发展、协调发展、绿色发展、开放发展、共享发展的理念贯穿于新时期人的全面发展的过程中，其一，把坚持创新发展作为人的发展的基本动力，推进理论创新、制度创新、科技创新、文化创新等各方面的创新，根本在于人的思维创新、人的能力创新，通过创新为人的全面发展提供持续动力。其二，把坚持协调发展作为人的全面发展的有力支撑，人的全面发展需要经济社会的发展提供支撑，也需要人自身各方面条件协调发展。一方面，人的全面发展离不开社会物质条件，经济、政治、文化、社会、生态的和谐发展为人的发展提供全面的环境支持，保证人的物质生活、精神需求、能力建设、个性发展有较好的外部条件作支撑；另一方面，人的全面发展是身心的协调发展，是身体健康与心理和谐发展，也是不同代际和不同区域的人的协调发展。其三，把坚持绿色发展作为人的发展中处理人与自然关系的基本原则，建设资源节约型、环境友好型社会，形成人与自然和谐发展的现代化建设新格局，人的发展与自然规律相伴而行，只有汲取

---

① 胡锦涛：《坚定不移沿着中国特色社会主义道路前进　为全面建成小康社会而奋斗——在中国共产党第十八次全国代表大会上的报告》，人民出版社2012年版，第9页。

② 《中国共产党第十八届中央委员会第五次会议文件汇编》，人民出版社2015年版，第6页。

生态智慧、遵循生态规律、维护生态安全,才能促进人与自然的和谐共生,最终促进人的全面发展。其四,把坚持开放发展作为促进人的全面发展的有效措施,开放是人与人交流学习的前提,是构建人与世界对话的有效手段,坚持人的发展的开放性,有利于把人的发展放在全球化视野中来加以考察,推动和带动全体人的全面发展,这是人类的解放的光辉事业。其五,把坚持共享发展作为人的全面发展的整体牵引,人的发展与人类社会发展互相促进、互相牵引。一方面,通过社会共享机制,使社会发展的成果惠及人民,人人共享发展成果,人人都有获得感和成就感,不断填补人的发展的短板,并启动新阶段人的发展中扬长补短的进程;另一方面,通过共享发展,促进机会公平,增强共享水平,带动不同行业、不同区域的人的全面发展。五大发展理念引领人的发展新境界、把握人的发展新方向。

2. 社会生态人为中国特色社会主义市场经济体制下人的能力发展提供了实践目标

人的能力提升与发展是人的全面发展的重要内容,社会主义市场经济体制的确立,使人的独立性、自主性和人的整体能力得到提高,为每个人的发展与一切人的发展的统一、人的发展与社会的发展的统一奠定了能力方面的基础。人的独立性和自主性是人的全面自由发展的基本条件。市场经济遵循价值规律,实行等价交换与让渡,"为使这种让渡成为相互让渡,人们只须默默地彼此当做那些可以让渡的物的私有者,从而彼此当做独立的人相对立就行了"[①]。交换者具有独立利益主体地位。因此,市场经济使人从各种人身依附关系的束缚中解放出来,具有了经济上的自主性,成为相对独立的人。相对独立性使人拥有了经济活动中的自由平等权利,并为政治上的自由平等权利奠定了现实基础,因而提高了自主性,具有了自主、自立、自律的性质。在社会主义市场经济发展的过程中,人

[①] 《马克思恩格斯文集》(第5卷),人民出版社2009年版,第107页。

的独立性和自主性得到提高之后，主体创造性也能得到前所未有的弘扬。社会分工的发展和商品交换的实现，使人的社会关系更加丰富，人的能力实现了互补，因而人的整体能力不断增强，个体能力的提高则趋向全面。人的全面自由发展以经济社会中的经济手段为助推器，社会主义市场经济作为经济发展的重要经济手段，也为人的全面发展创造了现实条件。社会生态人能够以自己的行为准则、价值标准和精神追求引领社会主义市场经济的发展方向，将成为保证市场经济健康、持续、快速发展的主体要素，市场经济需要社会生态人的精神价值保驾护航，中国特色社会主义市场经济体制的健全也为社会生态人提供了条件。社会主义市场经济的公平竞争性成为市场经济发展的重要特征，是经济发展的不懈动力，也为社会全面进步和人的全面发展提供了物质基础。

社会主义市场经济是竞争经济，更是道德经济、生态经济和循环经济，市场经济要破除人与人、市场主体之间的尔虞我诈和急功近利的短期行为，成为道德经济、生态经济和循环经济，需要社会生态人的人性作保证。第一，社会生态人倡导的对社会、自然和自身的道德情感和义务，为社会主义市场经济的交换活动提供了道德依据和保证，也使市场主体的诚信道德得到了弘扬，诚信是社会生态人社会公平观伦理维度的基本表现，同时，诚信又是道德经济的重要标志，社会生态人成为道德经济的监护人；第二，社会生态人以人与自然的和谐为精神旨归，以尊重自然生态规律为行为准则，以维护生态环境为立足点，而市场经济提倡绿色经济，实现经济社会的绿色崛起和生态化发展，一方面为人类生活提供物质基础，另一方面需要人的绿色消费、绿色生活为支撑，社会生态人是生态经济的领路人；第三，社会生态人以人类的可持续发展为行动目标，以代内平衡和代际公平为根本规范，而市场经济是推动经济社会可持续发展的根本动力，市场经济要求合理利用和调度有效资源，发挥资源效应的最大化，促进生产资料的循环利用，以循环经济为价值追求，社会生态人是循环经济的实践者。

3. 社会生态人是生态文明建设中人的全面发展的价值目标

人的全面发展是当代中国全面建成小康社会和社会主义现代化建设实践的一项重大课题，也是马克思主义人的学说的重要内容。把新人性范式融入人的发展研究，可以为人的发展研究提供新的视域。

在古希腊时期，就有从人性的内在结构出发来考察人的发展。柏拉图认为人的心灵包括欲望、激情和理智，亚里士多德则认为人的心灵包括营养和感觉灵魂、有限理性和无限理性灵魂，人的发展就是要使人性的各种内在结构成分的功能都能得到发挥，彼此渗透、相互协调，即达到兴盛状态（human flourishing）（这也是"幸福"的本意），使人的心灵整体得到发展，注目于人的内心素质的全面发展，也是当时城邦公民全面发展的目标。

马克思提出的"合乎人性的人的复归"和"人的解放和发展"论述也把人性范式与人的全面发展问题在人类物质生产实践的基础上关联起来了。进入生态文明建设新时代，人的自由和全面发展进入了新的历史阶段。韩庆祥教授（2005）认为，人的全面发展与时代发展和人性发展有着内在的必然联系，这里蕴含着把人性范式融入人的全面发展研究的可能。

"社会生态人"人性范式可以为人的全面发展提供理论解释和指导。"社会生态人"人性范式能阐释和指导人的发展中的社会层面与生态层面的有机结合与协调发展。马克思把人的全面发展过程概括为三个社会历史形态，即从原始人到片面独立的人，再到全面发展的人三个历史阶段。从人的发展过程上看，是从人的依赖性到独立性，再到人的主体性和主体间性，再到人的自由联合体，体现了人的社会关系与个性的发展；从人对自然的方式上看，人与自然的关系也由"敬畏自然""顺应自然"，到"控制自然"，再向"人与自然和谐"的转变，反映人的自然层面协同进化和人与自然和谐共生的能力不断发展；从人自身属性上看，起初是自然属性和思维属性，再产生社会属性和生态属性（生态系统可持续发展观),并牵引着人的心理品质、精神品质、社会品质和生态品质的形成发展和相互作用,使人的社会素质与生态素质协同进化,推动着人的素质能力与需要的发展。

"社会生态人"可以作为生态文明建设中的人性范式,能够把生态文明建设融入经济建设、政治建设、文化建设、社会建设的各方面和全过程,进而推进当今的社会发展与生态发展。社会生态人的社会层面的功能意味着在现实的社会关系中,虽然有着各种冲突,如劳资冲突、贫富差距拉大、人与人之间关系紧张、行业差距、地区发展不平衡等问题,但都需要诉诸社会正义原则的约束和指导,以及人与人之间的情感联系的营造,从而构建起和谐社会。虽然在现实的生产关系格局下,会产生许多的冲突,对人的全面发展造成阻碍,但是,从人的社会性生存目的来看,社会的和谐发展、科学发展始终是根植于人性中的美好期望,从而需要以现实的政治制度、经济制度安排来加以逐步实现;其生态层面的功能则是,在现实的生产关系格局下,建立人与自然和谐共生的生态制度,扭转生态环境恶化的趋势,营造人与自然的和谐关系,为人的全面发展提供新的生态条件。

第一,"社会生态人"的理论架构以化解现实社会发展与人的发展中出现的社会冲突和生态危机为目标,以人的全面发展为价值诉求。第二,"社会生态人"的素质品质要求为人的全面发展提供阶段目标。人的全面发展的目标蕴含着人的发展诸多因素的充分发展,"社会生态人"的人性要素、品质和能力与人的全面发展目标所含的诸多因素相对接,为人的全面发展提供人的潜在素质支撑,这些潜在素质的充分塑造和成型,即能促进人的全面发展。第三,把现实的人塑造成为具有"社会生态人"品格是一个解放思想、转变观念、构建发展价值观的过程,也是人的发展的具体实践。在这个过程中,需要构建社会正义制度和生态正义制度,进入生态文明建设的新时期,使人的发展从一个阶段跨入新的阶段,它们能够有效扼制人的异化,逐步实现人的全面发展。"社会生态人"不仅是现阶段人的全面发展的阶段目标,也是人的全面发展必须经过的重要阶段,在这个阶段,人开启了推进人与自然、人与社会、人与自身关系的和谐的现实担当和历史使命,为人的自由全面发展奠定了新的自然关系、社会关系。

生态文明是现代文明的重要标志,以建立可持续的经济发展模式、健康合理的消费模式及和睦和谐的人际关系为主要内容。生态文明建设是一个以人为核心的系统工程,人的全面发展是生态文明建设的归宿,因此生态文明建设始于人,建设过程在于人,落脚点也是人。一方面,生态文明建设需要有社会生态人的人性范式作为人性承载对象,进而为生态文明建设奠定人性基础;另一方面,生态文明建设的关键又要不断塑造与现代文明进程相适应的人的素质和品质,通过人的素质品质塑造实现人的全面发展。

三 "个体功利人"现状的超越及"社会生态人"目标的实现

1. "个体功利人"的现状

在今天人类社会的主要社会形态中,即在资本主义和社会主义制度中,人的发展状况如何呢?资本主义是实现了生产社会化的社会,但其生产资料私人占有,生产的社会化和生产资料私人占有之间存在不相适应的基本矛盾。在这种社会中,从整体上说,人的发展还处于"片面独立的人"阶段,经济管理领域的"经济人"已逐渐向经济、社会、政治等各领域渗透,表现出"个体功利人"的特点。科学巨匠爱因斯坦以其自身在美国的切身经历对"个体功利人"的特点作出描述:"个人的畸形发展是资本主义的最大罪恶","个人在社会中过分强调以自我为中心,社会意识变得越来越淡薄",人类"都在遭受这种非社会化的痛苦",并且断言:"我已经找到了构成我们时代危机的本质原因。这个原因首先应当追究人与社会的关系。"[①] 在社会主义初级阶段,在社会主义市场经济

---

① [美]爱因斯坦:《为什么要社会主义》,周德武译,《光明日报》1991年7月7日。

条件下，生产资料的占有是社会化的，物质生产活动的社会化程度高于资本主义社会，因而人的发展现状表现在两个方面。一方面，从整体上说，人的发展处于"片面独立的人"阶段，不少人表现出"个体功利人"特点；另一方面，人的发展已经具备了从"个体功利人"发展为"社会生态人"的条件和基础，并且已经出现了从"个体功利人"到"社会生态人"的发展态势。这是与资本主义社会人的发展状况的根本不同之处。

2．"个体功利人"现状的超越和"社会生态人"目标的实现

个体功利人和社会生态人之间的关系，在一定意义上，可以归结为"利己"和"利他"之间的对立和统一。行为生态学认为，利他行为往往发生在有共同基因的亲属之间和有共同利益者之间；换句话说，基因和利益是影响利他行为的主要行为要素。这一理论对我们关于社会生态人的研究具有基础性的指导意义。从"个体功利人"到"社会生态人"的发展，并不是一个自发实现的过程，需要我们从以下几个方面着手，付出艰辛的努力。

（1）以"己所不欲，勿施于人""像你期待别人对待你的方式对待别人"为基本准则，以强化人的道德感为起点，切实提高人的道德修养水平。社会生态人目标的实现，需要在全社会切实提高人的道德水平。在诸多道德准则中，有一条被称为"黄金法则"，它包括两个方面：一方面是孔子所说的"己所不欲，勿施于人"，另一方面是"像你期待别人对待你的方式对待别人"。这两个方面对人与人之间的交往行为作了全面的道德规定，是社会生态人必须遵循的一条基本道德准则。人们根据这一基本准则去处理相互关系和对别人或自己的行为进行评价时，能产生一种基本的内心道德体验，这就是道德感，是一种高级的和谐情感。这是必须强化的一种情感。中央电视台新闻频道最近的一则报道，令人震撼，发人深思。这则报道说的是，一商人因生产严重亏损，登上高层楼顶欲跳楼自杀，楼下观者如云。就在那商人犹豫不决和警方千方百计施救时，不少观者对着楼顶大喊："跳啊！有本事你就跳啊！"那商人

愤怒，举起砖块往人群中投掷。观者再次起哄："跳啊！是英雄就跳啊！"犹豫不决的商人变得心灰意冷，去意已决。于是纵身跳下，当场气绝身亡。呜呼哀哉，人性何存？人的道德感何在？由此可见，以"己所不欲、勿施于人""像你期待别人对待你的方式对待别人"为基本准则，培育人的道德感，是何其基本，何等重要。社会生态人的道德感是由人及物，由社会到自然，包括人与人、人与自然之间的道德体验。根据道德基本准则的要求，按照道德感的形式，可以从以下三个方面努力培育人的道德感，第一，从对某种情境的感知出发，引导人们进行直觉的道德情绪体验。如以中央电视台报道的"商人自杀"情境为素材，开展大讨论，设身处地地进行道德情绪体验。第二，充分发挥人的想象作用，引导人们进行与具体的道德形象相联系的道德情绪体验。如通过榜样的示范效应，引导人们进行道德情绪体验。第三，加强世界观、信念和道德理论教育，促进人们进行意识到道德理论的情绪体验。这是一种具有较高概括性的和谐情感。

（2）以全面建成小康社会为奋斗目标，以共同富裕为原则，以培养人的能力为立足点，切实夯实全社会人的共同利益基础。社会生态人目标的实现，需要在全社会构筑扎实的共同利益基础。因为只有在共同利益的基础上，才能协调利益差异，消除理想冲突，从而形成共同理想，为人与环境的协同进化把握方向。社会主义的本质是解放生产力，发展生产力，消灭剥削，消除两极分化，最终达到共同富裕；"三个代表"重要思想就明确要求中国共产党要代表生产力的发展要求和先进文化的前进方向，还要代表最广大人民的根本利益；科学发展观指出要坚持以人为本，树立和落实全面、协调、可持续的发展观，促进社会和谐，实现人的全面发展的目标。这就是说，构筑社会共同利益基础是社会主义本质的应有之义，是有保障的。在社会主义市场经济条件下，为社会生态人目标的实现构筑共同的利益基础，有以下两个要点：一是要将共同富裕的目标追求和市场经济的利益竞争统一起来。现实的市场竞争中存在着各种失序、失范、失衡现象,这主要是由于市场竞争的自发性、自私性和盲目性所造成的。坚持以公有制为主体和国家宏观调控的社会主义市场经济,可以消除这种自发性、盲目性和自私性所潜藏的危险,只要严格防止把经济活动中的商品交换原则引入党的政治生活、国家机关的政务活动以及人们的精神道德生活,这样,不同的利益主体就能构筑共同的利益基础,就能在相互竞争中形成全社会的共同理想;二是要注重培养人的能力,包括人之于自然的能力和人的社会关系能力。在社会生活中,要注重生产要素的作用,又要尊重科学、尊重劳动,既要考察人获得利益时所表现出来的自主性和独立性,更要考察获得利益的方式和途径是否合乎道德规范和法律规定,从而对人在与自然和社会之间协同进化方面的表现进行评价。

(3) 塑造一个驱恶扬善、协同进化、支持和鼓励社会生态人成长的社会机制和社会环境。塑造支持和鼓励社会生态人成长的社会机制和社会环境,对于社会生态人目标的实现具有十分重要的意义。社会生态人素质的内在规定性表现在每个人的发展与一切人的发展的统一和人的发展与社会发展的统一。如果把这种内在规定性化为社会对所有公民的一种期待,一种关系到能否成为合格社会成员的期待,关系到能否在社会中生存发展下去的期待,那么,支持和鼓励社会生态人成长的社会机制和社会环境就能够塑造和建立起来。为此,一方面,要从源头上彻底消灭危害他人和社会发展的腐败和种种歪风邪气,铲除这些消极现象得以产生的土壤,从社会机制上有力惩处那些胆敢搞腐败和其他歪风邪气者;另一方面,要大力倡导和褒扬正气,从而塑造一个健康向上的社会环境。

第三节 社会生态人对人性发展的实践价值

人的发展与人性发展是相辅相成的,人性不是一成不变的永恒,人性根植于人的实践,人的社会实践改变了人类社会的历史,而人类社会历史也改变了人的社会实践方式,这两个相互的循环改变也推进了人性的发展,社会生态人是人的全面自由发展过程中的一个阶段,这个阶段也是处于发展状态,社会生态人人性模式的设立是对人性实践性和发展性的有效验证,是贯彻落实科学发展观战略的人性范式。

一 社会生态人是对人性实践性与发展性的有效验证

"人是有理性的动物",人的理性不仅表现为人的思维,更表现为人的主观能动性,人的主观能动性集中于人的实践活动,因而实践性是人的根本特性,马克思指出,"当人们自己开始生产他们所必需的生活资料的时候(这一步是由他们的肉体组织所决定的),他们就开始把自己和动物区别开来"[1]。实践性是马克思主义哲学的核心,也是马克思主义阐解人性的科学方法论。人作为能动生命的存在,逐渐从对物的直接依赖转化为间接依赖,人以自己的主观能动性不断改造世界、创造世界,人的有意识有目的的实践活动不断推动人的发展,进而创造人自身,"人则使自己的生命活动本身变成自己的意志和意识的对象。他的生命活动是有意识的。有意识的生命活动把人同动物的生命活动区别开来。人是类存在物。他自己的生活对他是对象。通过实践创造对象世界,即改造无机界,证明了人是有意识的类存在物"[2]。实践造就了人。人性一方面源于自然属性,另一方面源自于人的生产劳动和社会生活实践。实践性是区别人与动物的标志,也是马克思的人性论区别于其他人性论的标志。传统人性论认为人性是抽象的,是先验的,人性是固定不变的、唯一的。马克思主义认为人性是实践的产物,同时也反映了人性的实践生成,即人性的实践性和历史性。社会生态人作为一种人性的预设目标,是要经过人性实践的一个过程才能达到,并

---

[1] 《马克思恩格斯全集》(第3卷),人民出版社1960年版,第24页。
[2] 《马克思恩格斯全集》(第42卷),人民出版社1979年版,第96页。

在实践中展示社会生态人的形象。

1. 社会生态人是人性实践的结果

实践造就了人,也创造了人性。实践是人的存在与发展的方式,人类的实践使人类社会进入了一个又一个新的发展阶段,每一阶段的人性实践都将产生与之相适应的人性内涵。人性实践不是孤立的存在着,而是存在于人性实践的关系中。社会生态人的人性实践体现了人的实践关系,包括人与自然、人与社会、人与自身的关系,并在这三种关系中,生成丰富、完整的人性,人性的实践性是以社会实践为基础的自然性、社会性和主体性的统一。第一,社会生态人是对人与自然关系实践反思的人性回归。人与自然的关系是人类维护生存的一对关系,可以说人类生产实践是人与自然关系的实践,人与自然的关系经历着"敬畏自然""顺应自然""征服自然""控制自然"的发展过程,这种关系的发展变化也使人类进入了面临生态危机的生存状态,人们开始反思人与自然的关系状态,并逐渐认识到与自然和谐是人与自然应该回归的关系本质,因为,自然是人赖以生存的物质基础环境,人也是自然的一部分,人蕴含着自然本性,人与自然的和谐共生理应成为人性实践的共同价值。第二,社会生态人是对人与社会关系实践展望的人性升华。人与社会关系是一种价值观的体现,作用于以价值规范为基础的制度设计,通过人的行为方式、生活方式和消费方式等表现出来,对个体来说是一种道德实践,对社会来说是一种伦理规范和正义制度,当前,人与社会的对峙时常发生,价值观的碰撞日益激烈,建设和谐社会任重道远,人与社会环境的和谐进化成为人性实践的共同追求。第三,社会生态人是对人与自身关系实践深化的人性期待。人与自身的关系发端于对自我的认识上,体现在处理心理压力、心理困惑和挫折以及对人生的态度和价值上。当今社会,生活节奏加快,竞争日趋激烈,人的工作压力、人际关系压力日趋凸显,表现出人的肌体健康,但心理不健康,心情郁闷,生活乏味,人生没有价值。然而,这却是人性"自私"的表现,亦可称为"唯我主义"。社会生态人以自然生态规律作为自己处事生活的准则，用生态思维来引导自己的生活、考量自己的人生，处处营造身心和谐的内在环境，这正是人与自身关系和谐的人性期待。人生有不少失败的记录，但是最后击败我们的，不是别人，正是自己。"佛光菜根谭"写道："伟大艰巨的工作，皆由坚持忍耐而完成；光明灿烂的前途，皆由精进不懈而圆满。"① "乐观如明灯，照亮希望的前程；消极如毒品，腐蚀健康的心灵。"② 人类社会的历史演进促进了人的自我意识的觉醒，人与动物进行了层次分离，与自然分化，成为改造世界的主体，同时，也成为改造自身的主体。作为改造世界的主体，人能够将自己的意志和力量体现在改造物质世界上；作为改造社会的主体，人能够创造符合人性的社会世界，追求美好的社会生活，也发展与社会世界和谐统一的人性。但是，人改造世界和创造社会生活，不是最终目的，而是为了人的全面自由发展。可以说，人通过改造物质世界和创造美好的社会生活，实现着人自身的发展。人是人自身全面自由发展的主体，人的主体意识、主体的选择能力推动着人的发展。所以说，人是自为的存在。人是在实践中发展了人的主体意识和主体能力，人的实践是人性的实践，使人成为自由、自觉的主体，同时也在实践中发展了自己的人性。

2. 社会生态人是对人性发展性的有效验证

人性发展性，即人性发展的阶段性与复杂性。人性发展是人的本质的不断生成与超越，超越是发展的连续性与跳跃性的统一，社会生态人的本质不仅是人的自然属性、社会属性的统一，也是人的社会性与生态性的统一，表现在人不是个体的抽象物，而是一切社会关系的总和，包括人与自然、社会及自身的关系的和谐共生与协同进化。人的本质生成发展源自人的认识与实践活动，人的认识与

---

① 星云大师：《舍得：星云大师的人生经营课》，江苏文艺出版社2009年版，第18页。

② 同上书，第209页。

实践活动是改造世界的活动，它体现了人对旧事物的否定和对新事物的创造。它不是对过去现实的复制，而是不断改造现实和创造未来，"人总是凭借实践的超越本性不断地扬弃对象和自身的自在性和规定性，从而在超越自在的客观实在的同时，既不断地重构人的世界，又不断地重构人的本质"[①]。现实生活中的人却不满足于现实，而是通过实践改变现实，创造新的世界，这就是基于实践的超越。这是人对其"是其所是"的实然状况的否定和对其"不是其所是"的应然目标的追求，二者的对立与统一，就是人性的自我超越与发展。人性发展与人的自由全面发展是互为条件的，一方面，人性发展为人的自由全面发展提供精神基础和价值引导，人的自由全面发展离开了人性发展就失去了方向；另一方面，人的自由全面发展为人性发展提供现实可能性和承载对象。社会生态人揭示了人的自由全面发展的过程性和阶段性，是社会主义市场经济条件下人的发展的实践目标，这一论证也预示着人性发展的阶段性与过程性。社会生态人从人与自然、社会及自身关系的角度揭示了其人性的丰富内涵，是人性发展的一个新境界。同时，社会生态人人性发展又充满着复杂性，第一，从社会生态人的人性的构成看，社会生态人由人的生态理性、和谐情感、完全意志和适度欲望构成其人性的基本要素，每一个要素要发挥极致的作用就是一个复杂的过程，同时，各要素之间要相互牵制、相互作用并达到一个和谐的境界又是一个系统工程，因此，人性发展的复杂性不仅表现在个体要素运行上，还表现在其相互作用的机制上。第二，从社会生态人本身的内涵上看，社会生态人与自然环境和社会环境和谐共生与协同进化，以代内、代际公平为根本规范。要实现这一价值目标，牵涉到社会的各个领域，包括个人与社会要形成共识，社会生态人的人性才能实现，然而，社会发展充满着复杂多变，社会生态人人性要得到一种共识并辐射出耀眼的光辉却是一个艰巨复杂的任务。第

[①] 冯建军：《实践人：生活德育的人性之基》，《高等教育研究》2010年第4期。

三，从社会生态人的微观品质来看，构建社会生态人的生态品质、社会品质和心理品质既要社会环境作为土壤，也要个体的能力素质的发展，探索构建和优化社会生态人的三大品质的具体途径也不是一蹴而就的过程，而是一个不断实践、不断认识的过程。第四，社会生态人人性直接根植于处理人与自然、人与社会及人与自身的关系上的能力上，当前，人与自然、社会及自身的关系对峙层出不穷，建设人的三大关系的和谐，不仅要考验人的能力发展，也要靠人性发展自身的推动力。社会生态人是对其人性发展性的有效验证。

二 社会生态人是推动科学发展和贯彻新发展理念的人性模式

1. 社会生态人为推动科学发展和贯彻新发展理念提供了合理的人性模式

社会生态人是与自然环境和社会环境和谐共生并协同进化的人，社会生态人把人的发展与社会发展统一起来，社会生态人是推动科学发展和贯彻新发展理念的合理人性模式。"科学发展观，第一要义是发展，核心是以人为本，基本要求是全面协调可持续，根本方法是统筹兼顾。"[1] 坚持以经济建设为中心，坚持以人为本，树立全面、协调、可持续发展观，在实现经济社会协调发展的基础上促进人的全面发展，在开发利用自然中实现人与自然的和谐相处，实现经济发展和人口、资源、环境相协调，保护生态环境，促进和增强发展的可持续性，把创新发展、协调发展、绿色发展、开放发展和共享发展落实到人与自然及社会的关系处理中去。

（1）社会生态人把"绿色发展"作为自己永恒的主题。社会生态人以"进化"为价值目标，把发展作为推动进化的根本力量。

---

[1] 胡锦涛：《高举中国特色社会主义伟大旗帜，为夺取全面建设小康社会新胜利而奋斗——在中国共产党第十七次全国代表大会上的报告》，《人民日报》2007年10月16日。

进化是"指事物由简单到复杂，由低级向高级逐渐发展变化"（《现代汉语词典》第5版，第712页），进化并不仅仅是生物学意义上的演化过程，而是涵盖了所有总体上进步方向的变化，发展是"指事物由小到大、由简单到复杂、由低级到高级的变化"（《现代汉语词典》第5版，第369页）。进化的历程就是发展的过程，进化又是一个永不停歇连续发展的过程，社会生态人每时每刻都不会忘记自己向前发展的使命。社会生态人把发展放在促进社会发展与人的发展两大格局中来加以推进，一方面，社会生态人把社会建设与发展纳入人的生存与发展的社会环境之中，把发展人的生存与发展环境作为自己的工作任务。在物质层面上，不断推动经济发展，创新经济发展方式，为社会增加物质财富，使自己能够生活在一个物质较为丰富社会环境中；在精神层面上，社会生态人着力建设人与社会、与自身和谐的社会环境，优化人与人、人与社会的关系，创造社会的公平正义，把和谐社会建设作为提升自己处理人与社会关系能力的重要实践；在生态层面上，社会生态人以倡导人与自然和谐共生为生存发展的基点，马克思认为，"整个所谓世界历史不外是人通过人的劳动而诞生的过程，是自然界对人来说的生成过程"[①]。把人放在生态系统的维度来谋划发展问题，正如习近平同志所说，"我们要建设的现代化是人与自然和谐共生的现代化，既要创造更多物质财富和精神财富以满足人民日益增长的美好生活需要，也要提供更多优质生态产品以满足人民日益增长的优美生态环境需要"[②]。始终把绿色发展作为社会生态人推进社会发展的根本动力和遵循。另一方面，社会生态人以人的全面自由发展为终极目标，并身体力行地为这一目标实现而努力奋斗，社会生态人人性模式既是对人的发展的期待，又是人的发展的"应然"状态，即现

[①] 《马克思恩格斯文集》（第1卷），人民出版社2009年版，第196页。
[②] 习近平：《决胜全面建成小康社会　夺取新时代中国特色社会主义伟大胜利——在中国共产党第十九次全国代表大会上的报告》，人民出版社2017年版，第50页。

阶段人应该成为社会生态人,同时,社会生态人也是人的自由全面发展的一个阶段,是社会主义市场经济条件下人的发展目标。社会生态人在推进社会发展的过程中促进了人自身的发展,促进人的身心"绿色和谐",性情更加理性、心态更加平和,人的发展也为社会发展找到了发展的价值依托。"绿色发展"是社会生态人永恒不变的主题。

(2)坚持以人为本、坚持以人民为中心是社会生态人的立身基础。"坚持以人为本,就是要以实现人的全面发展为目的,从人民群众的根本利益出发谋发展、促发展。"[①] "共享理念实质就是坚持以人民为中心的发展思想,体现的是逐步实现共同富裕的要求。"[②] 坚持人民的主体地位,人民是推动发展的根本力量,发展为了人民、发展依靠人民、发展成果由人民共享,消除阶级差别、城乡差别、脑力劳动和体力劳动的差别,实现社会共享、实现每个人自由而全面的发展。社会生态人把人的发展作为价值目标,个人的发展以集体的发展为条件,马克思在其著作中曾经多次指出,在孤立、单个人的条件下,绝对产生不出人类的,人只有在集体中才能发挥属于人的潜能和力量,也只有在集体中人的发展才能成为可能,"只有在集体中,个人才能获得全面发展其才能的手段,也就是说,只有在集体中才可能有个人的自由"[③]。爱因斯坦指出:"个人之所以成为个人,以及他的生存之所以有意义,与其说是靠着他个人的力量,不如说是由于他是伟大人类社会的一个成员,从生到死,社会都支配着他的物质生活和精神生活。"[④] 社会生态人以社会责任和代内、代际公平为根本规范,这不仅关注当代人的利益,也关注后代人的利益,把当代人的发展与后代人的发展统一起来,

---

[①] 中共中央文献研究室:《十六大以来重要文献选编(上)》,中央文献出版社2005年版,第850页。

[②] 习近平:《习近平谈治国理政》(第二卷),外文出版社2017年版,第214页。

[③] 《马克思恩格斯全集》(第3卷),人民出版社1960年版,第84页。

[④] 《爱因斯坦文集》(第3卷),商务印书馆1976年版,第35页。

一方面，要承担好社会责任，尊重人的经济、社会、文化权益，实现好、维护好、发展好人的根本利益；另一方面，要以公平为原则，保障人人公平享受各项权益，人人公平共享发展的成果，不断实现社会公平正义、促进社会和谐。

（3）全面协调可持续是社会生态人的精神要求。社会生态人以人—境（人与自然环境和社会环境）和谐为精神旨归，人与自然、社会及自身和谐是在坚持经济社会发展的基础上促进人的全面发展，人的关系和谐是人的全面发展的重要特征。和谐是全面协调可持续发展的前提，人与自然、社会与自然的和谐是全面协调可持续发展的基础条件和保障。全面发展就是要以经济建设为中心，全面统筹推进经济、政治、文化、社会和生态文明建设。"协调发展，就是要统筹城乡发展、统筹区域发展、统筹经济社会发展、统筹人与自然和谐发展、统筹国内发展和对外开放，推进生产力和生产关系、经济基础和上层建筑相协调，推进经济、政治、文化建设各环节、各方面相协调。可持续发展，就是要促进人与自然的和谐，实现经济发展和人口、资源、环境相协调，坚持走生产发展、生活富裕、生态良好的文明发展道路，保证一代接一代地永续发展。"[①] 要全面推进经济、社会、文化、政治和生态文明建设就必须要有和谐的社会环境和稳定的社会局面，人与社会及自身的和谐减少了人与人的冲突，缓和了人与社会的矛盾，优化了人的内心世界，能够充分整合和调动社会资源，挖掘人的潜能，有利于形成合力推进全面发展。城乡差距、区域不平衡、生态危机不和谐，也不可能实现协调发展，统筹人与自然的和谐就必须顺应自然生态规律，激发人的生态思维，用生态化发展思路来指导经济社会发展。全面协调可持续是社会生态人和谐精神与社会责任的具体表现，第一，社会生态人追求协同进化，协同进化意味着城市与乡村、不同

[①] 中共中央文献研究室：《十六大以来重要文献选编（上）》，中央文献出版社2005年版，第850页。

区域、经济社会文化的共同发展，不可偏颇；第二，社会生态人崇尚和谐，就是要建立人的发展与自然环境和社会环境相适应，不可异化，在现阶段特别要注重人与自然的和谐，因为人与社会、人与自身的和谐寓于人与自然的和谐，人与自然的和谐是人与社会、人与自身和谐的基础；第三，只有社会生态人把社会责任和代内代际公平作为基本规范才能实现一代又一代人的永续发展；第四，社会生态人与自然环境和社会环境和谐共生，把实现自然生态系统与社会经济系统的良性循环，为子孙后代留下充足的发展条件和发展空间，并把这种理念转化为一种价值导向，所以，我们说发展低碳经济，不只是技术问题，而是价值问题。

（4）统筹兼顾是社会生态人的方法指向。统筹兼顾是科学发展观的根本方法，是协调各项关系、处理各方面矛盾和问题必须坚持的重大战略方针和科学有效的工作方法。利益协调是做到统筹兼顾的关键。统筹是建立在充分发挥各方面积极性和创造性的基础上的统筹；兼顾是一种整合和优化。从哲学角度看，它主要是强调整体性和系统性，考虑全局，而不是热衷于局部分析，即以整体的最优化代替部分最优化的叠加。当前，人与社会、自然及自身的矛盾日益突出，一方面，经济快速发展与维护社会稳定、利用资源与环境保护、社会竞争与心灵和谐的矛盾凸显；另一方面，实现循环经济，建设和谐社会，推动科学发展日益成为人的期盼。解决人们日益满足物质文化生活的需要与大力发展社会生产力都需要统筹兼顾各方利益，调动各方积极因素也需要统筹各方力量。社会生态人把人的发展放在人与自然环境、社会环境两大关系中来加以考察，置身于当前与未来两个时间维度，既兼顾了协调，又兼顾了平衡，既考虑了当前发展，又统筹了未来利益，把和谐作为统筹两大关系的核心，把公平作为兼顾协调当前与未来的尺度，这是社会生态人处理各方关系的方法指向。

（5）共生共享是社会生态人的根本要求。"共享理念实质就是坚持以人民为中心的发展思想"，体现逐步实现共同富裕，推进共同参与、全民共享、协力发展,共享经济、政治、文化、社会和生态各方面的建设成果,促进全体人民的共同发展。社会生态人坚持协同进化、和谐共生的原则和理念,把人与自然的"共生"作为自身发展的基础条件,把人与社会及他人的"共享"作为全面发展的根本要求、把人与自身的"和谐"作为协调发展的内在要求。共享是共生的基础和手段,共生是共享的目的和要求,通过共生共享理念及其实践,促进不同区域、不同民族、不同职业的人共同富裕,最终实现每个人共同发展,渐次实现全体人的全面发展的目标。

2. 社会生态人能够成为科学发展观和新发展理念的理念实践者

(1) 社会生态人的思维逻辑遵循科学发展观和新发展理念。

"树立和落实科学发展观,这是二十多年改革开放实践的经验总结,是战胜非典疫情给我们的重要启示,也是推进全面建设小康社会的迫切要求。"[①] 21世纪初出现的"非典"疫情以及各地出现的生态环境恶化事件,使我们陷入人与自然关系的现实问题的拷问之中,对这一问题的思考,把我们带入对"经济结构不合理、分配关系尚未理顺、农民收入增长缓慢、就业矛盾突出、资源环境压力加大、经济整体竞争力不强等问题"整体的谋划中,回答的是,"实现什么样的发展,怎样发展"这一基本问题,科学发展观强调的"全面、协调、可持续发展",强调的就是发展要着眼于全局、着眼于长远,即着眼于大局。社会生态人作为一种全新的人性模式,它提出的思维逻辑根植于人与自然的关系,基于生态危机日益严重,人的生存与发展受到严重威胁以及人对自我价值的反思,通过对人与自然关系的分析与思考渗透到人与社会及自身的关系问题。社会生态人把人和人类社会的持续发展纳入对自身人性本质的思考,回答的是"人应该是什么样的人,怎样做人"的问题。在

---

① 中共中央文献研究室:《十六大以来重要文献选编(上)》,中央文献出版社2005年版,第483页。

思维上，社会生态人遵循了科学发展观的发展理念，把社会发展与人的发展作为理念的出发点；在逻辑上，社会生态人顺应了科学发展观的逻辑架构，从现实问题入手，思考着未来发展的宏观体系；从问题的引入上，社会生态人把握了科学发展观对问题的切入点，即人与自然的关系问题。社会生态人可以非常贴切地把握科学发展观的思想脉搏，掌握科学发展观的精髓。

中国特色社会主义进入新时代以来，习近平同志顺应时代和实践发展的新要求，坚持以人民为中心的发展思想，提出创新、协调、绿色、开放、共享的新发展理念，大力践行新发展理念，通过"创新发展"着力解决发展动力问题，通过"协调发展"着力解决发展不平衡的问题，通过"绿色发展"解决人与自然和谐共生的问题，通过"开放发展"解决内外联动的问题，通过"共享发展"解决社会公平正义的问题。社会生态人以人与自然和谐共生、人与社会协同进化为根本遵循，在发展动力上，推进人性范式和人性理论创新，为人的发展注入新的人性制度动力，不断推进人性文化创新，营造人的全面发展的制度环境和文化氛围。在解决发展不平衡上，加强协同推进、共同发展，推进区域协同、城乡协同、物质与精神文明协同，实现全面发展。在解决人与自然和谐共生上，凸显人的生态之维和生态本质，定位好人在生态系统中的角色，承担好人对自然生态系统切近的道德责任和维护人与自然和谐共生的责任使命。在内外联动上，促进发展的包容性、互助性，以构建人类命运共同体为时代责任，共同践行社会生态人与自然和谐共生的价值理念和行为实践，促进不同国度、不同地区的人共赢发展。在解决社会公平正义上，积极践行社会生态人正义制度，促进社会正义、生态正义、道德正义的社会风尚，使全体人民有更多的获得感、幸福感和安全感。

（2）社会生态人的价值追求符合科学发展观和新发展理念的价值目标。科学发展观坚持以人为本，建设和谐社会、发展成果全体共享，实现人与自然的和谐相处和经济社会可持续发展，促进社会全面进步和人的全面发展，并以此作为价值目标。社会生态人把作为一个顺应自然生态发展规律，与自然环境和社会环境和谐共生并协同进化的人为价值追求，这一价值追求符合科学发展观的价值目标，这一价值目标主要表现在"生态可持续性、经济可持续性和社会可持续性"[①]。第一，生态可持续性要求正确处理人与自然的矛盾，实现人与自然关系的和谐，达到生物圈的可持续性和环境的整体性，扼制人与自然关系的失调。人与自然关系的失调主要表现为，一是对自然价值分配的不公平，损害未来人的利益，侵害了后代人的权益；二是对生命和自然生态系统的不公正，破坏生物多样性，损害自然再生能力和环境自净能力。协调好人与自然的关系要确立自然价值观，以正确的价值观为指导，科学合理地开发自然资源，节约高效地使用资源，对自然资源的消耗不能超过它的再生能力，废弃物排放不能超过自然的净化能力。同时，要对自然资源的消耗和环境的损害进行补偿性修复，保护生命和自然界的持续性和整体性。第二，经济可持续性要求不断推动经济发展，不断满足人对物质财富的需要，提高人们的生活水平，改善生活质量，为人的全面发展和社会发展奠定物质基础，实现经济协调可持续发展。同时，需要处理好当前发展与未来发展的关系，这需要我们站在人类历史发展的长河中和着眼长远来看待发展问题，既要最大限度地为当代人谋利益，又不侵害后代人的发展权益，实现自然生态系统的健康永续发展和经济的协调持续发展。第三，社会可持续发展要求维护社会的公平正义，保持社会文化价值和自然价值的公平分配，公平正义是社会和谐、经济发展、生态和谐的稳定器。市场经济手段的引入，社会分工日益细化，社会竞争日益激烈，恶性竞争能导致社会风气腐化，滋长社会不公和不正，这样将产生人与人和人与自然之间的矛盾，矛盾的激化就将影响社会的可持续发展。社会的公平主要表现为，第一，当代人的公平，要通过社会正义制度

---

① 余谋昌：《生态文明论》，中央编译出版社 2010 年版，第 111 页。

保证当代人能够公平地享有政治、经济、社会的权益；第二，当代人与后代人的公平，当代人在考虑问题和决策的同时要考虑持续发展，兼顾后代人的利益与发展；第三，区域公平，推进社会的可持续发展，要缩小城市和乡村、不同区域、不同行业之间的差距，充分实现区域公平；第四，人与生命和自然界的公平，人的发展不能以牺牲生命和损害自然界为代价，经济发展不能建立在高污染、高排放、高消耗，牺牲自然生态环境和打破生态平衡为代价。社会生态人在不断追求生态可持续性、经济可持续性和社会和谐持续性发展的过程中实现自己的价值追求。

（3）社会生态人的行为自觉能够成为推动科学发展和践行新发展理念的主要力量。社会生态人的主体实践性是推动科学发展的力量之源，社会生态人是与自然环境和社会环境协同进化的人，这意味着社会生态人将自觉实践投入人类社会实践和人的发展实践，在这个伟大的实践中始终保持与自然环境和社会环境的和谐共生，人的生态性实践活动充分显示出人的主体性，人的主体性体现了"以人为本"和"以人民为中心"的价值理念，有效地激发了人的主动性、积极性和创造性。胡锦涛同志《在中央人口资源环境工作座谈会上的讲话》中指出："坚持以人为本，就是要以实现人的全面发展为目标，从人民群众的根本利益出发谋发展、促发展，不断满足人民群众日益增长的物质文化需要，切实保障人民群众的经济、政治和文化权益，让发展的成果惠及全体人民。"[1] 人的发展是科学发展观的出发点和着力点，是发展力量的源泉，而人的发展的直接推动力就是人的实践活动，科学发展观坚持以人为本，促进人的全面发展，把发展成果惠及全体人民蕴含了人的实践性和主体性，人"正是在改造对象世界中，人才真正地证明自己是类存在

---

[1] 中共中央文献研究室：《深入学习实践科学发展观活动领导干部学习文件选编》，中央文献出版社、党建读物出版社2008年版，第22—23页。

物"①。人类的主体实践性是人的自觉自为的实践活动,是人的主体性和能动性的体现,是推动科学发展的力量之源,正像马克思所说,"整个所谓世界历史不外是人通过人的劳动而诞生的过程,是自然界对人来说的生成过程,所以关于他通过自身的诞生、关于他的形成过程,他有直观的、无可辩驳的证明"②。同时,社会实践活动催生了人的需要,社会生态人对和谐的需要成为推动科学发展的坚强动力,科学发展观的实现过程是一个生动而具体的实践活动,人对自然和谐是社会生态人对未来发展的安全需要,只有人与自然关系的和谐共生才能保持人类社会安全永续的发展,人类对自我安全的渴求也是对和谐的追求,维持和谐就是可持续发展的前提。再者,社会生态人把和谐共生作为一种价值目标,更是饱含了人对自我实现需要的追求,这种需要的满足是一个过程,正像马克思、恩格斯在《德意志意识形态》中所说:"已经得到满足的第一个需要本身、满足需要的活动和已经获得的为满足需要的工具又引起新的需要。这种新的需要的产生是一个历史过程。"③ 这个需要满足的过程是从生存需要、享受需要和发展需要等三个层次展开的,然而,这一过程也是人向全面发展的过程,在这一过程中人逐渐地认识了人与自然的本质关系,并把和谐作为人与自然关系的价值追求,这是人的发展需要和自我实现需要的结合。人的需要满足过程就是社会生态人的实现过程,也是促进科学发展的过程,马克思认为,"劳动过程是制造使用价值的有目的的活动,是为了人类需要而对自然物的占有,是人与自然之间的物质交换的一般条件,是人类生活的永恒的自然条件,因此,它不以人类生活的任何形式为转移,倒不如说,它为

---

① 《马克思恩格斯文集》(第1卷),人民出版社2009年版,第163页。
② 马克思:《1844年经济学哲学手稿》,中共中央马克思恩格斯列宁斯大林著作编译局编译,人民出版社2000年版,第92页。
③ 《马克思恩格斯全集》(第3卷),人民出版社1960年版,第32页。

人类生活的一切社会形式所共有"①。人的创造性劳动是满足人的需要的根本方式,也是实现科学发展和践行创新、协调、绿色、开放、共享发展的根本动力。

---

① 《马克思恩格斯文集》(第5卷),人民出版社2009年版,第215页。

第六章 社会生态人的社会生存价值

价值，简单地说，就是某一事物的意义；马克思认为，"价值这个普通概念是从人们对待满足他们需要的外界物的关系中产生"。[①] "价值不是一种实体，而指的是客体以自身的属性满足主体需要的效益关系。"人的价值，就是人活着自身、对其他事物的意义。那么什么样的人才能算是有意义呢？这是一个哲学概念，从哲学上说，价值从根本上说就是在于促进事物发展，并对事物产生积极的作用。

第一节 社会生态人的价值生成

社会生态人的价值生成于人的关系之中，蕴含在人与自然、社会及主客体关系之中，表现在人与社会、自然及自身的关系上，同时，社会生态人的品质特征也隐藏着其内在价值，社会生态人处理人与自然、社会及自身的关系的能力表现了人的现实价值。

一 社会生态人的主客体价值生成

人与自然、社会及自身的双重主客体关系生成社会生态人的主客体价值。价值是主客体相互作用过程中客体与主体之间相互转化而对主体的积极效应，能促进主体的发展和完善，社会生态人的价

---

① 《马克思恩格斯全集》（第19卷），人民出版社1963年版，第406页。

值，就是人对自然、社会和自身的积极效应，能促进自然生态系统、人类社会和自身的健康、持续与和谐发展，使自然生态系统良性循环，人的发展更加全面自由，人类社会发展呈现和谐持续发展态势。社会生态人的主体与客体的关系包括主体与客体、主体与主体、客体与客体等关系。"在复杂的社会生活中，人既是主体，也是客体。人既有主体价值，也有客体价值。人的主体价值就是人作为主体对主体的价值；人的客体价值就是人作为客体对主体的价值。人的价值是人的主体价值与客体价值的统一。"① 社会生态人存在于与自然、社会及自身的三大关系中，在这三大关系中孕育了社会生态人的价值，社会生态人既可作为主体，也可作为客体，并对自然、社会及自身主体产生积极效应，而形成社会生态人的客体价值。一方面，从社会生态人作为客体对自然、社会及自身主体的积极效应上可以把社会生态人的客体价值分为自然价值、社会价值和自我价值。社会生态人的自然价值是其作为客体对自然的积极效应，就是对自然生态系统的自然生态规律的贡献和意义。社会生态人的社会价值是其作为客体对社会（含集体、他人）的积极效应，即对人类社会的持续、和谐、发展的积极作用。社会生态人的自我价值是其作为客体对自我的健康成长和快乐生活的积极效应，是对自我的完善和全面发展，使自我更加幸福与和谐。另一方面，从社会生态人作为主体对自然、社会及自身主体的积极效应上可以把社会生态人的主体价值分为自然道义价值、人道价值和社会价值。自然道义价值是社会生态人的生态理性、和谐情感、完全意志和适度欲望四要素对自然生态规律的遵从与维护的积极效应与贡献，以及人应该对自然承担切近的道德义务，人示范性地遵守自然生态规律对生态循环的积极意义。人道价值是社会生态人作为主体对自身和谐的积极效应，即社会生态人的自我主体价值。一是人的生命存在价值；二是人格独立价值，就是人的人格尊严、自由权利得到尊重

---

① 王玉樑：《论人的价值》，《理论导刊》2009 年第 4 期。

等的价值,这是人作为主体的基本条件;三是人的自我发展价值,就是人自由全面发展的价值,这是人的价值的终极目标。社会价值是指人的创造性社会实践活动对人类社会发展的积极效应,人的实践创造活动是人的能动性的直接体现,同时也确证了人的主体性,人的创造性劳动推动了社会的发展与进步,对社会做出了积极贡献,爱因斯坦说:"一个人的价值,应该看他贡献什么,而不应该看他取得什么。""一个人对社会的价值首先取决于他的感情、思想和行动对增进人类利益有多大作用。"① 当前,人的价值的一个显著特征之一就是对社会地位的认同和尊重,每一个人的价值所在几乎完全基于社会和群体认同的社会地位,即重社会价值轻生命价值。另外,人是构成社会的基本要素,人的社会价值的本质就是要建设和谐美好的人类社会,使全体人的自我价值得到更好的实现。社会生态人主客体价值的生成源自人作为主客体对自然、社会及自身的积极效应与意义。

二 社会生态人的品质决定其内在价值的生成

社会生态人的生态品质、社会品质和心理品质蕴含着其潜在的素质,三大品质积淀成型就是社会生态人内在价值的生成过程,内在价值取决于人的优良品质,并形成人的内在本质价值,"所谓'内在价值'就是人的实践能力(创造)及这种能力的自我肯定(幸福)"②。其实就好比一把尺子上的刻度,只有具有刻度才具有度量的基本条件,一把没有刻度的"尺子"就不是尺子,这时尺子的刻度就构成尺子的内在价值,这样看来,内在价值就是其区别于其他的本质内容,内在价值是价值实现的基础,而内在价值根源于人性的基本要素,人有理性、情感、意志、欲望,这构成了人的

---

① 《纪念爱因斯坦译文集》,上海科学技术出版社 1979 年版,第 68—69 页。
② 章建刚:《"内在价值"的含义与环境伦理学》,《云南大学人文社会科学学报》2000 年第 5 期。

潜在价值，人的潜在价值转化为内在价值是要经过认知与实践，使人性朝着人与自然、社会及自身和谐的人性目标转化，使人的人性要素转化为生态理性、和谐情感、完全意志和适度欲望，在这个基础上形成人的生态品质、社会品质和心理品质等，构成了社会生态人的实践创造力的基础，而社会生态人对这种能力基础的自我欣赏与自我肯定，即产生内在其本质力量的价值。从品质生成上看，人的原始理性、情感、意志、欲望过渡到生态理性、和谐情感、完全意志、适度欲望，再到社会生态人的品质；从机制形成上看，人的理性、情感、意志、欲望经过认识与实践再到认识的循环，过渡到生态理性、和谐情感、完全意志和适度欲望，通过这四个要素的相互作用、相互制约、相互促进产生节制、勇敢、正义、美德等品德，这些品德的相互集成产生社会生态人的生态品质、社会品质、心理品质等，这是一个从隐性到显性，从潜在到内在的过程。社会生态人的三大品质包含了人的生理和心理素质，即人的良好的体质、品德、知识、能力、情感、意志等方面，这是人的内在价值的根本力量。第一，社会生态人的生态品质是实现人与自然和谐的根本力量，决定了人对自然的态度与思维方式，是人应对自然生态规律的智慧源泉；第二，社会生态人的社会品质是人的社会认知能力和实践能力的内在动力与方向引导，是人的社会价值的源发器，它决定了人与社会（集体、他人）关系发展的方向；第三，社会生态人的心理品质是对自我价值评价的心理基础，为自身发展和认识自我提供价值依据，是促进人的身心和谐与推动全面发展的根本力量。另外，人的内在价值决定人的价值观、人生观和世界观的形成与发展，对人的存在与发展起着重要作用，所以说，人的内在价值是人的存在与发展的基础，存在于人作为主体的内部，还没有在现实中产生对外的效应价值，但是，它为人的价值实现积聚了能量，也为转化现实价值提供了条件，人的价值的实现就是内在价值外化的过程，即内在价值转化成外在的现实价值的过程，也是人的内在价值对象化的过程。

三 社会生态人现实价值的形成

人的内在价值决定人的现实价值，人的现实价值是人的内在价值在人的现实实践中的外化表现。人的内在价值与现实价值是对立统一的，一方面，人的内在价值向现实价值转化是一个相互促进、相互修正的过程，现实价值的彰显过程也是人的内在价值丰富和发展的过程，人的内在价值的发展也将不断完善和改变人的现实价值的结果与目标；另一方面，人的内在价值与现实价值在不同的环境的影响下也存在着差异与矛盾，现实价值是由人的内在价值与人当时所处的一定外部环境相互作用下产生的价值，同一个人因为受到不同环境的作用也会产生不同的影响，进而发生行为实践的变化，所以，不同的环境影响和作用，会使人的内在价值产生不同的现实价值。

社会生态人的现实价值依赖于人的实践能力的发挥，社会生态人的实践能力主要表现为人之于自然的能力、人的社会关系能力和驾驭自我的能力，人的能力的实践过程就是人的现实价值产生的过程，人的三大能力的应用与发挥就在于人的社会实践。社会生态人追求人与自然环境和社会环境的和谐共生与协同进化，这对人的现实价值有了高度概括，一是人的自由全面发展是人的发展的价值目标；二是人的发展是建立人与自然的和谐关系的基本条件，同时，自然的循环永续才能保证人的自由全面发展历史过程的一帆风顺；三是人的发展是建立在社会和谐的基础之上，只有建设人与社会的和谐关系，构建和谐社会，才能为人的自由全面发展提供保障，也才能使人的自由全面发展有现实依据；四是正确处理好人与自身的关系，保证人自身的身心和谐，这是人的发展的充分条件。当前，人的存在与发展面临着诸多困境，这些困境都源自人与自然、社会及自身的关系问题，人在解决和突破当前的困境时需要人的三大能力的长期实践，其一，人之于自然的能力能正确处理人利用和保护自然的关系，利用自然为人类物质生产与交换提供条件，是人创造物质财富的根本途径，为人的全面发展奠定了丰厚的物质基础，保护自然是人类物质财富的永续前提，也是人类社会持续发展的根本保证，社会生态人就是要在经济发展与生态保护之间寻找和谐点，这个和谐点就是人与自然关系现实价值产生的条件；其二，人的社会关系能力能创建和谐的社会环境，并从和谐的社会环境中获得人的发展条件，人的社会关系的充分发展也是人的自由全面发展的重要内容，人的社会关系发展要靠人的社会关系能力来推动，社会由人组成，社会也是由人的集体组成，人与人、人与集体、集体与集体之间的关系是构成社会关系的重要方面，因此社会生态人的社会关系能力能够建立人与人、人与集体、集体与集体之间的和谐关系，进而为构建和谐社会创造条件，因此和谐社会就是社会生态人关于人与社会关系的现实价值；其三，驾驭自我的能力是自我发展的内在动力与保障，驾驭自我就是激发自我的理性、调控自己的情感和欲望，始终使自己保持和谐的心境，能够面对和化解内心的困境、压力和烦恼，营造和谐心理环境，促进自我的和谐发展。因此，自我的和谐发展就是社会生态人处理人与自身关系的现实价值。

所有的人毕生都在寻求自己的价值，这是人区别于动物的主要标志之一，人们在寻找价值的同时，体会生命的欢乐，找到自己在社会中的位置，以致最终定位自己是谁。在人类的生存与发展的历史长河中，人的最理想的状态是喜悦、安稳、自信、自尊、幸福、和谐、兴奋和激情。而最不理想的状态正好相反，那就是悲哀、沮丧、嫉妒、焦虑、颓废、自卑、恐惧和孤独。为了实现最佳的生存与发展，人类试图生活在理想的状态中而尽量避免落入困境，因为，只有这样人们才会真正达到身心和谐，生活幸福。人类对自己价值的不懈追求，其唯一的目标是希望永久地生活在理想的状态中，因为这种理想状态的营造蕴含着和谐生态伦理观的建立，从价值上促进了人类真正的自我认同，从而与动物本质地区别开来。对于早期的人类来说，至上的追求就是温饱，这与动物的生存目的无异。人们只要能够在险恶的环境下存活、繁衍、发展，就实现了人所有的价值，文明社会的建立为人类奠定了新的文明价值观的基础，人的价值的层次总是从最基本的温饱开始，随社会的结构的变化而变化，以函数的曲线向理想的空间延伸，在不同的时代，逼近没有边缘的未知境界。

第二节 社会生态人的价值依据

20世纪中叶以来，人类对未来发展充满着无限的期待，但是，让我们仰望天际，纵观四海，生态危机已经转入了全球性的生态危机，这种危机产生于资本主义的生产过程，表现在社会生产与整个生态系统的关系中，并随着资本的全球扩张而转移，资本增殖和积聚过程加剧了资本对工人剩余劳动的剥削，使人的劳动成为异化劳动，人对资本与金钱的无限信奉，使人对财富的追求转化为理想，对利益的追逐上升为人性，在人的实践活动中，无视人与自然、社会和自身关系的和谐，人与自然的关系是"掠夺"，人与人的关系是"买卖"，人与自我的关系是"间离"，马克思对此用"异化劳动"进行定位，既体现了对人类劳动被作贱而感到的愤懑，同时也因劳动人民处于如此不堪的境地，又引发对人的价值问题的深思。人与自然及社会关系重新定位，使人的价值世界多元而无限，自然界也被全面地纳入了人的价值体系，人与自然及社会的协同进化问题已经成为人的价值的核心问题，协同进化是和谐共生与发展的统一，因而可以说，人与自然及社会的和谐共生与发展为社会生态人人性生成找到了价值依据，一方面，人与自然和谐共生是社会生态人人性生成的价值基础；另一方面，人与社会的和谐发展是社会生态人人性生成的价值追求。

一 人与自然的和谐共生是社会生态人的价值基础

在当今时代，经济高速发展，社会逐渐进入变迁与转型时期，人也开始变得迷茫,就像兰德曼所说,"人从来没有像现在这样有疑问过;他不再知道他是什么,并知道自己不知道。由于不能确定自己的道路,由于自己有疑问,因此,他以无比的忧虑研究他自己的意义和实在,研究自己来自何方,走向何方"①。现代科学技术的发展,推动了生产力的快速发展,人在经济胜利的凯歌中迷失了方向,变得无所适从,人获得对自然的胜利的同时,自然也在进行无情的报复,就像恩格斯所说,我们不要过分陶醉于对自然的胜利,对于每一次这样的胜利,都会得到自然界的报复。人类在不断恶化的生存环境面前变得如此困惑与无奈,自然生态问题已经变成人的价值问题,并成为人的价值的基础,罗尔斯顿指出,"如果我们从生态事实都推导不出价值,那我们也就不该把价值定位于人类","人类一切的价值都是基于其与环境的联系,这种联系是一切人类价值的依据和支柱"②。人与自然的关系成为人立身的基础,也是人之为人的根本依据,而这种关系的深化就是要不断维护自然生态系统的平衡,"自然平衡可不仅是我们一切价值的源泉,它是我们可以建立的所有其他价值的唯一基础"③,自然平衡反映人对自己所处的自然界的基本态度和行为准则,表现出人对维护生态平衡的基本理念,这给我们一个启示,那就是人的价值发端应该追溯到自然循环和维护自然平衡的基点,把自然平衡作为一切价值哲学的根本。然而价值哲学一直以人为主题,那么对人的价值表述更应该研究其在自然平衡价值理念下的品格和素质,表现为人的生态化意识和生态素质,这种素质有对社会生态人的社会性和生态化的鲜明要求,这样有利于把自然平衡作为一切价值源泉贯穿到人的价值论断中,更有利地体现了自然平衡对所有其他价值的基础地位。在

---

① [德]兰德曼:《哲学人类学》,张乐天译,上海译文出版社1988年版,第47页。

② [美]霍尔姆斯·罗尔斯顿:《哲学走向荒野》,刘耳、叶平译,吉林人民出版社2000年版,第16页。

③ 同上书,第93、13页。

人与环境的遭遇中，人类发现动态平衡是一切价值的关键，动态平衡是生态规律作用的结果，人与自然的和谐是动态平衡的本质表现，因为动态平衡是和谐的象征，更是和谐的要求，也是和谐的外化表现，人类社会的价值目标就是要保持人类的永续发展，其前提就是要实现人与自然的和谐共生。人与自然的和谐彰显了生态价值的存在，生态价值同时也是人的价值的基础，社会生态人以人与自然的和谐为精神旨归，以天人合一为价值意境，本身就体现了社会生态人与自然的关系性和互动性。长期以来，人类中心主义把生态的价值定位于人类的利益构建，从人类自身的价值来判断人与自然关系的价值，而忽视了从自然生态的层面去探索其价值的存在性。人们判断人与自然形成的"生态系统"的"好"或"坏"，不能局限于自身感受的判断角度，而是要站在整个生态系统的视野中来揭示人与自然的和谐共生关系，以及对人的价值构建的重要意义。一方面，社会生态人的价值奠基主要表现为人对自然的态度，人在开发自然、利用自然的价值前提就是要促进自然的大循环和人与自然的和谐。美国的生态学家、伦理学家奥尔多·利奥波德认为，"当一个事物有助于保护生物共同体的和谐、稳定和美丽的时候，它就是正确的，当它走向反面时，就是错误的"[①]。另一方面，人是自然的产物，人离开了自然法则、背离了自然的秩序或不能顺应自然规律就无法使人走向全面发展，最终将损害人类自身的利益。人不能与自然共生共存，就失去了价值或称得上不是全面发展的人，人的价值凸显程度取决于人对自然的认识水平，人与自然的和谐共生就是人与自然达成和解的最好表现。同时，人与自然的和谐也是人与社会和谐发展的基础，一方面，人与自然的和谐彰显了自然价值，人对自然价值的认同有助于提高人保护环境善待自然的意识，自然价值的供给是人的一切价值的源泉；另一方面，人与自然

[①] [美]奥尔多·利奥波德：《沙乡年鉴》，侯文蕙译，吉林人民出版社1997年版，第213页。

的和谐是人与社会和谐发展的基础条件，自然为人与社会的和谐发展提供物质基础，自然的变化状况对人与社会的和谐发展具有制约作用，人遵循生态规律的行为也是人与社会和谐发展的具体表现。

二 人与社会的和谐发展是社会生态人的价值追求

人与社会的和谐发展包含着人自身的全面发展，也包括了社会的和谐发展，它的关键是人的社会关系和谐，这三个方面都围绕着人的自由全面发展的价值目标进行，人的自由全面发展是人主体意识的自我觉醒后对人类自身发展的价值追求和理想目标，在当前的社会现实中，人的发展所面临的人的本质异化或片面化的严峻挑战，这种异化的根源来自生产中的劳动异化而形成的人与人、人与集体关系的异化，集中表现在人的社会关系异化，因此，人的自由全面发展过程就是抑制和消除人的社会关系异化，促进人与社会的和谐，整体提升人的能力和素质的过程。人与社会的和谐发展之所以成为社会生态人的价值诉求，一是因为社会生态人是人的自由全面发展的中间过程，是人的自由全面发展的阶段性目标，是承前启后的人性发展阶段的重要力量；二是社会生态人以人的全面自由发展为目标，并把这一目标的实现作为价值追求；三是促进人与社会关系和谐发展的根本手段就是要建设和谐社会，通过和谐社会建设来促进人的全面自由发展，建设和谐社会的根本也就是人的自由全面发展，马克思指出，"人们的社会历史始终只是他们个体发展的历史"[①]，人的自由全面发展是和谐社会的目标与价值彰显。

1. 社会生态人的价值力量：人与社会和谐发展的辩证统一

人与社会和谐发展内涵包含着两个辩证关系的统一，一方面，人的全面发展与社会的和谐发展是辩证统一的。人的发展与社会的和谐发展互为前提、互为条件和互为基础，这是因为人的全面发展是推动社会和谐发展的根本力量，就是人的发展推动社会的和谐发

---

① 《马克思恩格斯选集》（第4卷），人民出版社1995年版，第321页。

展,但同时,社会和谐发展的最终成果表现主要集中在人的全面自由发展上,如人的社会关系的发展、人的能力素质的发展、人的物质财富的发展和人的个性品质的发展等;社会的全面发展创造了人类文明和社会和谐,使人的全面发展成为可能,同时,个人社会关系的发展、能力素质的提高和个性品质的发展又为社会的和谐发展注入了全新的动力,促进了社会的和谐发展和进步;另一方面,个体人的自由全面发展与社会整体人的自由全面发展是辩证统一的。马克思认为,社会整体人的发展是以个体人的自由全面发展为条件,人既是个体的存在,也是社会的存在,每个人的全面发展都是社会整体人的全面发展的一个组成部分,每个人的发展水平反映了社会整体的发展状况。同时,社会整体人的发展水平是社会和谐发展程度的反映,社会整体人的全面发展又为个体人的自由全面发展提供外部条件。社会整体人的发展状态也反映了人的社会化程度,体现了整个人类社会的政治建设、经济建设、社会建设和文化建设水平,折射出社会物质文明、精神文明、政治文明和生态文明的成果;个体人的自由全面发展的进程与人的个性化发展程度互相吻合,人的个性化发展反映了人精神意识的发展水平,体现在人的思维方式和价值观、人生观、世界观、身心素质、人格、能力的全面发展上,社会整体人的发展与个体人的发展不仅是人的全面自由发展中两个重要部分,也是社会和谐发展两个不可分割的方面。"人的全面发展既体现了社会对个人的尊重和满足,也体现了个人对社会的责任和贡献。"[①] 人与社会的和谐发展所包含的人的自由全面发展与社会的和谐发展是相辅相成、相互促进的,具有双向性和一贯性,这体现了人的社会关系在人与社会和谐发展的重要作用。

  人与社会的和谐发展孕育着社会生态人的两大使命,一是人的全面自由发展;二是建设和谐社会。这两大使命既统一又互为内

---

  ① 徐统仁:《人的全面发展:社会主义和谐社会的目标与价值彰显》,《理论探讨》2005年第5期。

容,第一,人的自由全面发展不仅包含人与自然关系的和谐,更包含着人与社会关系的和谐,促进人与社会关系和谐的根本要求就是建立和谐社会,只有在社会和谐的环境中,人的社会关系才能够得到充分发展;和谐社会建设是经济、社会、政治、生态和谐发展的高度统一,不断满足人的全面自由发展对物质精神文化生活的需要,为人的自由全面发展提供条件;这两个方面是历史过程的统一,江泽民同志指出:"社会生产力和经济文化发展水平是逐步提高、永无止境的历史过程,人的全面发展程度也是逐步提高、永无止境的历史过程。这两个历史过程应相互结合、相互促进地向前发展。"[①] 第二,人的全面发展不仅是建设和谐社会的内在要求,也是建设和谐社会的重要任务。建设和谐社会要充分尊重权益和人格,不断满足人的利益需求,促进人的个性发展,同时,要不断发挥和挖掘人的潜能和能力,发展人的能力,为和谐社会建设做出更大的贡献,为和谐社会提供更多更好的建设力量。第三,和谐社会建设为人的自由全面发展提供了路径。建设和谐社会就是要促进人与自然、人与社会的和谐与协调,坚持以人为本的科学发展观为指导,促进人口、资源、环境的协调发展,为人的全面发展提供价值引导,这与社会生态人倡导人与自然及社会的和谐是一致的。和谐社会建设是人的主观能动性不断发挥的社会实践活动,能够有效激发人的创造能力和智慧,是促进人全面发展的有效途径。建设和谐社会不仅是一项实践,更是一种制度设计,和谐社会建设中的各项正义制度为人的全面发展提供制度保障。建设和谐社会就是要突破不同民族、职业、地域和阶层的人的融合,打破分工传统化、劳动片面化,促进人员的合理流动,提高社会交际能力,不断拓展人的社会关系,实现人际和谐,为人的社会关系发展奠定基础,为人的全面发展提供实践方向。第四,人的全面发展与和谐社会建设相互

---

① 江泽民:《在庆祝中国共产党成立八十周年大会上的讲话》,《光明日报》2001年7月2日第1版。

依赖、相互促进。社会主义和谐社会是民主法制、公平正义、诚信友爱、充满活力、安定有序、人与自然和谐相处的社会，是经济建设、政治建设、文化建设、社会建设协调发展的社会，是人与人、人与社会、人与自然整体和谐的社会，它的实现依赖于人的思维意识、价值观和实践能力，而人的价值观和实践能力又是人对现实的经济社会文化的需求和认识作用的产物，人的发展的现状决定和谐社会建设与发展的程度，和谐社会的建设水平又决定着人的发展水平。

2. 社会生态人的价值诉求：人与社会的关系和谐优化

人与社会的关系主要通过社会环境、社会情感、社会规范等表现出来，人与社会的关系和谐优化是以社会环境、社会情感、社会规范等的和谐、公平和正义为基本内容。

通俗地讲，社会环境就是人类生存及活动范围内的社会物质、精神条件的总和，社会环境的和谐优化是人的一种理想期待，人们期盼在实践与交往中形成的健康的、积极的和符合社会法律道德的社会关系氛围，使人与人互助与诚信，和谐的社会环境是人与社会和谐发展的基础，更是人的自由全面发展的基本要求，社会环境是人的主体力量的外化表现的产物，又是人的本性、品质特征和人性要素生成与发展的制约力量，它直接作用于人的发展状况，社会环境与人的生存发展有着内在的关联。只有社会环境的和谐优化，才能抑制和不断消除人的社会关系异化的趋势，进而控制人的异化倾向。促进人的社会关系的和谐发展是人的社会特征和主体性协调发展的基本诉求。

人与社会的关系是人与人的交往关系，马克思和恩格斯认为，社会关系就是指许多人的共同活动，它不仅仅是一种交换关系，也是利益关系，在人与人形成的交往关系中蕴含着人与人的情感关系，就是说，人的社会关系中充满着人的情感诉求，这是人的社会关系人性化与和谐化的基本要求，人的社会情感是人全面发展和健康生活的基本保障，美国心理学家马斯洛的需要层次理论把人的需要分为五个层次，排在生存需要和安全需要之后的是社会需要，"社会需要是自然的需要同精神的需要之间的中间环节"①。这是人对群的归属和依赖的需要，也称爱与归属的需要，一是指个人需要与同事、同伴保持良好的关系，需要得到友谊、忠诚和爱情，需要得到别人的爱，同时也需要爱别人；二是指人要有所归属和依赖，成为某个群体或集团的成员，得到群体或集体的帮助并能关心帮助别人，这种归属和依赖感源自于人的自然本性，所谓"物以类聚，人与群分"。同时，人还有尊重的需要，这是一种心理的情感需要，包括自尊心、自信心，渴望独立与自由，希望受到别人的尊重、赏识与好评，这不仅是对群的依赖，也是对他人的情感诉求。人的自由全面发展对社会情感的诉求是人性发展的需要和人的能力与素质提高的需要，一方面，人性的光辉集中表现在对他人无私的爱和奉献，所谓"送人玫瑰，手留余香"，这是人的社会情感的最高价值；另一方面，人的情感素质是造就社会生态人和谐情感的内在要素，人的情感素质是人的能力素质的重要内容，它能对人的其他能力素质具有辅助作用，作为一种心理素质，它对人的思想道德素质、人格和品质培养具有巩固和促进作用。

人的社会关系和谐优化需要制度规范来加以巩固和保障，制度规范主要表现在社会法律、道德伦理和正义制度，它保证了人的社会关系环境清风气正，对社会环境给予价值引导，是对人的自由全面发展的制度保障。这要求人的社会实践和交往必须遵循社会法律、道德伦理和正义制度，这是人的实践活动对规范制度的基本诉求，相反，遵循制度规范也是人实践交往活动的基本特征，随着人的社会化程度越高，人的社会分工就愈细愈专，人的实践交往活动的制度性和规范性就越强。社会制度规范也为人的全面发展的实践活动提供保证，人的现实的实践交往活动必须符合社会的规范要求，只有符合社会法律、道德伦理、正义制度的

---

① ［德］黑格尔：《法哲学原理》，杨东柱等译，北京出版社2007年版，第94页。

实践交往关系才是和谐优化的社会关系，没有制度规范的交往活动必然造成社会关系的混乱和无序的社会活动，当然也必然影响人的全面发展。首先，社会制度规范将个体人的行为集中起来，可以形成具有群体价值的组织行为，为实现某种既定的社会集体利益目标达成共识、形成合力；其次，社会制度规范能够引导人的行为实践，对个人和集体的行为具有控制作用，能够引导社会共同理想和共同价值的实现；最后，社会制度规范有利于控制和消除人实践和交往活动的盲目性，增强它的目的性，为提高人的实践活动效率提供保证。这样也保证了人的自由全面发展过程是合乎社会正义制度和社会发展规律的渐进过程。另外，随着人的社会关系的和谐优化发展，其必将促进社会法制、道德伦理的向前进步，社会正义制度也必将体现和谐社会建设和人自由全面发展的最新的价值诉求。

第三节　社会生态人的价值选择

人与自然、社会及自身的对峙关系的产生是人性扭曲的表现，人类陷入了人性的危机和道德的困境，社会生态人是基于这三大关系和谐提出的阶段性的人性模式，社会生态人所具有的心理品质、生态品质和社会品质促进了人思维方式、价值观念和实践能力的提升，对于承担人—境和谐的自然道德义务和社会发展责任具有强烈的时代价值。

"科学技术是第一生产力"的科学论断，推动了科学技术的快速发展，人类征服自然的能力空前提高，在大自然面前人类显示了主人翁地位，成为十足的主宰者，向自然进军的号角换来了一次一次的"伟大胜利"，但是，在"胜利"的凯歌中我们似乎听到了自然的呻吟，人与自然的关系受到严重的破坏；在现代社会关系中，人的社会化程度、人对人的依存度不断提高，在日益发达的市场经济的浪潮中，商品关系无孔不入，金钱和利益成为人的社会关系的有效载体，人与社会关系日益恶化，人走向了人性恶化和道德滑坡的境地，人自身面临人性危机和道德困境。社会生态人以人与自然及社会关系的和谐为精神旨归，必然要成为扭转人性危机的时代力量和走出道德困境的思想动力，自觉地担当起人—境和谐的社会责任，这是现实问题和未来期盼赋予社会生态人的时代价值。

一 社会生态人是扭转人性危机的时代力量

科学技术的快速发展，人的科技与经济理性凸显，围绕着经济增长，人类对科学技术的应用可谓是无处不在，人类以物质财富增长为目标追求，利用科学技术不断掠夺自然，自然被无穷的科学技术"钻"得千疮百孔，环境污染、气候变暖、物种灭绝、水资源匮乏、土地荒漠化、能源短缺、森林锐减、土壤酸化日益加剧，人类面临着环境恶化、资源枯竭和日渐频繁的自然灾害的威胁，在日益严重的生态危机和不断恶化的生存环境的面前，人类正面临着失去家园、失去立足之地的彷徨与困惑。同时伴随着经济的增长，社会物质财富急剧增加，人的物质生活条件不断改善，生活水平不断提高，人的内在的精神状态却开始失衡，在现今的科学技术面前，在专业化生产、自动化生产、程序化生产和批量化生产的过程中，人自身遭到了冷落，社会化的商品生产导致了人的劳动异化，人的劳动异化促进了人的异化的加剧，人为物役成为社会的现实，人们普遍感到孤独、苦闷、焦虑、紧张，在无穷的利益和冰冷的机器面前，人的价值、尊严和做人的标准被打得支离破碎，人的存在与发展遭到了冷落，生活成为物质追求的奴隶。表面上看，是人与自然及社会的关系处理方式出现了偏差，但实际上，这是人性危机的表现，是人的价值的偏离，是现代人的价值信仰危机。社会生态人以人与自然、社会及自身的和谐关系为精神旨归，理应成为扭转人性危机的时代力量，扭转现实的人性危机就必然要促进人的科技理性的单向化向科技理性与生态理性的复合化发展，人的主体性悖论向人的自觉主体意识转向，消费主义、功利主义向身心和谐、持续发展的价值转变。

科技理性的单向化向科技理性与生态理性复合化发展，不是抛弃科技理性来谈生态理性。在马克斯·韦伯的《经济与社会》的著作中，他把理性分为工具性理性和价值理性，工具性理性不管目的恰当与否，而强调方法手段的合适和有效性，价值理性即强调目的、意识和价值的合理性。科学技术作为一种工具性理性，在它的发展进步中逐渐把价值和目的抛弃，而成为一种工具性的控制手段，"启蒙理性使'理性'蜕变为'技术理性'，把科学等同于技术，而科学的价值在于对自然的控制和利用，这样就把人和自然的关系归结为控制和利用关系，从而放弃了对意义问题的追求和探索"[1]。"一方面，社会在一个日益增长的技术积累中再产生自身，生存斗争和人对自然的开发变得更加科学和合理。科学管理和科学分工极大地增加了经济、政治和文化各部门的生产效率，其结果是更高的生活标准，在同一时间和同一基础上，这一理性的事业产生了一种精神和行动的模式，它甚至为该事业的最具破坏性的特征辩护、开脱。科学技术理性的操纵结合成社会的控制形式；另一方面，形式逻辑和数学构成等技术理性的方法论基础，借助数学和逻辑分析，自然被量化和形式化，现实与先天目的、真与善、科学与伦理等被分割开来。"[2] 这样，一种为人类进步谋取幸福的科学技术逐渐走向异化，抛弃了价值、目的的良好追求，使人类陷入了科技理性的困境。要走出科技理性的困境，就必须要重新焕发人的生态理性，用生态理性制约和优化科技理性，是科技理性与生态理性的复合化。复合化是一种协调互动的过程，是人的理性综合发挥作用的过程，第一，具有生态理性制约的科技理性能够蕴含人的生态之维，促使科学技术的发明与创造的立意就孕育着人与自然关系的

---

[1] 刘洁：《生态危机的社会伦理根源》，《生态环境学报》2010年第6期。
[2] 陈振明：《工具理性批判：从韦伯、卢卡奇到法兰克福学派》，《求是学刊》1996年第4期。

和谐发展，并把握科学技术的价值目标，在利用科学技术开发自然的过程中始终把遵循自然生态规律作为前提，把保护自然环境看作利用科学技术的重要内容之一，那就是保护与开发兼顾；第二，具有科技理性互动联系的生态理性，能够始终把推进科技进步，促进生产力发展，推动社会进步和人的全面发展作为价值的根本，使生态理性始终充满活力，经久不衰，这就是说，人不仅是生态环境的"守护者"，更是社会发展的"推动者"；第三，科技理性与生态理性的复合化过程，也是人的工具性理性与价值理性融合升华的过程，它不仅找到了推动人类社会发展进步的钥匙，也找到了人类社会发展的价值目标，那就是既遵循"物的尺度"，又遵循"人的尺度"。既能把握和研究自然客观世界的本质和规律，又能准确认识自己、评价自己、善待自己，恰当地提出自己的目的，产生高尚的价值追求。

人的主体性悖论向人的自觉主体意识的转向，是人的超自然、超社会的实践性存在意识，是人的思维意识的转向和人的主体价值的转向。人的主体悖论源自人征服自然的主体性日益增强，自然成为人的战利品和附属品，把人自身设置为主宰自然的神灵，人越是征服和控制自然，就越遭到自然的"反抗"和"报复"，人类就将受到自然的惩罚。同时，人越是脱离集体而凸显自我，就越无法认清和发现自我存在与发展的目的与价值，其实就是以个人主义为基本价值准则，这样，人就无法认同自我和社会的关系。突破人的主体性悖论关键要唤醒人的自觉主体意识，一是唤醒人与自然的主客体关系的意识，这种意识不仅意味着人是自然的主体，把自然当作人的客体，而是人与自然的主客体关系可以相互转化，自然也是人的主体，人也是自然的客体。因为人与自然同时都具有内在价值，承认自然的内在价值，人就必须是自然的一部分，是自然万物的一分子，人的活动必然能够受到自然规律的制约，就人的主体意识而言，就应该自觉服从大自然对人的活动的规定；二是人的自觉主体意识是人的实践活动的行为自觉，主要表现为人不仅要自觉地肩负起人类社会发展的开创者,更要自觉成为保护生态环境的主体承担者,行为自觉来自于主体意识,行为自觉是思想主导的行动;三是人的自觉的主体意识应该融入集体的发展目标之中,融入社会整体价值实现之中,把人的全面发展与社会发展有机地统一起来。

消费主义、功利主义向健康环保、可持续发展的价值转变。在经济学中,凯恩斯经济需求理论认为,社会生产的规模取决于消费需求和投资需求,扩大需求能有效地促进社会生产。20世纪中叶以来,发达国家逐渐进入消费社会,消费在经济增长中发挥了强劲的动力,人的消费欲望日益凸显,刺激了人的物质欲望的无限膨胀,消费主义从此出现。"消费主义是西方发达国家流行的一种社会道德现象,是指导和调节人们在消费方面的行动和关系的原则、思想、愿望、情绪及相应的实践的总称。其主要原则是追求体面的消费,渴求无节制的物质享受和消遣,并把这些当作人的生活目的和人生价值。"[①] 从动力上看,人的消费行为源于消费需求,而消费需求是从人的物质欲望显现出来,它是消费行为的内在动机,人类消费的直接对象是作为劳动产品而存在的社会财富;从过程上看,随着发达国家资本的漂移和发展中国家的快速崛起,经济全球化日益推进,消费主义的价值观也在全球蔓延,以消费为导向,以利润为目的,大大地推动了经济增长,在维护增长的后面,就是以牺牲环境为代价,导致了奢侈的消费方式的出现;从后果上看,社会财富的最终对象是原生的自然资源,社会财富不过是由劳动加工后的自然财富的转化形式。按照现在的消费生产趋势,人类的消费将无限的增长,这样就必然导致社会生产的无限扩大,生产规模的无限膨胀,就必然会在将来的一个时候要超出自然的承载能力,导致自然的严重失衡;从价值上看,消费主义是人的消费思想和行动的异化,人类沦为物欲的奴隶,消费主义带来的价值观念直接导致

---

① 刘洁:《生态危机的社会伦理根源》,《生态环境学报》2010年第6期。

了生态危机，这本身就是人性危机。消费主义的盛行，人的物质欲望急剧膨胀，一切以利益为目标的功利思想成为人的行为目的和价值的评价标准，功利主义把利益最大化看成人追逐的根本动力；从表现来看，功利主义是自我利益主义，注重的是眼前利益和局部利益；从实质上看，为了实现当前的利益，可以不择手段，急功近利，就是典型的"当代人主义"，他的"成功"就在于过度开发了不可再生的资源，侵占了后代人公平地享有自然资源的权利，这将对人类的可持续发展带来巨大的灾难。社会生态人以协同进化为价值目标，以人类的可持续发展为导向，着力扭转消费主义、功利主义的人性误区，实现消费主义、功利主义向健康环保、可持续发展的价值转变，处理好人与自然的"物质变换"的和谐循环关系，从思想价值的维度处理好人与自然、人与社会、人与人的利益冲突。恩格斯在《自然辩证法》中《劳动在从猿到人转变过程中的作用》这篇文章中指出，"因此我们每走一步都要记住：我们决不像征服者统治异民族人那样支配自然界，决不是像站在自然界以外的人似的去支配自然界——相反，我们连同我们的肉、血和头脑都是属于自然界和存在于自然之中的；我们对自然界的整个支配作用，就在于我们比其他一切生物强，能够认识和正确运用自然规律"[1]。这要求我们利用和开发自然就是正确应用自然规律，有意识地处理好人与自然的和谐关系，在日常生活和劳动实践中遵循自然规律，以能够认识和正确运用自然规律来改造自己的思维理念。在生活方式上，要抛弃物质享乐主义，崇尚绿色生活、绿色消费、健康环保的生活方式。消除人类生产、消费、生活的异化与物化，建立促进代内、代际公平的生活方式，从自然的价值寻找人类生活的精神价值；在思维理念上，要抛弃功利主义，坚持可持续发展。尊重自然、保护自然，实现人与自然环境的和谐发展与协同进化，彻底改变人类的经济社会活动的短期行为，以科学发展观为指导，

---

[1] 《马克思恩格斯文集》（第9卷），人民出版社2009年版，第560页。

始终站在人的自由全面发展和人类社会发展进步的历史高度，树立可持续发展的思维理念，并把它上升为一种价值追求。

二 社会生态人是走出道德困境的思想动力

当今社会，人的社会化水平不断提高，社会信息化、经济全球化、市场化使社会生存竞争日益加剧，人的思想不断解放，文化呈现多元化，生活方式多样化。市场经济是逐利经济，追求利益成为现代社会的鲜明特点，在利益的驱使下，人的社会环境也日益恶化，人与社会、人与人的冲突日益频繁和激烈，宽容和诚信缺失，人陷入了道德的困境之中。同时，随着科学技术的进步，特别是生命科学的发展，克隆技术、试管婴儿、代理母亲、器官移植等带来的器官买卖等，这些技术为人类社会带来了诸多社会伦理难题，人的人格和尊严再次受到严峻的挑战，人类又一次陷入了道德伦理的困境。人类正在对自己创造的文化和文明进行新一轮的反思和批判，社会正处在一个深刻的转型过程，人类如何走出道德的困境？这迫切需要对道德的客观基础、思想感情、实践方式、规范系统提供有效的思想支持。社会生态人与自然环境、社会环境的协同进化表明，人的认识水平和价值定位始终要保持与社会环境的和谐发展，用生态化的思维来解决社会问题，把关系和谐作为道德伦理的基础，同时，和谐也可以成为道德的归宿，社会生态人倡导的"和谐关系""和谐情感""和谐理念""公平正义"将成为人走出当前道德困境的思想动力。

社会生态人旨在营造人与自然、社会及自身的和谐关系为道德的客观基础优化提供保障。道德的客观基础主要指人的现实生活方式和社会关系状况，人的道德关系就存在于人与自然、社会及自身的关系之中，人与社会及自身的关系包含着个体、群体及社会共同体的生活方式和存在方式，决定了个人之间、群体之间、群体和社会之间的相互状况，人们的这种生活方式和相互关系是现实道德的客观基础，又是道德作用的对象，同时作为道德的客观基础，其又能从根本上规定和制约着现实的道德，一个时代的生活方式和社会关系状况如何，它的道德的基本性质和整体表现也就如何。和谐关系不仅是人与自然的和谐，也是人自身的存在状态和人的社会关系的和谐发展，这为道德走出困境，寻找新的支点提供了基础保障。一方面，人与自然的和谐关系，构筑了人对自然的道德基础，人与自然的和谐关系决定了人应该对自然承担的"切近的道德义务"①。这里所说的"应该"就是"必须"，这个必须就成了道德意义上的必然，切近的道德义务（proximate moral ought）指由某种极端的、较高层次的道德原则（道德义务前提）派生出的、在具体事情上指导人们行为的义务。道德义务是以人类持续生存发展为条件和动力，道德义务的根本价值在于人置于自然的循环，也表现为顺应生态规律、维护生态规律的内在要求，而把生态规律内化为人的道德义务；另一方面，人与社会及自身的关系和谐是生活方式和谐与社会关系和谐的根本保障，人的生活方式和谐能够克服人的生活异化和畸形消费的现象，是健康的生活方式的基础，其不仅包含人的家庭生活，还包括人的社会生活，实现人与人之间现实的物质和精神利益之间的和谐，保障道德影响能够朝着有利于人的全面发展和社会的全面发展的轨道上来。

社会生态人人性要素中的和谐情感是道德思想感情走出困境的内在动因。"道德思想感情包括观念和情感两大部分：人们关于道德的本质、特征和意义的知识、认识和理解，关于道德原理、原则、基本标准的理论、观念和思想方法，关于道德发展道路、目标的选择和追求——信念、信仰和理想等，是道德意识中比较观念化的理性成分，即道德观念；人们的道德欲望、愿望、动机和意志，道德正义感、是非感和荣誉感，道德责任感、义务感、权利感等构

---

① ［美］霍尔姆斯·罗尔斯顿：《哲学走向荒野》，刘耳、叶平译，吉林人民出版社 2000 年版，第 8 页。

成'良心'的成分，则属于比较情感化的道德意识，即道德情感。"[①] 和谐情感是社会生态人人性要素的重要组成部分，和谐情感对道德认知、道德原则和道德理想的形成与发展具有指导制约作用，其是事物发展变化的内因，其一，人的和谐情感是推动人们探索未知世界、追求真理的动力，也是激发个体创造力的源泉，为道德认知、道德原则的构建以及道德理想的形成提供智力支持；其二，人的和谐情感是人与社会的纽带，维系着人与人之间的和谐关系，成就人与社会的关系和谐，是对人极端功利行为的否定，人的同情、正义与仁慈正是人的真、善、美的内在本质，能有效地制约道德欲望、控制道德意志；其三，和谐情感反映了人对自然、社会及自身的态度，是人的恶感转化为善意的表现，爱是人类文明的标志，也是道德情感的集中体现，爱之中充满着和谐，有助于形成人类对道德善意的追求，是道德责任感和义务感生成的动力之源。

　　社会生态人坚持协调可持续发展的和谐理念能够为道德的实践方式提供价值引领。道德的实践方式包含人与人的社会关系中的道德行为、道德修养、道德教育、道德调节和道德建设等方面的操作方式。把协调持续发展的和谐理念嫁接到人的道德实践方式中，引领道德行为、道德修养、道德教育、道德调节和道德建设的方向。第一，人的道德行为是受人的思想道德情感影响的，人的道德行为更要思想理念来支撑和引导。人的道德行为有个体的，也有集体的，有自觉的，也有不自觉的，用协调可持续发展的和谐理念指导道德行为，有助于形成社会共同的价值指向，营造以协调可持续发展为理念的道德氛围，产生集体化的道德倾向，指导个体化道德行为。在和谐理念作用下的道德价值促进全社会形成道德行为自觉。第二，人的道德修养通过人的内在自省自修和外在的道德模仿熏陶而形成，人的思想理念对人的道德自修自省具有源发性的效果，是人的道德修炼和养成的方向之舵。人的道德修养决定人的道德行为

---

① 李德顺、孙伟平：《道德价值论》，云南人民出版社2005年版，第13页。

模式和发展路径,有了和谐理念为价值引领的道德修养,能够以统筹的方法协调道德修养全面发展。第三,以全面协调可持续发展为理念实施道德教育,制定道德教育发展纲要、道德教育内容,设计道德教育实践方式,提高全面的道德认识,陶冶和谐情感,锻炼意志、培养和谐的道德习惯。把和谐理念融入道德的正面教育和道德警示教育之中,用全面协调可持续的理念优化宣传灌输、说教训育、榜样示范等方式和手段。第四,以协调可持续的和谐理念推动道德调节的全面性。通过道德调节实现自发到自觉、分散到有序,它不仅是自我调节的过程也是社会调节的过程,并通过社会道德评价促进道德优化。道德调节需要协调各方面的因素,统筹考虑道德环境、道德内容以及社会团体及个人的道德情怀,使社会道德塑造有一个循序渐进的过程,使各层次的调节机制协调发展。第五,和谐理念对道德建设既有价值引导,又有方法指导。道德建设是一项系统工程,是依据道德的客观基础建立的道德体系,它包含思想情感、规范系统和实践方式等一系列巨大的工程,它不是一蹴而就的事情。一个充满和谐的道德社会是一个人人有心向善、人人从善如流的社会。和谐理念是道德建设的指导思想,也为道德建设提供价值追求,道德建设不仅要考虑现在要什么,更要有对未来负责的态度。和谐的理念促使我们去寻找新的价值坐标和道德理想,只有坚持道德建设的协调可持续发展,我们才能在道德建设上探索一条富有前瞻性、具有实效性、充满社会活力的道德体系,推动人类文化稳步向前发展。

社会生态人的公平正义观是建立道德规范系统的价值依据。道德规范系统包含道德评价规范和评价标准系统,公平正义对人的道德行为规范提供衡量标尺,对于人们在道德选择上应该做什么,不应该做什么,应该怎样做提供了内在的价值尺度,道德行为规范的核心价值也必然体现在公平正义的范畴中,在整个社会的规范体系中,道德规范是一个重要的组成部分,它是对人与人之间的社会关系的理性思考和总结,人与社会的关系核心就是要体现正义,人与人之间的关系必然以公平为先。公平正义是社会基本道德要求的反映，因而把公平正义纳入社会原则之中，体现了道德规范系统的价值导向。同时，公平正义历来就是我们的传统美德，当下道德面临着多元价值的冲突，市场化的社会生活环境被利益和利润笼罩，道德的光芒被遮蔽，道德规范被践踏，重塑道德规范必须紧紧围绕公平正义的价值原则，只有公平正义才能彰显道德规范的内在价值，公平正义是促进社会和谐与维护社会平安的稳定器，也是道德从善的具体体现，反映了人与社会、自然及自身关系的价值诉求，体现了道德行为与道德关系的一般规律。道德规范是道德的实践方式的现实依据和具体保证，把公平正义作为道德评价制度和标准的灵魂，有助于更新道德观念，深化道德实践，展示道德建设的新成果，调整社会成员的关系，实现社会生活的稳定与和谐。

三　社会生态人能够担当人—境和谐的社会责任

人—境和谐是建设和谐社会的基本特征，担当人—境和谐的社会责任是实现社会生态人内涵和价值的根本要求，人—境和谐包括人与自然环境的和谐及人与社会环境的和谐。担当人—境和谐的社会责任就是要切实负起促进人与自然和谐发展的道德义务和人与社会及自身和谐发展的社会责任。社会生态人以人—境和谐为精神旨归，以社会责任和代内、代际公平为根本规范，能够肩负起人—境和谐的社会责任。

促进人与自然和谐发展的道德义务，要以生态价值观为指导，改变人与自然对峙的关系形态，树立人与自然关系和谐的生活方式，担当起人合理利用和保护自然生态的道德责任，履行对自然界应尽的道德义务，建立人与自然和谐的关系形态。第一，积极树立人与自然和谐的生态价值观的自觉意识，生态价值观是支撑人与自然关系和谐的精神支柱，是指导人如何利用和保护自然实践的思维意识。从人类社会的发展历史和人与自然关系的发展历程来看，人已经从被动地利用自然转向了人主动开发自然的过程，正是这种被动变主动的过程，人对自然的主观能动性得到了淋漓尽致的发挥，这个过程也使人与自然的关系从敬畏自然、顺应自然变为征服自然、掠夺自然，但随着人对自然哲学的思考，人与自然的和谐成为人类哲学的显性话题，和谐自然成为当今社会人与自然关系的诉求，人与自然和谐共生的现代社会主流愿望，这将给人带来一次深刻的思想革新，树立生态价值观，确保人类社会及自身能够永续发展，这成为我们扭转当前人性危机的思想力量，构建这一思想观念就是要积极实践开发与保护并举，思想武装、价值塑造与行为纠偏、路径转换并重。生态价值观是人对满足自身可持续发展的需要和人保护生态维护自然生态平衡的观点的总和，生态价值观一方面承认自然具有内在价值，另一方面强调自然生态规律对生态平衡的积极作用，生态平衡是人类赖以生存发展的基本条件，以及对人的全面发展与社会发展有重要作用和价值：担当起树立生态价值观的思想意识，把促进人与自然的和谐共生与协同进化作为自己的自觉意识和思想观念。第二，自觉履行改变和优化人自身的生活方式的责任。改变人传统的生活方式，要正确理解生活的真正价值和意义，幸福生活不是腰缠万贯，而是人的生活和谐，提高生活质量与人的生活环境有着密不可分的关系，生活富足不仅是财富愈加丰富，更是生态良好的生活环境。转变生活方式，根本改变对物质追求的片面性，促进经济发展与环境保护相统一，提倡绿色消费、绿色生活，要把人的生活满足建立在自然生态和谐健康的基础之上。倡导可持续发展的生活模式，建立资源循环消费的生态化生活方式，倡导回归自然的生活，利用科学技术更好地保护生态环境。第三，要建立人对自然的道德体系，把人对自然的道德义务与动态平衡的观点融合统一起来，使人的道德规范与自然限制等同起来，切实履行人对自然生态道德的责任和义务，建立适合社会发展现实又能促进可持续发展的生态道德伦理，实现人与自然的和谐发展。把维护生态和谐、遵循生态规律、保护生态环境作为人对自然的道德责任，有效地促进生态平衡与经济生产活动的协调发展。人对自然的道德责任还表现在人对生命的道德关怀和道德义务，自然生命是一种物种，更是保持自然循环和平衡的一部分，对生命的尊重就是履行对自然生态的责任。对自然的道德责任还在于人在自动平衡的意义上遵循自然，在道德效仿上遵循自然，在价值论的意义上遵循自然，把自然的和谐上升为人的自我价值。

担当人与社会及自身和谐发展的社会责任，是责任观念和责任行为的统一，人的社会责任是人的社会化进程的标志，也是人之为人的根本要求，人的社会责任根源于人是社会现实中的人，产生于人的社会实践，马克思指出，"作为确定的人、现实的人，你就有规定，就有使命，就有任务"[①]。马克思认为的使命和任务就是人的社会责任，同时，人的社会责任又是以人的需要为基石。随着人的需要发展，人的社会责任也将调整和变化。人的社会责任意识，为人与社会的协同进化提供思想保障，人的社会责任意识是人对责任主体的感性认识和成为责任承担者的理性自觉，是人能够自觉承担社会责任的前提。担当好人与社会环境的社会责任的根本条件是保持人与人的和谐共生与合作共赢，履行维护代内、代际公平的历史责任，实现人类社会持续地向前发展。一方面，实现人与社会环境和谐的基础就在于人与人之间的和谐，人之间的和谐的重要表现就是合作共赢、互惠互利，减少人与人的冲突与对峙，这是人的社会关系和谐的重要条件，马克思认为，"社会关系的含义在这里是指许多人的共同活动，至于这种活动在什么条件下、用什么方式和为了什么目的而进行，则是无关紧要的"[②]。这种共同活动不仅是指人的工作行为是共同活动的方式，而且也指出了人与人的关系是一种友爱互助，在另一角度也表明了人与集体的合作关系，这是人与集体的和谐关系的基础。随着社会分工的逐渐细化，人与人、人与集体的合作已经成为社会关系的发展趋势，合作是促进和谐的内

---

① 《马克思恩格斯全集》（第3卷），人民出版社1960年版，第329页。
② 《马克思恩格斯选集》（第1卷），人民出版社1995年版，第80页。

涵，合作更是和谐的具体表现，合作也是一种社会责任，这是人与社会关系和谐的要求，人的存在就是合作性的存在，人的发展存在于合作的价值中。"合作的社会关系内蕴含着人的社会责任，人的社会责任的履行是合作性社会关系发展的内在要求。"[①] 另一方面，担当人与社会环境和谐的社会责任，要把人类社会与人的和谐可持续发展作为自己的历史使命，切实担负起代内、代际公平的社会责任。代内公平是社会环境和谐的象征和砝码，代内公平是一种社会氛围，也是一种社会价值，代内公平是实现社会协调发展的依据，是人人平等的价值要求，是法治社会权利与义务统一的核心内容。代际公平要求我们在资源利用上要切实照顾好后代人的利益，不能侵占下一代平等地享有自然资源的权利，这是站在人的全面发展和人类社会可持续发展的历史高度对当代人提出的历史责任，履行好这一责任，要有宽大的胸怀和长远考虑的卓识眼见，这既要以长远利益来度量眼前利益，以发展的思维来思考人的价值，人只有承担好这一社会责任，才会有人与社会环境的协调发展，才能体现人的价值内涵。

---

① 宋周尧：《责任人：人为社会存在物的一种理解》，《天府新论》2004年第1期。

第七章　社会生态人的思想道德价值

思想政治工作的对象是人，要做好人的思想政治教育工作，就必须以人为中心，分析人的生存环境、生活状态、人的思想和感情、理性和欲望，其根本方法就是分析人、研究人、认识人，核心就是研究人的本质。思想政治教育是人的思想品质生成及其发挥作用的过程，思想政治教育的起点在人，思想政治教育的着力点在人，同时，思想政治教育的终点也是人，人性塑造成为思想政治教育的本质问题。社会生态人人性假设对人的思想素质提升有引领功能，能充分展示人的自然本质、社会本质和生态本质，能够在人性塑造中发挥积极的价值。

第一节　社会生态人的思想政治教育价值

思想政治教育的本质问题就是实现对人性的塑造，从改造思想政治教育的价值观念来看，思想政治教育不仅要改变个体受教者的思想价值观念，更要改造整个社会对思想政治教育的思维意识；从提升思想政治教育的功能来看，思想政治教育在于形成社会的制度规范导向、价值目标导向和理想信念导向，从个体微观的思想引导到整体的社会价值塑造；从思想政治教育的目的来看，思想政治教育的目的，就是要使受教育者的人格获得全面自由，使之成为一个和谐全面发展的人；从思想政治教育的内容来看，思想政治教育在于培养受教育者的心理品质、社会品质和生态品质，从本质上优化人性的基本内容和结构,使人性能够和谐发展。社会生态人不仅有着自己的价值目标、能力素质和实践指向,还是当前思想政治教育的理想目标,对改进和创新思想政治教育的方式方法以及提高思想政治教育的目的性、价值性具有极其重要的价值。

一　社会生态人的人性模式与思想政治教育的关联与互动

社会生态人是对马克思主义人性观的继承与发展,是马克思主义关于人与自然、社会和谐的人性发展,社会生态人揭示了人的自然性、社会性和生态性的有机统一,也揭示了人性自然生成与实践生成的辩证联系,社会生态人既包含了人性的生态之维,也蕴含着人性的实践本质。思想政治教育是人的思想品质生成及其发挥作用的过程,思想政治教育的起点在人,思想政治教育的着力点在人,同时,思想政治教育的终点也是人,人性塑造成为思想政治教育的本质问题。因此,社会生态人的人性模式与思想政治教育存在着内在关联和外在互动。

1. 社会生态人的人性结构要素与思想政治教育的内在心理要素具有内在关联性

社会生态人的人性结构要素由生态理性、和谐情感、完全意志和适度欲望组成,社会生态人人性四要素的相互作用、相互制约的过程就是思想政治教育发生作用的过程,社会生态人的人性要素中表现出的智慧、勇敢、节制、正义、和谐等人性美德,产生人的和谐心理、公平正义和生态人格,正是思想政治教育调节到最高境界的结果。思想政治教育的内在心理要素主要包括人的知、情、意、信、行等,这五大要素与社会生态人的人性结构要素有着必然的内在联系和内在统一。从静态看,社会生态人的人性结构要素与思想政治教育中的内在心理要素有着内在关联,社会生态人的人性要素有生态理性、和谐情感、完全意志和适度欲望,这与人的认知、情感、意志、信念和行为等心理内在的要素是相互勾连的;从动态看,正是社会生态人的人性要素之间相互作用、相互制约才可能产生人性之美，它是一个不断生成和动态发展的过程，而思想政治教育是以人的思想品德形成和发展规律为基础的，人的思想品德的形成与发展过程实质上就是人的五大心理要素——认知、情感、意志、信念和行为相互作用，和谐发展，从自发认知到行动自觉的转化过程。

2. 社会生态人的发展动力与思想政治教育价值根源的内在关联

人的全面发展与社会和谐发展是社会生态人的发展内涵，人的自由全面发展和社会的和谐发展是人自身发展和人类社会发展的根本要求，追求全面和谐的发展是社会生态人的发展动力，人的内在需要就是不断满足自己生存与发展的物质和精神需要。"思想政治教育的根本价值就在于能够满足价值主体的发展需要。思想政治教育能够有效地满足人的思想道德发展需要，人的全面发展需要以及社会发展的需要。思想政治教育的生命力，就在于能够不断创造和实现这种发展价值。"[①] 这是思想政治教育产生的价值根源。从内涵上看，社会生态人的发展动力与思想政治教育的价值根源是同一的：其一，人的内在需要是人的自然本性决定的，马克思指出，"人直接地是自然存在物。人作为自然存在物，而且作为生命的自然存在物，一方面具有自然力、生命力，是能动的自然存在物；这些力量作为天赋和才能、作为欲望存在于人身上；另一方面，人作为自然的、肉体的、感性的、对象性的物，同动植物一样，是受动的、受制约的和受限制的存在物"[②]，人的内在需要是人的内在的自然本质需要的表现；其二，人的内在需要又是其社会本性决定的，人的社会化发展逐渐形成人类社会，社会是人的发展的产物，人不仅生产了物质财富，也生产了自身，马克思在《1844 年经济

---

① 骆郁廷：《论思想政治教育的发展价值》，《思想教育研究》2006 年第 5 期。
② 马克思：《1844 年经济学哲学手稿》，中共中央马克思恩格斯列宁斯大林著作编译局编译，人民出版社 2000 年版，第 105 页。

学哲学手稿》中写道,"在国民经济学家看来,社会是市民社会①,在这里任何个人都是各种需要的整体,并且就人人互为手段而言,个人只为别人而存在,别人也只为他而存在"②。人的内在需要也是社会整体的需要,这种需要的互相满足就是社会的不断进步和人的不断发展。需要是人与社会发展的内在动力,社会生态人满足需要的过程就是要实现人的全面发展与社会和谐发展的过程。"已经得到满足的第一个需要本身、满足需要的活动和已经获得的为满足需要的工具又引起新的需要。这种新的需要的产生是第一个历史活动。"③ 社会生态人人性模式揭示了人的发展的过程性和阶段性,其本身就意味着人的发展的巨大动力,思想政治教育不能脱离人的实际需求而强加给人,它必须掌握人的价值根源才能释放出其中的魅力,正是思想政治教育抓住了人的根本需要,才能使思想政治教育发挥其应有的功能。其三,思想政治教育的目的是为了促进人的全面发展,而当下随着人的物欲膨胀,人对自然环境的破坏已经破坏了人类得以全面持续发展的持续力,从而使人的思想政治教育活动进入了一个新的拐点,在培养人的社会思想品质的同时,一种新的人格状态成为人的急切需求,那就是人的生态人格,当前的思想政治教育的一个重要任务就是全面塑造人的生态意识,并转化为人的生态自觉。社会生态人的人性内涵中要求人应该具有较高的生

---

① 黑格尔在《法哲学原理》中按概念本身的内在差别把这本书设定为三个篇章,第一篇为《抽象法》,第二篇为《道德》,第三篇为《伦理》。《伦理》是前两个环节的统一,《伦理》本身又分为三个阶段,一是《家庭》;二是《市民社会》;三是《国家》。市民社会是处于家庭和国家之间的一个必不可少的阶段。它本身包含着具有特殊性和差异性的个人。市民社会中存在两个原则即特殊性原则与普遍性原则。特殊性原则是指市民社会中每一个人都以自身需要的满足为目的,其他的一切对他来说都不存在。但是,他又必须通过和其他人发生联系,从而达到自己的目的,即这种特殊目的取得了普遍的形式,在满足他人的同时也满足了自己。这里就体现了市民社会的普遍性原则。市民社会为这种普遍性的实现提供场所。在这一场所中,个人可以充分发挥其能力和素质与其他人结成关系并达到自己的目的,满足自己的需要。

② 马克思:《1844年经济学哲学手稿》,中共中央马克思恩格斯列宁斯大林著作编译局编译,人民出版社2000年版,第134页。

③ 《马克思恩格斯全集》(第3卷),人民出版社1960年版,第32页。

态素质，能够处理好人与自然的和谐关系，凸显自身的生态人格，从这一点看，社会生态人的人性要求与当下思想政治教育的目标和应该彰显的价值又在新的历史条件下得到新的契合。

3. 思想政治教育的规律性寓于社会生态人的人性生成之中

思想政治教育是社会意识形态的教育，社会意识形态主要包括三个层次的内容，一是政党的意识形态；二是与国家生活相适应的国家意识形态；三是与当前社会生活相适应的社会意识形态。它的形成、发展与实践存在着一定的规律性，把握思想政治教育规律性，就是要遵循思想政治教育活动及其运动过程中内在的、本质的、必然的联系。对思想政治教育规律性的探寻，必定要在思想政治教育活动的主客体、外部环境、教育内容等因素中去寻找。规律的基本特性是它的客观实在性和矛盾运动的规律性，探索思想政治教育规律性，对于提高思想政治教育的科学化水平和实践效果具有重要的价值。思想政治教育的规律主要根植于人的身心发展变化规律、思想政治教育环境各因素矛盾运动的规律、人的思想品德的形成发展的内在规律和人的思想要素内部矛盾运动和转化规律。社会生态人的人性生成之中都直接或间接地蕴含着这四大规律的形成与发展。从社会生态人人性的生成基础上看，社会生态人以人的自然属性、社会属性和生态属性为基础，是人化自然与自然化人的统一，把人的主体性、实践性与人的生态化相结合，通过社会生态人的人性要素的相互作用表现出来；从社会生态人的人性要素的相互关系上看，社会生态人的美德的形成正是人性要素之间相互运动、相互制约，并相互转化的结果；从社会生态人的品质生成来看，社会生态人的生成的心理品质、社会品质和生态品质是人的身心和谐的结果，是人与自然、社会及自身关系和谐发展的结晶，它反映了人与自然、社会及自身关系和谐发展所应有的品格素质和理想状态；从社会生态人对环境的关系上看，社会生态人把与自然环境和社会环境协同进化为目标，即人的发展始终与环境保持和谐发展，和谐是人的外部环境运动的要求。从这里可以看出，第一，人的身心发展变化规律可以从社会生态人与自身的关系和其心理品质的形成过程来加以把握；第二，思想政治教育的环境各因素的变化规律始终要建立在人与自然环境和社会环境的协同进化的内涵中来加以寻找，没有这种和谐，思想政治教育教育的环境变化规律就没有根基；第三，人的品德生成和人的思想要素内部矛盾运动的变化规律无不在人的理性、情感、意志和欲望的相互作用的过程寻找一种可以遵循的共性；第四，思想政治教育的规律性更是源自社会生态人本质的自然属性、社会属性和生态属性的普遍性，思想政治教育对人性的塑造是建立在人性的普遍性的基础之上，并不断发展与完善这种普遍性，同时正是因为人的本质属性，才使人的思想品质提升与发展呈现有一定的规律性。但是，由于人的主观能动性程度的差异和人的实践活动的差异性使思想政治教育具有尊重个体、因材施教的工作方法。

4. 社会生态人人性模式与思想政治教育的外在互动

社会生态人的人性模式与思想政治教育的内在关联性为思想政治教育塑造理想的人性内涵提供了现实依据和价值寻求，同时，社会生态人人性模式对新时期思想政治教育还存在外在的互动性，对拓展思想政治教育的思维和方法具有重要的价值。从宏观上看，社会生态人是我们在市场经济条件下寻求人的发展的阶段目标，也是突破人自身面临当前困境的应然人性状态，它为我们重新审视和反思当前思想政治教育提供了新的视野。当前，我们思想政治教育缺乏实效性的重要原因在于无视人性对思想政治教育的本质需求，在我们的思想政治教育实践中，注重眼前问题的解决，而没有关注人的成长发展的长期性和思想政治教育的前瞻性。思想政治教育浮在一种程序性的层面上，思想政治教育工作工具化、程序化，这样形成了比较鲜明的思想政治教育工作的主客体关系。表面上层次清晰，实质上是"油"永远不能进入"水"的里层，主客体黏合度不够，有脱节，思想政治教育工作者成了一支"消防队"。社会生态人是当前社会历史条件下人性的应然理想状态，揭示了人性的发展方向，把握了人性的应有需求和社会发展对人的期待，为思想政治教育提供了新的切入点，有利于我们从人性的内涵的角度思考思想政治教育的方法问题和内容问题；从微观上看，社会生态人以和谐为精神旨归，对思想政治教育实施"以人为本"的人性化思想政治教育的路径提供了方向引导。思想政治教育更应从微观的精神生产与物质生产的角度关注人与自然、社会及自身关系的和谐，构建不同层次的价值追求与价值创造相统一的思想政治教育的价值结构，形成个体目标与社会目标相统一的思想政治教育的目标结构。在主体要素和客体对象中明晰思想政治教育的主客体结构，以社会生态人的人性塑造为依据，构建思想政治教育的内容结构，优化主体间性[①]思想政治教育的模式结构。

充分理解和认识社会生态人的自然性、社会性、生态性有助于思想政治教育工作方法的优化，提高思想政治教育的实效性。人的自然本质上看，人是自然的产物，人具有自然属性，人的自然性生成也伴随着人的自然需求的产生，人的自然需求必然引发人的物质需要。思想政治教育工作不能脱离人的物质基础而进行纯粹的思想灌输，要把思想政治教育工作与满足人的合理物质需求结合起来，否则，思想政治教育必然会被它的对象所抛弃；从人的社会本质上看，人又是社会的产物，人的社会性根植在人的实践活动之中，表

---

① 主体间性是主体间关系的规定性，指主体与主体之间的相关性、统一性、调节性。主体间性是两个或多个个人主体的内在相关性，它以个人主体性为基础。主体间性形态在不同的实践领域里有不同的表征，如认知实践中的认同与理解，再生产实践中的协作，在道德及情感实践中的关爱，在日常实践中的互动；主体间性是一种关系，即自我与他人、个体与社会的关系，主体间性不是把自我看成单子式的个体，而是看成与其他主体的共在；主体间性是一种方法论，这种方法是处理人与人之间关系的方法，即对待他人要保持尊重、同情、设身处地、将心比心，通过相互倾诉和倾听的对话，进入他人的内心世界，同时也把自己呈现给他人。王锐生在《社会哲学导论》中认为，主体间性有如下特征：第一，主体间性意味着双方的共同了解，不仅了解自我，而且了解"他我"；第二，它意味着交往双方的彼此承认，承认"他我"与自我有相同的地位、权利；第三，它意味着交往双方人格平等与机会平等，反对强制和压迫；第四，它意味着默守共同的规则，交往双方必须遵守共同认可的规范；第五，它意味着主体与自然的和谐。

现在人的社会关系之中。特定的社会关系对人的思想道德和价值观念将产生巨大的影响，那么，思想政治教育可以从人的社会关系中找到切入点，利用社会环境的潜移默化来提高思想政治教育的实效性。同时，人的社会关系归根结底也是人与人的关系，马克思指出，"符合现实生活的考察方法则从现实的、有生命的个人本身出发，但不是处在某种虚幻的离群索居和固定不变状态中的人，而是处在现实的、可以通过经验观察到的、在一定条件下进行的发展过程中的人"①。长期以来，我们寄希望于思想政治教育的社会功能能够解决人的思想领域的众多问题，"过去较多地看到社会价值而较少地关注个体价值"②。实际上，思想政治教育离开了个体的人是难以取得实效的，这是因为"人们的社会历史始终只是他们的个体发展的历史，而不管他们是否意识到这一点"③。思想政治教育又必须从现实的人出发，坚持"以人为本"，充分尊重人的主体地位，推进主体间性的思想政治教育模式，这样才能够发挥人的主观能动性，激发人的主体思想和行为由自发到自觉的过渡，从而大大地提高思想政治教育的实效性；从人的生态本质来看，人的生态思维是一种系统的思维，也是一种辩证的思维，这不仅把人置于人与自然及社会构成的生态系统的整体中来思考人的成长与发展问题，人只不过是生态系统的一个分子，还要把人的生存与发展放在自然生态规律的作用之下，置于生态循环的体系之中。用这种生态思维嫁接到思想政治教育的内涵中，我们就能以思想政治教育解决个体产生的心理困惑、心理压抑等自我矛盾的思想。把握人的生态本质，用生态思维方法来解决思想政治教育中的难点问题，对提高人的身心健康，增强思想政治教育的针对性开启新的视域。

---

① 《马克思恩格斯选集》（第1卷），人民出版社1995年版，第73页。
② 张耀灿等：《现代思想政治教育学科论》，湖北人民出版社2003年版，第348页。
③ 《马克思恩格斯选集》（第4卷），人民出版社1995年版，第532页。

二 社会生态人的和谐精神是思想政治教育的价值追求

人的自由全面发展是社会发展的核心问题，是教育的根本目的和价值追求，同时也是思想政治教育价值目标。在马克思看来，人的自由全面发展包含着人的能力充分而全面的发展、人的需要全面发展、人的社会关系全面发展和人的个性自由全面发展，概括地讲，就是人的一切属性得到充分、全面、自由、和谐的发展。社会生态人是人的自由全面发展的一个阶段，是社会主义市场经济条件下人的发展目标。因此，当下的思想政治教育就是培育和造就社会生态人，从社会生态人的人性内涵来看，和谐关系与和谐发展成为社会生态人的核心价值，由此看来，造就社会生态人的和谐精神就必然成为当前思想政治教育的价值追求和目标任务。社会生态人的特征就是人性和谐，和谐蕴含着社会生态人的价值目标和价值行为，它不仅是社会生态人的思维意念，还包括社会生态人的行为结果，社会生态人以和谐为精神旨归，不仅是结果，还有其思维方式和行动过程，表现在人与自然、社会及自身关系和谐的结果和过程，和谐是人得以发展的基础，和谐也是人不断发展的动力和目标。从一定意义上来说，人的自由全面发展也是人性的和谐发展，思想政治教育是推动人的自由全面发展的手段和方法，实现了人的自然本质、社会本质和生态本质有机的统一，实现了人本质的和谐发展，其终极目标和价值追求就是要以实现人性的和谐发展，在人与自然、社会及自身关系和谐的基础上，实现人自身对自己本质的完全占有，因而说人性和谐是思想政治教育的孜孜以求的目标。

思想政治教育的主体是人，对象也是人，"其根本任务就是启发人的自觉性，调动人的积极性，激发人的创造性，因此在思想政治教育过程中，我们'既要坚持教育人、引导人、鼓舞人、鞭策人，又要做到尊重人、理解人、关心人、帮助人'"[①]。思想政治教

---

① 王学俭：《现代思想政治教育前沿问题研究》，人民出版社2008年版，第136页。

育的目的是人，坚持以人为本就是坚持人的和谐发展，在思想政治教育过程中不断促进人的全面发展是以人为本的必然要求，胡锦涛同志指出，坚持以人为本，就是要以实现人的全面发展为目标。长期以来，思想政治教育工作缺乏和谐社会关系的有效供给，导致思想政治教育缺乏系统性、全面性，思想政治教育的工具化、功利化、机械化日益凸显，这样就必然导致思想政治教育的片面性，这必将背离思想政治教育的价值追求，使思想政治教育的真正目标难以实现。因而改进思想政治教育的理念和方向，实现思想政治教育的全面性、发展性、和谐性、实效性，是思想政治教育面临的挑战。牢牢把握思想政治教育的价值追求，必须把人性和谐融入思想政治教育全过程，第一，思想政治教育需要以和谐精神为理念，思想政治教育是做人的工作，和谐是一种价值，也是人的追求，只有把和谐的精神贯穿于思想政治教育的始终，才能有效地激发思想政治教育主体之间的和谐情感，使思想政治教育符合人的发展规律，增强人对思想政治教育的信任感和亲切感，这对优化思想政治教育的原则、内容、方法具有重要的指导作用；第二，思想政治教育需要和谐的实践过程，思想政治教育是潜移默化的长期过程，它不仅要以造就和谐的环境为基础，还需要以教育主体之间的和谐关系为保障，是倡导人本关怀的实践过程，把人性化贯穿于思想政治教育的始终，体现思想政治教育的精神追求，是思想政治教育的应有之意；第三，思想政治教育需要以和谐作为价值目标，思想政治教育的目的就是以促进人的和谐发展，把人的自我发展与人性发展结合起来，推动人的和谐价值的实现，和谐是人的良好状态，和谐也是人的一种归宿，思想政治教育只有把人自身的追求与社会的期待有机地统一起来，才能实现应有的价值；第四，思想政治教育能够实现人性和谐。"实现人性和谐，是一个社会系统工程，而思想政治教育是这一工程的重要环节，是推动人性和谐的重要途径。"[1]

---

[1] 陈飞：《人性和谐与思想政治教育教育评论》，《教育评论》2008年第6期。

思想政治教育是一门实践性的科学，有它自身的原理、方法和途径，通过正确的思想政治教育可以塑造人的思想，培育人的价值观和人生观，并在实践中不断丰富和发展精神意识，使人性能够体现和谐的精神，提升人的精神境界。

三 社会生态人推动思想政治教育的个体价值和社会价值的升华

社会生态人的人性内涵对思想政治教育不仅有个体价值还有社会价值，那么我们在回答具有怎样的个体价值和社会价值之前，很有必要搞清楚什么是思想政治教育的个体价值和社会价值，这两种价值有何联系？

1. 思想政治教育的社会价值与个体价值的内涵

所谓思想政治教育的社会价值，简单地说，就是思想政治教育对人类社会发展中的经济、政治、社会、文化、生态建设等所起的作用。目前，理论界关于思想政治教育的社会价值也有多种阐述，主要表现在以下三种不同的观点，第一种是从思想政治教育的社会功能来看，具有导向价值、凝聚价值、激励价值、净化价值[①]；第二种认为思想政治教育的社会价值是完成它的社会职能而产生的社会作用与社会意义，具体表现为两个文明建设的根本保证、社会治理的重要手段、塑造人格的主导力量[②]；第三种是"根据思想政治教育对社会具体对象的作用而言，因而又可以划分为政治价值、经济价值、文化价值、管理价值、生态价值等方面"[③]。但是，作者认为，社会功能与社会价值还是有区别的，不能混在一起，功能是具有存在性的实体特性，而价值是一种关系属性，功能是指事物或方法所发挥的有利的作用，有的价值可能是正面价值，而有的价值

[①] 转引自荆小平《论思想政治教育者的劳动》，解放军出版社2000年版。
[②] 转引自陈秉公《思想政治教育学原理》，辽宁人民出版社2001年版。
[③] 张耀灿等：《思想政治教育学前言》，人民出版社2006年版，第84—85页。

却可能是负面价值，所以用社会价值取代功能或用功能取代社会价值都是不可取的，思想政治教育的社会价值是一种宏观把握，而其功能却是一种微观作用的表现。思想政治教育个体价值也称为个人价值，就是思想政治教育对个人的成长和发展所起的促进作用。研究者从不同的角度对思想政治教育的个体价值也有较深入的研究，"具有代表性的主要有三种观点：第一种是从价值客体的属性来看，思想政治教育具有引导政治方向、激发精神动力、塑造健康人格、调控品德行为等方面的价值。第二种是从价值主体的角度看，个体价值主要表现为满足主体社会化特别是政治社会化的需要，满足主体全面发展特别是提高思想政治素质的需要；满足主体解决人生重大课题的需要。第三种是从教育主体来看，思想政治教育的个体价值不但包括受教育者，而且包括教育者的个体价值，但由于教育者是社会的代表，受教育者是人民群众，其实际存在的状态是具体的个人，因而个体价值是指受教育者而言"[1]。

2. 思想政治教育的社会价值与个体价值的相互关系

"提出并阐述思想政治教育的个人价值及其与社会价值的关系，是关系到人们对思想政治教育的地位和作用的全面理解，关系到思想政治教育的实际效果的重要问题。"[2] 思想政治教育的个人价值与社会价值的关系问题是来源于人与社会的关系问题，因为人是社会的存在，社会性是人的本质之一，"人不是抽象的蛰居于世界之外的存在物。人就是人的世界，就是国家，社会"[3]。人是构成社会的基本细胞，人的社会化就是成为社会人的过程，在这个过程中，思想政治教育起着重要作用。在人与社会的关系中，人的发展与社会的发展是人与社会的关系问题的核心问题，所以，思想政治教育的个人价值与社会价值的关系实质上就是人的发展与社会发

---

[1] 张耀灿等：《思想政治教育学前言》，人民出版社2006年版，第86页。
[2] 刘建军：《论思想政治教育的个人价值》，《教学与研究》2001年第8期。
[3] 《马克思恩格斯选集》（第1卷），人民出版社1995年版，第1页。

展的问题，表现在满足人的需要与满足社会需要的辩证统一的关系之中。思想政治教育源自社会矛盾对个体产生的影响，因而人们一直把思想政治教育的社会价值作为主要方面，其个体价值通过社会价值反映出来，但由于思想政治教育的根本目的就是促进人的自由全面发展，个体价值就成了思想政治教育发挥作用的决定性因素，个体价值是社会价值的基础，离开了个体价值，社会价值就变得毫无价值可言，就脱离了人这个主体，思想政治教育的社会价值就将失去其实际意义。忽视了个体价值，也就无法全面把握思想政治教育的价值，个体价值是社会价值的确证，它们互相包容，互为统一。"重视思想政治教育的个人价值，是对过去错误行为的一种纠正，但重视个人价值，并不是否认社会价值，更没必要以'内''外'来对思想政治教育的个人价值与社会价值进行区分。"[①] "思想政治教育的社会价值和个体价值是思想政治教育价值的两个不同的方面，不能完全等同、互相取代；同时两者又是相互联系、相互促进、共同发展，构成了思想政治教育价值的质的规定性的辩证统一。"[②]

3. 社会生态人拓展思想政治教育的社会价值

思想政治教育的社会价值包括政治价值、经济价值、文化价值、生态价值等价值内涵。第一，政治价值主要表现为传播政治意识，引导政治行为，协调政治关系，维护政治稳定；第二，经济价值是指思想政治教育对生产力的发展具有精神动力价值，保证经济发展的方向，营造经济进步的环境；第三，文化价值则是思想政治教育对文化选择、文化传承、文化渗透和文化创造的价值；第四，生态价值主要指思想政治教育对人进行生态环境教育和生态道德教育，使人们正确认识人在自然社会生态环境系统中的位置，更加全

---

① 李合亮：《关于思想政治教育社会价值与个人价值的深层认识》，《探索》2010年第1期。

② 赖荣珍：《论思想政治教育社会价值与个体价值的统一》，《学术论坛》2003年第3期。

面认识人类面临的生态危机的挑战，树立生态意识和生态价值观，促进人类社会的可持续发展。在现实的自然环境和社会环境状态中，思想政治教育面临着自然环境和社会环境的挑战，第一，在经济体制的深刻变革中，带来了社会结构的变动，社会利益格局处于不断调整之中，思想观念和价值取向出现多元化，人与社会对立时有发生，社会环境呈现出的不和谐状态给思想政治教育带来新的困惑；第二，人对自然的关系认识的不够，人与自然的对峙日益明显，人在开发与利用自然的同时，也陷入了自然环境的巨大破坏的困境之中，环境危机逐渐加深，近来发生在日本的强烈地震，引发的核危机，牵动了全球，人不仅面临着自然危机的挑战，自然环境的不和谐也使思想政治教育处于人与自然关系的困境之中；第三，人与人、人与自身在利益与欲望的追逐中也呈现诸多不和谐的因素，在日本核危机的事件中，更可怕的是由危机带来的人对自身的挑战，也许我们没有被"核辐射"伤害，却被人自己制造的恐慌和谣言"埋葬"，所谓的"谣言"，就是一个很好的例证。在日益竞争的环境中，人际关系紧张、心理障碍频出，人对自身的生存价值和生命价值的追问，使思想政治教育的主客体之间的矛盾凸显。

社会生态人着力推动思想政治教育社会价值的生态转向，社会生态人以和谐与生态化的思想构建作为自己的精神依托，在处理人与自然的关系上追求环境和谐、动态平衡的自然循环，在处理人与社会的关系上，旨在追求协同进化、和谐发展的社会生态构建，人与自然、社会之间的和谐共生成为社会生态人的精神追求。社会生态人对思想政治教育的社会价值主要表现在生态价值上，一是引导生态[①]化思想的建立。生态化的思想是一种可持续利生性的关怀，

[①] 《现代汉语词典》（第5版）定义"生态"是指生物在一定的自然环境下生存和发展的状态，也指生物的生理特性和生活习性。生态（Eco-）一词源于古希腊字，意思是指家（house）或者我们的环境。作名词的"生态"可引申为环境总即包括人在内的物与物的相互联系，如自然社会生态、生态环境等，作形容词的生态是指有利于生物体的存在，它对一切生命持续存在有所帮助，如生态农业、生态食品等。

"一方面始终保持着与生存、生命、生产的密切关联；另一方面又具有总体性、整体性和全面性的总称"①。建设生态文明需要生态化的思想为基础，实施科学发展也需要生态化的思想作为保障，引导建立生态化的思想是当前思想政治教育的重要课题。二是促进思想政治教育社会生态建设。"所谓思想政治教育社会生态就是指一切对思想政治教育活动的开展及其效果产生影响的内外部社会因素之间的关系及结构的总和。它的核心是用生态学研究生命主体与其所在社会环境之间相互作用的理论与方法，并从生态文化的角度探讨思想政治教育过程中的人文关怀和生命的本真意义，形成思想政治教育社会生态学说。"②思想政治教育社会生态是社会生态系统中的思想政治教育活动，是在社会实践活动中建立和产生的思想政治教育生态系统，它为思想政治教育提供了新的理念与方法。当前，社会生态有恶化的趋势，廉耻淡化、责任感弱，无规则意识等道德困境导致贪污腐败、治安恶化，思想政治教育社会生态建设要着力扭转社会生态恶化的趋势，实施思想政治教育生态化，构建一个与时俱进的思想政治教育社会生态体系。三是提升思想政治教育对构建和谐社会的贡献率。社会生态人是建设和谐社会的人性模态，也应是构建和谐社会的中坚力量，以和谐精神为指导的思想政治教育对于培育和谐情感，彰显和谐道德，创建和谐文化，激发和谐社会的思想动力，形成人与自然和谐相处具有引领和促进作用，为和谐社会的思想政治教育提供价值支撑。

4. 社会生态人彰显思想政治教育的个体价值

学术界对思想政治教育的个体价值的研究与阐述是从隐性逐渐到显性的过程，原来大家认为思想政治教育的个体价值是包含在社会价值之中，随着人的全面发展与社会发展被突出为两条历史脉

---

① 余治平：《"生态"概念的存在论诠释》，《江海学刊》2005年第6期。
② 卢岚：《反思与重建：现代思想政治教育社会生态定位于价值》，《思想政治研究》2009年第2期。

络，思想政治教育的个体价值才从后台走向前台，从隐性走向显性。刘建军认为，思想政治教育的个体价值表现在人的社会化方面的价值、人的全面发展方面的价值和解决人生课题方面的价值。① 王勤认为，思想政治教育的个体价值主要体现在"提高适应能力，促进社会化过程；满足精神需求，构建精神家园；促进全面发展，塑造现代人格"② 等方面。张耀灿、郑永廷在《现代思想政治教育学》中指出，思想政治教育的个体价值在内容上表现为个体思想和行为导向、精神动力的激发、人格的塑造、思想和行为的规范调控等方面。③ 石书臣认为："在现代社会条件下，思想政治教育的个体价值在内容和领域方面都有了新的发展，在内容方面由导向向主导、由激励向转化、由塑造向开发、由调控向协调等方面发展；在领域方面开始向网络、生活、心理、环境等领域延伸。"④ 社会生态人彰显思想政治教育的个体价值主要表现为：

第一，社会生态人处理自然、社会及自身关系能力的提高突出了思想政治教育个体价值对人的能力建设的基本内涵。社会生态人社会化的过程就是获得个体发展自己并逐渐实现自身价值的过程，也是提高社会生态人处理人与自然、社会及自身关系能力的过程。然而，人的能力提升是人性发展与思想政治教育共同作用的结果，思想政治教育是个体社会化的重要途径，它有力地促进了人的社会化进程，社会生态人的关系能力的提升过程也是思想政治教育对人的适应能力的提高过程；面对当前人与自然、社会及自身的矛盾，提高人处理与自然、社会及自身的关系能力是思想政治教育的重要任务，人的能力建设是人的全面发展的核心内容，社会生态人致力于人的能力的提高，并把它作为自身的本质力量之一，这与思想政

---

① 刘建军：《论思想政治教育的个人价值》，《教学与研究》2001年第8期。
② 王勤：《论思想政治教育的个体价值》，《浙江学刊》2003年第1期。
③ 张耀灿、郑永廷：《现代思想政治教育学》，人民出版社2005年版，第174页。
④ 石书臣：《论思想政治教育个体价值的新发展》，《教学与研究》2007年第6期。

治教育的个体价值在于提高人适应自然和社会的能力是相互促进的,同时,社会生态人对人与自然、社会及自身关系的能力发展的本质内容凸显了思想政治教育个体价值对人的能力建设的基本内涵。

第二,社会生态人的和谐思想为思想政治教育的个体价值展示了价值目标。社会生态人以和谐精神为旨归为思想政治教育不断满足人的精神需求提供了思想追求,和谐的思想是人们构建精神家园的归宿。思想政治教育不断把握人的精神需求、丰富人的价值观念就是为和谐社会构筑思想基础。当前,我们正处在思想变革的时期,构建和谐的思想理念对于突破人的道德困境、信仰危机、理想迷失,缓解社会矛盾,消除人自身的压抑、紧张、忧虑、孤独和浮躁等心理失衡的状态具有导向作用和调节作用,和谐是人的精神境界。思想政治教育的个人价值包括塑造人的人生观、世界观和价值观,并不断地解决人自身面临的人生课题,这些都必须以和谐的精神世界为根基,思想政治教育要"注重促进人的心理和谐,加强人文关怀和心理疏导,引导人们正确对待自己、他人和社会,正确对待困难、挫折和荣誉,加强心理健康教育和保健,健全心理咨询网络,塑造自尊自信、理性平和、积极向上的社会心态"[①]。不断建立健全人与人之间的和谐人际关系,使和谐能成为思想政治教育的不懈追求。

第三,社会生态人协同进化的行动准则成为思想政治教育的个体价值得以充分实现的保证。社会生态人的协同进化准则包含着两个方面的主要内容,一方面是与自然环境和社会环境的协同进化,另一方面是人自身的全面发展。人的全面发展的观点是思想政治教育的理论基础,思想政治教育的个体价值能够不断塑造现代人格,推进人的全面发展,而人的全面发展得以成为可能是社会历史条件

[①] 中共中央文献研究室:《深入实践科学发展观活动领导干部学习文件读本选编》,中央文献出版社2008年版,第245页。

和环境作用的结果,离开了具体的社会历史条件和具体的自然社会环境,人的发展就不是全面发展,而是片面的发展,人的全面发展与自然社会环境是相伴而行、相得益彰的。当然,思想政治教育离开了自然社会环境也就丧失了其功能和价值,社会生态人协同进化的行动准则保证了人的发展是全面的而不是片面的,也保证了发展方向是正确的。社会生态人协同进化的行动准则主要表现为人与自然环境和社会环境的共同发展,人的发展与自然社会环境相适应,人的发展促进了社会环境的进化,也保护了自然生态环境,遵循了自然生态规律。没有社会生态人协同进化的行动准则,思想政治教育就将面临主客体的分离,教育内容与教育环境的脱节,思想政治教育的功能就无法发挥,其个体价值也将成为泡影。协同进化的行动准则不仅是思想政治教育存在和发展的土壤,更是思想政治教育个体价值的实现的根本保证。

第二节 社会生态人的伦理价值

社会生态人所表现出的自然价值观、和谐社会观、生态文明观、生命价值观等四大伦理价值观,孕育着深刻的伦理价值。社会生态人关于人与自然的和谐相处的价值准则孕育着生态伦理价值;人与社会协同进化倡导社会和谐的价值实践表现着社会生态人的和谐伦理价值;社会生态人以人类的可持续发展为价值追求,担当人类社会可持续发展和维护代内代际公平的社会历史责任,展示社会生态人的责任伦理价值;社会生态人不仅是对个体人性的理想期待,也是社会组织、单位和社会群体的思维和行为的象征和典型代表,是集体意志的理想代言人,内含着制度伦理价值。

一 生态伦理价值:实现人与自然和解的伦理指向

生态伦理存在于人的自然本质和人与自然的关系之中。生态伦理是人类面对生态危机感做出的反应,生态伦理的存在是人的自然属性和人与自然关系本质决定的,第一,人是自然的一部分,人靠自然界生活,我们应该爱护自然。自然生态系统是由众多生物组成的相互依赖、互利共生的有机整体,人来自自然,人是这个系统中的一个分子,也是这个有机整体中的一个循环的环节,人与其他生物一样,受到自然规律的制约,人与自然的关系是互相促进、互相制约的关系,自然的存在物与自然现象是人的意识的对象,也是人赖以生存的自然基础,自然界因为有人而精彩,人也因为有自然界而完整,马克思指出,"自然界,就它自身不是人的身体而言,是人的无机的身体。人靠自然界生活。所谓人的肉体生活和精神生活同自然界相联系,不外是说自然界同自身相联系,因为人是自然界的一部分"①。人与自然界不可分割,是一个整体,这要求我们要像保护自己一样保护自然界。第二,自然不仅对人有价值,也有其内在价值,我们应该尊重自然。自然界为人提供理论与实践的价值,马克思指出,"从理论领域来说,植物、动物、石头、空气、光等等,一方面作为自然科学的对象,一方面作为艺术的对象,都是人的意识的一部分,是人的精神的无机界,是人必须事先进行加工以便享用和消化的精神食粮;同样,从实践领域来说,这些东西也是人的生活和人的活动的一部分"②。自然界对人具有不可或缺的使用价值或工具性价值。同时,自然界是一个完整的生态系统,自然界的生物之间和有机系统之间存在着内在的目的性和联系性,它们相生相克,自然循环,自然循环对自然生物有独特的价值,自然生物对自然循环也有自身的价值,人不是自然界的独有种群,自然界有着自身的内在价值。自然界对人的工具性价值和自身的内在价值告诉我们,尊重自然就是尊重人类自己。第三,人对自然应该承担切近的道德义务需要生态伦理来规制。生

---

① 马克思:《1844年经济学哲学手稿》,中共中央马克思恩格斯列宁斯大林著作编译局编译,人民出版社2000年版,第56—57页。

② 同上书,第56页。

态系统的价值性要求我们应该遵循自然的循环，自然的循环维持着完整的生态系统，所以我们对自然承担的切近道德义务就是要促进自然的循环，把遵循自然循环当作人类自身的义务，把遵循生态自然规律内化为自己的道德义务。黑格尔说："一个有德行的人自己意识着他的行为内容的必然性和自在自为的义务性。"[①] 生态伦理激发人的生态道德意识，引导人的生态行为，促进和维持人与自然的和谐。

要实现人与自然的和解，就是要把解决当前的生态危机问题作为前提，建立人与自然和谐相处的关系准则。在马克思的思想当中，自然的"人化"的过程本质就是人类社会生成与发展的过程，人类的生产实践活动既是人与自然的关系实践过程，也是人在改造自然、利用自然的过程，马克思指出，"一切生产都是个人在一定社会形式中并借助这种社会形式而进行的对自然的占有"[②]。人类的生产实践活动不仅生成了人与人的社会关系，也深化了人与自然的关系，人改造自然的实践活动也使人自身走进了自然之中，同时，也给予了自然新的价值。就是说，人面临的生态危机源于人与自然片面的物质交换，这种物质交换打破了自然的动态平衡，因而建立和维护自然的动态平衡就是人与自然和谐相处的价值准则，这也是人应有的道德义务。这要求我们在人与自然的道德关系中积极主动履行环境保护、维护自然系统动态平衡的道德责任，生态伦理的价值主要表现为实现人与自然的和谐相处，推动人的全面发展。第一，扼制生态环境恶化趋势，改善人自身生存与发展的自然环境。生态环境恶化是人与自然的物质交换的片面性导致的，善待自然、保护自然应该从人的伦理价值和道德思想开始，使扼制生态危机成为全民的共识，使生态恶化的趋势得到控制，才能重新唤起自然循环的生命力，改善人的生存环境才能得到实现，只有良好的生

---

① ［德］黑格尔：《小逻辑》，贺麟译，商务印书馆1980年版，第323页。
② 《马克思恩格斯全集》（第46卷）（上册），人民出版社1979年版，第24页。

态环境，人类才有健康的身心，才有生活的幸福感，更能激发人的发展的不竭动力。第二，促进人的生产方式的转变，实现低碳经济，实现经济、文化与生态的协调发展。当前，经济增长主要依赖高消耗、高排放、高污染，这是一种急功近利的增长，是表象的增长，也是牺牲性的增长。生态伦理要求我们改变以牺牲环境为代价的经济增长方式，实现低碳经济，推动绿色生产，发展绿色产业，把经济增长转变为经济发展，而经济发展不只是经济"量"上的增长，而是包括环境保护在内的综合性的发展，是经济结构的改进和优化与经济质量的改善和提高，经济发展是效益持续提高，数量稳定增长，卫生健康不断改善，自然环境得到保护，生态平衡得到实现，它表现为政治、文化和人的现代化进程。第三，破解资源缺乏的瓶颈，实现循环经济，推动经济社会的持续发展。人对自然的过度开发，自然资源面临枯竭，人与自然的矛盾日益加深。人与自然和谐的生态伦理倡导我们实现循环经济，克服人对自然环境的实用主义和利己主义行为，发展可再生能源、节约资源、提高资源的利用率，化解发展中的资源危机。消除人与自然的对峙，实现人与自然的和谐相处。

二 和谐伦理价值：构建和谐社会的价值基础

社会生态人倡导人与社会协同进化，推动社会和谐的价值实践，表现着社会生态人的和谐伦理价值。人是社会的存在，同时也是伦理关系的存在，人的伦理精神和道德规范始终调整着人与人的关系和人与社会的关系，和谐伦理关系必然是人际和谐与群际和谐，人际和谐、群际和谐是和谐社会的反映，和谐社会是人类社会的价值追求，和谐伦理价值是社会生态人伦理精神的追求，构建和谐社会是社会生态人和谐伦理的价值选择，和谐社会既是法治社会，又是伦理社会，和谐伦理精神成为和谐社会的基础，也是社会和谐的本质要求。和谐伦理对构建和谐社会的价值主要表现在，其一，和谐伦理关系构建和谐人际关系。构建和谐社会就是要建设人际和谐、利益协调的社会,"构建和谐社会,有着多方面的价值选择和实现途径,培养人的伦理精神,建立和谐和睦的人际关系、群际关系,是构建和谐社会的必然要求"①。和谐伦理关系是人与人、人与社会、人与自身和谐的规范要求。首先,和谐伦理是人与人的互助情感和合作尊重,使个人利益与他人利益获得共赢。其次,和谐伦理是人的社会关系和谐发展基本准则,为人的全面发展提供条件,是社会和谐的基础。最后,和谐伦理是人与自身和谐的内在要求,使人的身心健康有了价值依托。和谐伦理关系成为和谐社会关系的指导原则,能够极大释放人的精神活力,为构建和谐社会提供精神力量。其二,和谐伦理关系引导人的道德实践。人的生活又是道德生活,只有道德的生活才是有价值有意义的生活,道德能促进社会成员之间和谐相处、安定祥和。一个社会的伦理精神是一个民族团结凝聚的精神力量,没有和谐伦理精神势必导致人的道德滑坡与精神沦丧,人与人的交往必然会走向尔虞我诈的道德困境,一方面,和谐伦理精神是社会公民道德建设的现实需要,建设热爱祖国、服务人民、崇尚科学、辛勤劳动、团结互助、诚实守信、遵纪守法、艰苦奋斗的新时期社会主义道德规范需要和谐伦理精神为准则;另一方面,公民的道德实践要以和谐伦理精神为指导,道德实践是人自发自愿的行为,只有在和谐伦理精神的指导下,人的道德实践才能从自发转向自觉,从而成为道德自觉和行为自觉。其三,和谐伦理关系是社会公正有力的表现。公正就是公平正义,公正也意味着和谐,社会公正作为一种价值,蕴含着和谐社会的公共实践品质和理性价值选择,公正是一种伦理品质,也是和谐伦理的尺度,是人类道德的基础,公正的缺乏必然会导致良心的丧失,公正既是市场经济伦理,又是人际和谐的基础,"社会公正(social justice)是指一种符合人的本性、符合社会发展基本宗旨

---

① 赵继伦:《和谐伦理关系的社会价值》,《新长征》2007年第2期。

的基本价值观念和准则"①。对社会公正的追求是社会生态人的现实欲求。

三 责任伦理价值：可持续发展的道德要求

社会生态人的责任伦理价值在于实现人类的可持续发展的价值追求。责任伦理观就是担当社会持续发展和维护代内代际公平的社会历史责任，"责任是行为主体对在特定社会关系中社会任务的自由确认和自觉服从"②。一个公民应该自觉地承担责任、履行义务，这里的责任主要是社会责任和家庭责任，但同时要对自己负责。马克斯·韦伯最早提出"责任伦理"（ethic responsibility）的概念，"责任伦理是从伦理学的视角来对人的行为及其后果进行道德评判、价值指引，以此人要对其行为及其后果担当相应的责任，实施应有的道德价值"③。第一，责任伦理是"尽职尽责"伦理精神的倡导。尽职尽责表现为两个内容，一是要对自己负责，二是要对社会负责。人是能动的责任主体，要对自己的行为后果承担责任，人在行动之前就必须要考虑到自己行动的后果，这种行动靠的是信念和责任意识来支撑。"人的责任是无条件的、绝对的，是人性的内在安排，是人们与生俱来的品质，无论人有何种权势、地位和名望，都没有理由放弃自己的责任。"④ 人自觉地承担责任，人的生命价值才能得到体现，承担责任在实质上就是人应有的职责。第二，责任伦理是道德义务和伦理关怀的体现。责任伦理是人的道德义务感与内在责任感的统一，同时，责任伦理又是责任义务与伦理关怀的统一，伦理关怀是道德责任的前提，道德责任为伦理关怀提

---

① 袁祖社：《公共性的文化建制：中国公民社会公正实践的伦理价值诉求》，《文史哲》2010 年第 5 期。
② 程东峰：《责任论》，中国林业出版社 1994 年版，第 14 页。
③ 陈思坤：《责任伦理：现代公民社会的价值诉求》，《南昌大学学报》（人文社会科学版）2009 年第 1 期。
④ 同上书，第 33 页。

供条件，伦理关怀在道德责任中实现，道德责任孕育了伦理关怀，两者互为前提和条件，社会生态人对生态的责任就是把责任伦理转化成生态理性精神，从而造就生态品质，塑造生态人格，把生态责任转化为生态自觉，自觉担当起人类可持续发展的责任，使自然能够造福子孙后代，使社会能够永续发展，为人的全面发展提供条件。汉斯·昆指出："汉斯·约纳斯在他的杰作《责任之原理》（1984）中，着眼于整个人类生存的危险，向我们展示，在这个以划时代性的方式改变着的世界形势中，我们所面临的是一个真正的全球责任的问题。这个问题扩展到整个生物、地质、水和大气的领域；它是一个围绕着我们的世界、环境和子孙后代的责任的问题，它关系到整个人类的前途和命运。"[①]

责任伦理是一种实践伦理，它是对传统伦理的超越，责任伦理表现在人的社会本质之中，在公民道德建设中处于核心地位。首先，责任伦理是人的社会本质的内在要求，人的责任与义务是一种关系范畴，它深深地扎根于人与自然、社会及自身的关系之中，责任伦理是人与自然、社会及自身的三大关系的桥梁和纽带，人与自然的道德义务以人对自然的责任为核心，人与社会的关系以责任伦理为基础节点，人与自身的关系以关爱自己、对自己负责为条件，在人的全面发展过程中责任伦理维系着人的社会关系不断发展，也使人对人的责任由浅入深发展，人的能力也在对他人和自身的责任中显现与发展，一个人的个性发展是随着人的实践活动而得到历练和修正的，只有这样，才能使人逐渐成为一个成熟的人、完整的人；其次，责任伦理是人的责任意识和道德情感形成的依据，建设符合社会发展的社会公民道德规范要以人的责任伦理为基点，责任伦理是公民道德建设的前提，也是公民道德人格的主要内容，责任伦理指引现代公民道德人格的形成，开展责任伦理实践是完善公民

[①] 转引自陈思坤《责任伦理：现代公民社会的价值诉求》，《南昌大学学报》（人文社会科学版）2009年第1期。

道德人格的根本途径，人的责任感是人作为能动主体对事物的情感体验；最后，责任伦理能够修正人的道德偏差，唤醒人的责任感和道德良心，制约人的功利思想，从人的内在意识上控制人的急功近利的思想，自觉承担起维护社会持续发展的责任，可以想象，如果没有对后代人的生存与发展的责任意识，没有对人类社会持续发展的社会责任感，人的发展历史即将终结。由此可见，责任伦理是人的全面发展与人类社会可持续发展的道德基础。

四 制度伦理价值：社会正义实现的保障

要理解制度伦理，我们有必要先对制度作阐释，美国经济学巨匠托斯丹·邦德·凡勃伦认为，制度是一种习俗，是由于被习惯化和被人广泛地接受而成的一种公理化和必不可少的东西；诺斯指出："制度是社会游戏的规则，是人们创造的、用以限制人们交流行为的框架。"① 张宇燕认为："制度的本质内涵不外乎两项，即习惯和规则，而其他特征或属性或附带说明均不过是它们的派生物。"② 罗尔斯认为，制度是"一种公开的规范体系，这一体系确定职务和地位及它们的权利、义务、权利、豁免等等。这些规范指定某些行为类型为能允许的，另一些则为被禁止的，并在违反出现时，给出某些惩罚和保护措施"③。"制度是人们在共同生活中构建的一套保证，使共同体得以存在并实现其目标的权利设置和行为规则、程序的总和。"④ 那么，由此可以认为，制度就是社会组织和社会团体在一定的历史条件下制定的供大家遵守的行动规范和准则，制度的美德是制度伦理的前提，那么，什么是制度的美德

---

① [美]道·诺斯：《制度变迁论纲要》，《改革》1995年第3期。
② 张宇燕：《经济发展与制度选择》，中国人民大学出版社1992年版，第120页。
③ [美]罗尔斯：《正义论》，何怀宏等译，中国社会科学出版社1988年版，第50—51页。
④ 詹世友、钟贞山：《"正义是社会制度的首要美德"之学理根据》，《道德与文明》2010年第3期。

呢？"它是指制度设计的合理性和制度对人们有规导力，能够使人们在其中形成对制度的运行方式及人们行为的理性期待，从而产生情感沟通和行为之间的相互指涉响应，并形成相互信任。"①制度的美德就在于制度本身的合理性，制度的制定和规范的对象是人，而不是为了制度本身，制度是对基本的人伦关系结构的保障的制度化，制度的美德产生了制度伦理。制度伦理"是对制度的伦理分析，其核心是揭示制度的伦理属性及其伦理功能，其主旨是指向'什么是善的制度'、'一个善的制度应当是怎样的'、'何以可能'、'有何伦理价值'等问题"②。制度本身有善有恶，符合伦理主旨的制度应该是具有"向善"的特性。制度伦理主要对象是社会组织或社会团体，制度伦理强调公正、平等、正义和向善。

社会生态人是现实人性的理想期待，它不仅是一个个体的典范，也是社会组织、单位和社会群体整体意识的人性模式，它是思维和行为的象征和典型代表，是集体意志的理想代言人，反映了一种制度的价值观，蕴含着丰富的制度伦理价值。社会生态人所具有的生态品质、社会品质和心理品质，展示了社会生态人作为个体的正义。社会生态人不仅具有一个个体意义，也是社会组织和社会团体的象征，因此，社会生态人的伦理观维度不仅是个人的伦理观，也是社会伦理观的表现，代表了社会团体和社会组织的整体的伦理价值期待，对社会而言，集中表现为社会组织和社会团体的制度设计和运行的伦理维度，体现为制度伦理，制度伦理本身也包含着伦理原则、道德追求和价值判断。就个体而言，正义是一种美德，表现为个体的公正或公平的心灵、行为和品质。就社会或集体而言，正义是社会或集体制度的一种美德，政治伦理学家罗尔斯在《正

---

① 詹世友、钟贞山：《"正义是社会制度的首要美德"之学理根据》，《道德与文明》2010 年第 3 期。

② 高兆明：《制度伦理与制度"善"》，《中国社会科学》2007 年第 6 期。

义论》中指出:"正义是社会制度的首要美德,正如真理之于思想体系一样。"① "美德是一种稳定的、实有诸己、能有效应对环境任务的情感欲望品质。"② 一方面,社会生态人作为人性的理想模式,它的人性内涵和价值就表现了一种制度设计的内在导向,社会组织和社会团体以社会生态人的思维和价值为基本规范,就必定能够有社会正义制度产生和运行的思想氛围,社会正义的实现就有一个思想基础;另一方面,社会生态人是人性的实践形式,体现正义的制度和运行需要,以社会生态人的行为为依托和载体,以保证正义的实现过程和结果。因此,我们可以认为社会生态人的制度伦理价值就在于社会正义的实现。其一,社会生态人以人—境和谐为旨归的整体价值基础就在于制度的平等,平等也是制度伦理的重要范畴,人在社会经济、政治、法律上平等地享有相关的权利是制度平等的根本内容,建立平等的秩序是实现平等的保证,也是实现人与环境和谐的内在要求,平等是营造和谐的基石,以和谐为价值理念建立起来的平等制度和平等秩序为社会正义的实现提供了坚实的基础。其二,社会生态人以社会责任和代内、代际公平为根本规范,其实质就是制度公正,体现了制度伦理的价值核心,公正是制度的重要品质,在罗尔斯看来,人类的道德问题首先是一个社会正义问题,而公正是正义的精髓。社会生态人的制度公正本身也就蕴含了丰富的制度伦理价值,"制度公正的应然层面表现为制度正义,是指对制度伦理价值的目的性与理想性的诉求;制度公正的实然层面表现为制度的基本要求与规范公正的、合乎理性的价值表达"③。这为社会正义的实现提供了方向保障。其三,社会生态人与自然环境与社会环境的和谐共生与协同进化,在制度上表现一种实体性、自主

---

① John Rawls, *A Theory of Justice*, revised edition, Cambridge, Massachusetts: the Belknap press of Harvard University Press, 1999, p.3.
② 詹世友、钟贞山:《"正义是社会制度的首要美德"之学理根据》,《道德与文明》2010年第3期。
③ 何颖:《制度伦理及其价值诉求》,《社会科学战线》2007年第4期。

性，要求人的自由全面发展与环境相得益彰，社会生态人把对自由的选择与向往同自然、社会环境的和谐共生与协同进化作为制度自由的基本内容，人的生存与发展始终与环境同步，与社会历史条件同行，这为人的自由全面发展勾画了一幅美丽的路线图，即人的生存发展—自我实现—个性发挥—个性自由—自由全面发展，这也为社会正义的实现描绘了线路与目标。

第八章 "社会生态人"人格的塑造

社会生态人作为现实条件下人的完整本质的揭示,它的存在与发展主要表现在人格特质上,社会生态人的人格存在于人与自然及社会的关系之中,塑造社会生态人的完整形象的根本问题就是要塑造"社会生态人"人格,那么,"社会生态人"人格内涵及特征如何?以及如何来塑造其人格是社会生态人人性目标得以实现的核心内容。

第一节 "社会生态人"人格

人格问题是研究人的主要问题,也是一个历久弥新的话题,人格研究涉及多个学科,成为多学科交叉、互动的研究对象,哲学、心理学、社会学、人类学、经济学、教育学、法学等学科都从不同角度对人格进行了大量的研究,各学科的研究对人格的内涵界定也有所不同,体现了各学科不同的研究思想对人格的认识,心理学是从生理、心理基础来研究界定人格,伦理学以社会规范及人对规范的遵从界定人格,从哲学的视角上看,人格是人的"价值生命"的承担者。厘清人格的内涵特征和理论架构,对于如何塑造人格具有基础性意义。

一 人格及其塑造

1. 人格的定义

我们现在所说的"人格"一词是从日本引入的,日本语中的

"人格"来自英文 personality，而英文 personality 最初源于古希腊语 persona，原意为演员所戴的面具（mask），包含着外在特征和内在的特性这两层含义，"面具"转化为"人格"意味着除了人的社会行为，还蕴含着某种人的个体特征。关于人格，在多种学科中都对其有所涉及并赋予不同的含义，神学、法学、社会学、生物社会学和心理学等都对"人格"进行过不同的阐释，在古罗马时期的思想家、政治家马克图·留斯·西塞罗的著作中就最早出现了人格的引申意义，主要有："某一个人给他人的印象""人担任的社会角色""具有的优秀品质的人""人的尊严和声望"等；在不同的学科领域中人格呈现出不同的内涵。

《现代汉语词典》所列人格具有三种含义，一是指人的性格、气质、能力等特征的总和；二是指个人的道德品质；三是指人作为权利、义务的主体资格。从这三个解释来看，它是从心理学、伦理学、法学三个角度对人格进行了阐释。其实，各学科对人格的定义都有涉及，不同学科研究的对象、领域和视角不同，对人格的定义也有所不同。

（1）心理学对人格的研究最为广泛，在不同的角度、不同的方法上都有涉及，《中国大百科全书·心理学卷》将人格定义为，人格，也称个性，是个体特有的特质模式及行为倾向的统一体，人格是个体内在的行为的倾向性，具有一致性和连续性的持久自我，是个人在社会化过程中表现人的特色的身心组织，在《中国大百科全书·教育卷》中也有类似表述：人格或个性，是指人的心理面貌或心理"格局"，即个人的意识倾向于各种稳定而独特的心理特性的总和；《简明不列颠百科全书》对人格表述为，个体独具的各种特质和特点的总体；而在艾森克主编的《心理学百科全书》则指出，人格与一个人动机倾向的稳固组织有关，通常主要指情感—意动的特质。有的心理学家认为，人格是个人所有特质的总和，如沃伦（H. C. Warren）认为，人格包括个人品性的各个方面，如气质、德行、智慧、技能等；普林斯（M. H. Prince）认为，人格是人的各种属性的总和，包括与生俱来的属性以及有经验获得的属性和倾向。有的心理学者强调人格各种属性的组织性和整体性，人格的各种属性是构成整个人格的元素，这些元素构成人格的属性。如卡米查尔（L. Carmichael）认为，人格是个人在各个发展阶段的全部组织；麦克柯迪（J. T. Maccurdy）认为，人格是使有机体的行为具有个人特有倾向的整合。美国心理学家詹姆斯（W. Jame）在人格的各种属性的基础上，提出各属性的层次结构，这个层次依次是物质自我、社会自我、精神自我、纯粹自我；有的学者将人格的定义着眼于个体与环境相适应的功能，如，肯普夫（E. J. Kempf）认为，人格是人在对环境进行独特的适应那些习惯的综合；也有学者更加强调个人人格的独特性，斯科恩（E. Schoen）认为，人格是习惯、倾向和情操有组织的系统。其实，就心理学而言，临床心理学、教育心理学、法律心理学、管理心理学等都对人格有适当的解释，如，"临床心理学中的人格，又称个性，它表现为个别差异，人与其他人相区别的特质和个人特征"[1]。教育心理学认为："人格为个人行为特征表现于需要、情绪、性格、态度、道德与信仰者。"[2]

上述心理学对人格的定义只是从某一个侧面对人格进行的阐释，它包括了一种整体上的总和，有独特层次的描述，也有对人格社会功能的阐述，他们都有各自的特点和优势，整体上看还是不够全面，但它总是揭示了人格在某一方面的特性，这为我们研究人格开阔了视野，提供了方法指导，总的来看，心理学上指的人格主要是人的心理品质，包含人格倾向性和人格心理特征，人格倾向包括需要、动机、兴趣和信念等，心理特征包含能力、气质和性格等。

（2）社会学把人格看成是人的行为遵循规范的表现，从社会文化的视角来阐释人格的内涵，因而人格是社会历史文化的现实表

---

[1] 张伯源、陈仲庚：《变态心理学》，北京科学技术出版社1986年版，第162页。
[2] 温世颂：《教育心理学》，台湾三民书局印行1978年版，第429页。

现，人格是决定人在社会中的角色和地位的一切特征的总和，人格的形成与发展依赖于社会文化的变迁与发展，如社会学家花瑞斯认为，人格就表现为文化的主观方面，只有把个人放在社会文化的环境中才能对人格进行客观和动态的评价，在伯吉斯看来，人格是社会角色的有效性。从这里可以看出人格不仅受社会文化的影响，人格的塑造也可以从社会文化的建设中取得相应的效果。

（3）法学将人的资格作为研究的对象和内容，把人格作为人行使自然个体主体权利的资格，我国宪法规定：人的人格尊严不受侵犯。早在罗马法典中规定，人格就是享有法律地位的任何人。人格的法律意义在于对人的尊严进行保护，是一种法律人格，这种人格要求法律保护，在法律中人的人格具有相对性、平等性、独立性，是一种法律身份，其内涵就是人作为权利与义务的主体资格。

（4）在伦理学上，人格被解释为道德人格，它关注的是人的品格，指的是能区分人的高尚与卑下的品质、境界、道德水准和人的尊严等，道德人格是人格的道德规定性，主要有道德认知、道德情感、道德意志、道德信念和道德习惯。中国对道德人格的探讨是求善的学说，求善是一种价值追求，善的道德也是一种规范。

（5）历史上许多哲学家对人格进行了探讨，对人格也给过许多定义，如，洛克强调人格的自我意识属性，认为人格是"一个会思考的聪明的存在物，有推理和反省并能考虑自我本身"。歌德将人格视为人的最高价值；康德认为，人的价值存在于人的品质之中，人格就是人的这种品质；黑格尔从唯心主义思辨的观点出发，把人格看作先于人的存在的精神实体，把人格视为"无条件地具有真理性"；马克思对黑格尔的这种人格存在说进行了批判，认为，"只有在自己的类存在中，只有作为人们，才能是人格的现实理念"，"他忘记了'特殊的人格'的本质不是人的胡子、血液、抽象的肉体的本性，而是人的社会特质，而国家的职能等只不过是人的社会特质的存在和活动方式"①。马克思认为，人格是人所特有的规定性，是人的现实状况和精神属性，是人在一定的历史条件和社会活动中产生和形成的，因而人格具有社会性，人格不是先天的，它是社会实践的产物，人格既有人的独特个性，又包含人的共性，是个性与共性的统一，人格与道德不可分割，人格的高下反映了人的自身修养和道德实践水平。从人格的结构与构成要素来看，它是一个有组织、有层次的系统，由自我意识、人的外在形象选择与行为规则构成，自我意识是由需要、欲望、理想、信念、尊严、价值观念等组成的综合体，它通过知、情、意表现出来，即自我认知、自我体验、自我意志三个方面。在中国的哲学视野中，人格是社会期望的个人形象，是指一个成为社会合格成员应该具备的品质，一个人具备一定人格就是具备了人之为人的根本性质。从上面的分析中，我们可以认为，人格主要是指人的精神境界、心态品质、思想观念、智慧才能、世界观以及价值观等。

此外，生物学对人格的定义则较为关注人的体征，如人的外表、容貌以及给人的印象等，人类学对人格的研究是针对人类个体特征的生存方式以及对自然规律的自我认同和对他人的肯定。

尽管各学科对人格都有自己的定义，但归结起来主要包含内外两个方面，一是人的内在特质与精神世界，主要表现为心理人格；二是人的外在表现特征与形象，主要表现为法律人格和道德人格，其他学科对人格定义主要通过人格的特征表现出来。就心理人格、法律人格和道德人格来说，法律人格是现代社会的前提，心理人格是基础，道德人格是人的升华。从微观结构上看，人格有着内在层次结构，人的认知、情感和意志是人格最主要的构成要件。

2. 人格理论的梳理

众多学者对人格理论的研究主要表现为两条路径，一是人性论路径，二是结构论路径。中国古代人性论路径对人格的研究影响至

---

① 《马克思恩格斯全集》（第1卷），人民出版社1956年版，第270页。

今，西方对人格的研究主要以结构论为主流，集中表现在心理学的研究领域。

我国古代对人格的研究主要表现在人性论的研究之中。在我国古代的历史中，有许多名著如《四书》《五经》等都蕴含着丰富的人格研究的思想，我国古代通常不用"人格"一词（人格一词后来由日本传入中国），主要是以"人性""人心""人品""天性"和"品德"来表达。"性相近也，习相远也"（《论语·阳货》），孔子认为，人性在先天的自然本性"相近"，人通过后天的习染，形成不同的社会本性，指出人格的形成和发展与后天的活动和环境因素具有密切联系，由于人后天的成长环境不同，会形成不同的人格。中国古代关于人性论的观点有"性善论""性恶论""性无善无恶论""性可以为善也可以为恶论""性有善有恶论""善恶混论"。人性论主要阐述人的道德人格的善恶根源和道德人格的外在表现。

同时，中国古代也对人格类型也有相应的阐述，如《黄帝内经》就有关于阴阳五态人的性格描述，对人的气质进行了分类。《尚书》中提及人的"九德"，即"宽而栗、柔而立、愿而恭、乱而敬、扰而毅、直而温、简而廉、刚而塞、强而义"，其实就把人分为九种人格类型。

西方学者对人格的研究主要表现在结构论的研究之中。柏拉图认为，人的本性就是灵魂，而灵魂是由理性、意志和欲望三个部分组成。亚里士多德认为，人的本质是人的灵魂，灵魂中有理性和非理性，理性就是智慧、理智，非理性就是情感和欲望，理性控制非理性就产生德性，美德就在于"过度"与"不及"之间的一种适度状态。

西方心理学学者从结构论对人格进行了不同角度的研究阐释，根据人格的外延和内涵及研究方法的不同产生了很多不同的人格理论，主要有：

第一，以美国著名人格理论家高尔顿·奥尔波特为代表的人格特质论学派，根据人的外表特性研究人的心理特质，把人格看作许多特质的集合体。奥尔波特综合了自古以来不同学派的50种概念，1937年他发表了《人格：一种心理学解释》一书，对历史上各学科对人格的研究成果进行总结，认为："人格是个体内那些决定个人特有的行为和思想的心身系统的动态结构。"[①] 奥尔波特认为，人的特质具有个人特质和共同特质之分，个人特质是具体现实人的特质，共同特质是一般意义上人的群体性共有特质，具体现实人的个体特质才是真正的特质，它代表了具体个人的行为特点，从心理的角度看，人格意味着一个人真正是什么，这种特质论用特性分析法研究人格，揭示了人格个体之间的差异，其实，人的特质是个体特质与共同特质的统一。卡特尔认为，人格特质是人格结构的基本元素，人格能够预测一个人在特定情境下的行为，人格特质可分为表面特质和根源特质，一个人的行为不单是由人格因素决定，也不只受环境因素的影响，而是人格因素与环境因素相互作用的结果。艾森克在《人格维度》中指出，人格是个体人在现实中表现出来的行为模式的总和，这种行为模式取决于环境和人的遗传，包括人的性格、气质、智力和体格等四个方面。人格五因素模型确定了人格的外向性、接纳度、责任感、情绪稳定和文化等五个因素。

第二，以弗洛伊德为代表的精神分析学派从人格的泛性论的观点出发，构建精神分析学派的人格理论，主要有弗洛伊德的精神分析论、阿德勒的个体心理学、荣格的分析心理学、埃里克森的自我心理学、霍妮的基本焦虑说、弗洛姆的社会人格论等。弗洛伊德的精神分析论将人格分为本我、自我和超我三个组成部分，形成"三部结构模型"，这个模型是动力性的，"正如1994年艾森克（M. W. Eysenck）所指出的，弗洛伊德的人格结构理论是动机理论、认知理论和社会心理理论的综合。本我及其性本能和攻击本能基本上可以看作是一个动机系统，自我代表人心理的理智部分，可

[①] Allport, G. W. *Personality: A Psychological Interpretation*, Holt, 1937, p. 48.

以看作是一个认知系统,超我是内化了的儿童的价值观念"①。本我是人直接地需要满足的心理部分,这与动物具有共同部分,本我就是受快乐原则支配,满足个人的现实需要是核心,是人格形成的基础。自我也是人的外部现实性的人格部分,受现实的原则控制,是协调本我和超我的需要,它是人格的实施者,是人格结构中的最主要系统,成为联系本我、超我与外部环境的纽带和桥梁。它主要有满足基本生存需要,调控本我的基本需要,使之与环境相适应,抑制不符合超我的冲动,调和本我与超我的冲突;超我是人的社会性人格部分,是人的社会价值观的反映,是人格的道德部分,受自我理想的调节,在人的自我发展过程中指导自我、限制本我,是自我和本我的监督力量,主要是抑制本我的性欲和攻击性,使本我符合社会的要求,引导自我,用合乎社会规范的目标取代较为低级的现实目标,使个人拥有自身的理想并为理想而不断努力,以实现自身人格的完满。本我、自我和超我构成的三个系统相互作用,互为一体,本我代表着人的原始生理,是人格的固定成分,成为个人人格发展的根本动力,自我是人的心理因素,超我是人的社会因素。这三个模型系统互相平衡,协调发展,就能使人格正常和谐发展,否则便会使人格异化。荣格认为,人格是一个整体结构,可以把它称作为精神,人生下来就有完整的人格,只是以后在此基础上促使它多样、连贯、和谐,并防止它分裂,人格既是一个极其复杂多变的结构,又是一个层次分明、相互作用的结构,由个人的意识、个人潜意识和集体意识组成。弗洛姆认为,人格由气质和性格共同组成,包含人的先天和后天的全部心理特征,使人具有独特的个体特征。人的气质是先天的、不变的,性格是把人的能量引向同化和社会化的过程,具有动力性,性格分为社会性格和个体性格,社会性格是性格结构的核心,是社会文化对社会成员产生的共有心理,它是社会经济、政治、文化等因素交互作用的结果。个体性格是人与

---

① 叶奕乾:《现代人格心理学》,上海教育出版社2005年版,第44页。

人之间的性格差异。

　　第三，以德国心理学家卢特卡尔（E. Rothacker）为代表的人格分层理论认为，人格结构可分为深部人格、人层和自我三个层次，深部人格是人格底层，它包含各种保存个体和延续种族的植物性、能动性机能和本能、欲求、冲动、情绪等，同时还有四个小层次：生命层、植物层、动物层和情感层；人层是自我与深部人格的桥梁和纽带，起着补充自我、协助自我、控制深部人格的作用，情感活动由深部人格的情感层浮现出来，通过个人教育和自我体验而形成；自我是人格的最上层，是整个人格的中枢，对人的思维发挥作用。莱尔喜（P. Lersch）认为，人格可以分为内部情感基础和上部构造两个相互联系的层次，在内部情感基础层表现为欲求、冲动、心境和情绪等心理活动，上部构造层表现为思维、意志等。霍夫曼（H. F. Hoffman）把人格的层次结构分为欲求、心灵和精神三个层次。人格分层理论把人格看成具有一定结构的统一体，就其内部结构来看具有整体性，但是如果把人格放在自然及社会关系中去考察人格的结构，就不免使人格处于一种孤立静止的状态。

　　第四，以美国心理和行为学家马斯洛和罗杰斯为代表的人格自我实现学派提出了人本主义人格理论。罗杰斯认为，自我实现是人格结构中的唯一动机，人格就是一个人根据自己对外在世界的认识而力求自我实现的行为表现，自我实现是人类的一种自我趋向动机，实现趋向是存在于每一个人生命中的驱力，它使个体变得更有社会责任感，自我实现倾向使人更成熟、更独立、机能更健全，推动个体朝着更复杂、更有创造性的方向发展。马斯洛认为，人的需要是一个按层次有组织的系统，需要是人的行为的内驱力，激发了人的动机，人的需要具有一个层次性，依次是生理需要、安全需要、归属和爱的需要、尊重的需要、认知的需要、审美的需要和自我实现的需要，人的自我实现的需要是创造性的需要，是追求自我理想和激发个体潜能的需要，体现了人的价值，人的需要促进了人的人格形成与发展。

第五，行为主义和社会认知论的人格理论提出行为主义主张，认为人的各种行为模式都是来自学习，来自环境，人格具有很多的认知因素和社会因素。斯金纳提出，应该对环境与行为之间的因果或机能关系进行分析，用操作条件反射原理来解释人格的形成与发展过程，人格就是通过强化而形成的一种习惯性的行为方式。多拉德和米勒用社会认知理论来解释人格，学习是人格形成的主要途径，人格包括许多行为方式，人的行为是习得的，而不是天生的，学习有四要素：驱力、线索、反映和强化。班杜拉的社会认知理论认为，人格的发展可以通过观察别人的行为而习得，社会的学习与实践是人格形成发展的基本条件。

此外，关于西方的人格理论中还有认知主义人格理论等。美国的心理学家凯利在其著作《个人构念心理学》中指出，人格就是个人对事物的看法，构念就是人格单元，信息被组织在个人的构念当中，认知结构就是人格结构。这些人格理论为我们进一步厘清人格的内涵提供了理论基础。

人性论为挖掘人格的道德内涵提供了现实可行的路径，也为彰显人格的道德价值奠定了基础，为理想人格的塑造目标指引了方向。人格结构论为人格塑造提供了理论基础和现实依据。综合人格人性论和结构论对人格的阐释，我们可以对人格作如下的界定，人格是人之为人的特有规定性，它存在于人的内在与外在的特质关系之中，并通过特质关系表现出来，是人内在的心理结构与行为关系模式的表现，在人的道德实践与道德生活中不断发展人的自我特质。

3. 人格的特征及其关系

从人格的定义及其相关理论可知，人格是一个非常复杂的事情，从人性论的角度看，人格呈现出多种模态和多种价值倾向；从结构论来看，人格的结构非常复杂，不仅是它的组成因素多种多样，其组成机制也是纷繁复杂，这些构成因素和因素之间的相互作用机制也处于不断变化之中，同时，在这些结构中还分有不同的层次，不同的层次结构也对人格起着不同的作用，致使人格呈现出诸多特征，如：自然性与社会性、整体性与层次性、稳定性与可塑性、共生性与独特性、主体性与和谐性。各特征之间也存在相互联系、相互依存、相互统一。

（1）自然性与社会性的统一。人格的自然性源自人的自然属性，是自然的有机界，人是自然的产物，人身上每一个细胞都深深地打上了自然的烙印，人是自然生态系统中一个组成部分，仍然受自然生态规律的制约，人的自然性是人存在与发展的物质基础，所谓人性自然生成，其实就是人格的自然生成，人格的自然性是作为一种生物体的自然结构、体质特点和新陈代谢等都具有生物性的特点，是一个生物性实体，人格的自然性是人性得以发展的基础。

人格的社会性是人的社会化的过程对人性的作用表现出来的特征，人是社会的产物，人的社会实践活动不仅是社会生产劳动，也是改造自身的活动，人格不是超越社会关系的抽象概念，而是人的社会关系的反映和体现。人的社会性本质决定了人格的社会特质，可以说，人格是作为主体的人在社会人际关系中的凝结，也只有在一定的社会关系和人际关系中，人格才有实际的意义，人格的社会性意义就在于人格的存在与发展是建立在人的社会关系之中。

人格的自然性为人格的形成提供基础，为人格的发展提供了可能，人格的社会性是人格发展的必然，人格的自然性是社会性的基础，人格的形成与发展是社会性与自然性的统一。人的社会实践活动把人格的自然性与社会性联系起来，人格不仅有生物方面的遗传属性，也有社会方面的遗传属性，在人的社会化过程中逐渐形成自己的特殊品质，如思想、情感、行为规范和价值观念，人格的社会特质是社会环境熏陶和社会教育的结果，所以人格的自然性与社会性相统一，自然性是基础，社会性是主导。人格的自然特质为人格的发展和塑造提供了可能，人格的社会特质为这种可能性转化为现实性提供了依据，人格在内容上是社会生活的反映，从发展的过程看，它是社会实践的结果。离开了社会生活环境的因素，人格虽然有自然特质和正常的大脑,但也不可能有正常的人格,"狼孩"虽然是人的自然构造,但是他却没有形成真正的人格,人的社会实践活动把人的自然性和社会性统一连接起来。

(2) 整体性与层次性的统一。人格是各个特质相统一的结构,是各心理特征相互联系、交互作用的一个完整的整体,所以人格不是一个单体概念,而是一个类的综合体,人格是一个有机的结合体,人的任何思维和行动不是某一特质的单独活动和表现,而是人的整体活动,人格包括需要、动机和特质等单元,也包括知、情、意等复杂系统,它存在着一定的系统结构性和运行过程性,这个系统的运行过程就是人格整体性的表现过程,是人格各单元、诸系统内在统一、和谐一致的集合过程,否则就将出现人格异化、人格分裂,从而表现出多重人格。人格分层理论揭示了构成人格特质的层次性,人格不是由许多单个的人格特质的堆积,而是人格各特质有层次结构的结合体。层次性寓于整体性之中,整体性是层次性的有序集合。整体性和层次性是辩证的,两者互为前提,只看到其整体性而忽视其层次性,就会妨碍人格的丰富和发展;相反,若只看到其层次性而忽视其整体性,就不能充分认识人格的丰富内涵,以及人格的整体性与层次性相协调的特点。

(3) 稳定性与可塑性的统一。俗话说,"江山易改,禀性难移",指的就是人的人格具有稳定性,一是人的性格特质具有天生的遗传性,这种天生的遗传性将体现人格的稳定性;二是人的社会实践活动将逐渐形成人的理想信念、人生观和价值观,这种品质在一定的时间内也将保持一定的稳定性。孔子说,"性相近也,习相远也","性"向"习"的发展也说明人格的可塑性,而由"近"到"远",也是人格的习得和变化过程,这个过程正是人的社会实践活动对人格的塑造过程。人格是稳定性与可塑性的统一,我们说儿童的人格受环境的影响很大,稳定性不强,主要是指人格社会特质还不够稳定,具有很强的可塑性,这种可塑性的基础就在于儿童的人格自然特质基本稳定。成人的人格比较稳定是指人格的自然特质的稳定和通过人的社会化过程逐渐形成相对稳定的社会特质。就像事物的发展过程一样，人格在其发展过程中表现出相对的稳定性和不断发展的特征，只强调人格的稳定性和忽视人格的可塑性，那是对人的发展规律的否定，而只强调可塑性而忽视人格自然特质的稳定性和社会特质相对稳定性，就难以理解人格稳定性和可塑性的统一关系，人格的发展是人格各因素、各层次的量和质的变化，量的积累不仅表现了人格的塑造过程，也表现出人格特质的相对稳定性；质的变化是人格可塑性的体现，同时也是人格从一个稳定层面向新的稳定层面发展的过程。

（4）共同性与独特性的统一。人各有各的特点，世界上找不到两个相同的人，这不仅是人的外貌特征不相同，就是其内在特质及人格外向表现也难以找到两个相同的个体，这就是人格的独特性，因为每一个体的性格都受基因遗传等自然特质和社会特质的影响而表现出一定的差异性，这也是人的心理和行为的独特性，但是，人的独特性之中又蕴含着共生性，这是因为人是类存在物，有着共同的生理特点，同时，由于人生活的社会环境有相似或相同，人也表现出一定的共同性，所以，人格是独特性与共同性的统一，人格的独特性也表现在特定的时期、特定的民族和阶级共有的特殊性，即共性中表现出特殊性，特殊性中也有共性，人格的独特性与共同性是辩证的统一关系，就人格的内在结构的各因素各层次而言，其作用机理过程和规律对每一个个体都是相同的，但是人的认知、情感、意志相互作用的过程对每一个人来说又体现出各自的特点，表现出每一个人的人格的差异性，所以，人格的独特性是人格整体的差异性，而在微观结构的层次上又具有共同性，研究其独特性和共同性对人格的塑造具有积极的价值。

（5）主体性与和谐性统一。人是社会生活的主体，马克思指出，"主观性是主体的规定性，人格是人的规定性"①。人格的主体

---

① 《马克思恩格斯全集》（第1卷），人民出版社1956年版，第272页。

性是人格在社会、政治、经济、文化建设中的主体价值,人的社会实践活动是人的主体意识的活动,并发挥着主体地位的作用,对自然环境和社会环境具有主体价值,而不被客体所左右,人格的主体性是人的能动性和创造性作用于人的客观世界和主观世界的统一,是人的价值确证和社会贡献之间的统一。和谐性是发展目标,人格的发展就是由人的主体能动性不断创造和谐的过程,其实,从发展上看,是"不和谐——和谐——新的不和谐——新的和谐"的循环发展过程,这个过程是靠人的主体性来实现的,从而实现人格的渐进发展。从个体来看,人格的主体是单个的具体人,即表现为个体人格;从群体的特殊性来看,人格的主体是按照共同的信仰、利益、目的和规范组成的一个社会共同体,即群体人格;从社会的普遍性来看,人格的主体是以普遍的社会生产实践活动为基础而相互联系的总和,即社会人格。个体人格、群体人格和社会人格是相互联系、相互依存、相互制约、相互区别和相互转化的对立统一的关系。人格的和谐性是人格的内部结构中各层次、各因素之间的和谐,也是人格与其外部环境的和谐。从人格的内部结构和谐来看,是人格的知、情、意处于平衡和谐的状态,并不断促进人的和谐发展;从人所生存的自然和社会环境来看,人格的和谐性就是人与自然、社会及自身的和谐统一,人格与社会经济、政治、文化相适应。人只有激发主体性,才有创造和谐性的可能,所以说人格的主体性是和谐性的前提,同时,人格的和谐性也为人的主体性创造条件,主体性与和谐性是统一的,主体性人格是人的自觉能动性的发挥和行为自觉的基础,和谐性是人的人格发展的保证,也是人得以全面发展的依托。

4. 人格塑造

人格的塑造是研究人格的核心问题,就人格塑造而言,我们应该回答这样几个问题,"为什么要对人格进行塑造","塑造什么","怎样塑造"。"为什么塑造"回答的是价值问题,"塑造什么"回答的是内容问题,"怎样塑造"回答的是路径与方法问题。

（1）为什么要对人格进行塑造。人格虽然有着自然性，存在着生物性特质，但是，人格是通过社会性表现出来的，人格的社会性是社会生产实践的结果，这说明人格的形成与发展本身就是一个塑造的过程，人格塑造是人格问题的永续话题，离开了人格塑造，人格就失去了任何价值，所以，人格塑造是人格本身的根本内涵，人格塑造是由人格的本质决定的。

人格塑造是现实人格现状提升的需要。人格的形成与发展要与社会现实相匹配，现实的人格状态已跟不上社会对人格的要求，当今的社会正处在社会结构转型时期，人格的现实状态存在着"传统人格失效，现实人格失范，理想人格失落"的危机现象，一是社会的迅速发展，对新时代的人提出迫切要求，而当今人格建构发展缓慢，不能适应当今时代的变化；二是教育中对人的全面发展重视不够，对人格塑造关注不足，社会德育支持乏力，形式主义严重；三是个人的自主能力、实践精神、责任意识、进取精神和抗挫能力需要通过人格教育与塑造来加以提升；四是人格的塑造方法需要人格外塑到内化的转变。

人格塑造是人的全面自由发展和社会和谐发展的需要。加强人格塑造是社会和谐发展和人的全面自由发展的迫切要求。从人的全面自由发展上看，推动人的全面发展，实现人格自由，需要有高尚的人格，人格塑造是推动人的全面自由发展的重要手段，同时也是人的全面自由发展的内在动力；从和谐社会建设与发展上看，建设和发展和谐社会必须以人为本，人是和谐社会的主体因素，塑造和谐人格是促进社会和谐的重要途径，和谐社会的标志主要体现在人格的进化与发展之中。

（2）人格塑造的内容。人格的内涵与人格的结构包含着人的知、情、意等人格构成因素，人的认知、情感和意志之间的相互作用和相互协调，构成了人的理想信念、道德情感、人生观和价值观。人格塑造主要包括以下内容，一是塑造人的理想信念和目标追求，树立正确的人生观和价值观；二是塑造和提升人处理人与自然、社会及自身关系的能力,包括人的社会适应性和人与人的关系能力;三是塑造人的心理世界,使之内心协调一致,言行统一,内外和谐;四是塑造人的对情感和情绪的控制能力,加强自尊、自爱、自重和自强,保持良好的身心状态;五是塑造人的社会责任感,对自然、社会和自我的道德义务感;六是塑造人格的独立与自我意识,教育人们正确认识自我,塑造真、善、美的人格境界,激发人的主观能动性和创造性。

(3)怎样塑造人格。人格的可塑性为怎样塑造人格提供了可能性,人的社会生产实践活动为人格塑造提供了广阔的舞台,人格的特点是进行人格塑造的切入点。"怎样塑造人格"要求我们不断寻找人格塑造的途径和方法。一是建设社会教育渠道,培育人格意识;二是大力加强社会实践,使人格在实践中发展;三是培育人格健康发展的社会文化,培植人格成长的土壤;四是树立人格的示范榜样,开展人格示范熏陶;五是社会制度规范,引导人格健康发展;六是道德教化,提高个体道德修养,消解人与人的之间的道德矛盾,实现人际和谐。

二 "社会生态人"人格的内涵与特征

"社会生态人"人格形成于人与自然、社会及自身关系之中,人与自然、社会及自身关系的和谐是造就"社会生态人"人格的基础,"社会生态人"人格是一般人格的特殊性,表现出人格的独特性。"社会生态人"人格的内涵和特征主要源自社会生态人的人性结构、人性品质、人性价值和人性关系,一是社会生态人的生态理性、和谐情感、完全意志和适度欲望构建了"社会生态人"人格的生成基础;二是社会生态人的心理品质、社会品质和生态品质凸显了"社会生态人"人格的品质架构,是对一般意义人的品质的凸显,是实现"社会生态人"人格发展的内在动力;三是社会生态人的伦理价值四维度是"社会生态人"人格的外化表现和主要特征,为塑造"社会生态人"人格提供了价值指引和目标选择;

四是社会生态人处理人与自然、社会及自身关系的能力促进了社会生态人人格内在结构的和谐与社会适应能力的提升。

1. "社会生态人"人格的内涵

社会生态人"人格"内涵是建立在普遍性人格的基础上，包含了人格的普遍含义，但又高于人格的普遍共同性，蕴含着个体人格的价值取向、群体人格思维意识和社会人格价值追求，主要体现在生态人格、道德人格与和谐人格三大人格指向。生态人格、道德人格、和谐人格互为统一、互为条件，生态人格、道德人格是和谐人格的基础，和谐人格是生态人格和道德人格的价值目标，展示出"社会生态人"人格的丰富内涵。

（1）社会生态人的生态人格。生态人格是人的人格类型的独特形态，是人在自然化和自然化人的结果，生态人格是人与自然关系和谐共生状态的人格表现，是人的自然之维作用于人的内在特质的结果，促使人格向自然回归，"自然是人生的本源，还有一个重要的意义，就是自然代表人生的本然或本性。人之所以为人，是从他的本性发展而来的，然而发展本性在另一意义下，也可以叫做回归本性，或保全本性"。"人生之内的自然，就粗浅方面说，就是指人类的情感、欲望、本能等。"[①] 生态人格将建立起人与自然的深层联系，从自然中汲取精神资源，实现人格的健全，"从这个意义上的自然可以发人兴会，欣人耳目，启人心智，慰人灵魂，是与人类精神相通的。这是有生命有灵魂的自然，人生需要自然来作育。人生需要自然供给力量。自然是人生的'净化教育'。自然是人生的力量源泉"[②]。社会生态人的生态理性对人的思想意识的作用，逐渐形成人的生态认知和生态意识，生态理性对和谐情感和完全意志的调控与作用，促进生态认知和生态意识形成生态情感意志和生态价值观，生态情感意志与生态价值观集中相互确认就使人产

---

① 贺麟：《文化与人生》，商务印书馆1988年版，第120页。
② 同上书，第116页。

生生态良知。生态良知是人的生态信念的自我确认和形成。生态认知和生态情感意志以及生态良知在实践行为中相互作用和相互融合，从而形成人的稳定的生态人格。因此，我们可以认为，生态人格是人类在长期的社会实践活动中，对人与自然关系的认识和内化而形成的生态认知、生态意识、生态情感意志和生态良知的集合。

生态人格是一个实践范畴，也是心理范畴与伦理范畴，是一种新型的道德样态，是对人与自然道德关系的时代反映。生态人格通过人的生态品质表现出来，反映了人长期处理人与自然关系的行为，并通过这种行为实践表现出来的一种较为稳定的内在心理状况和心理特征。生态认知是人的生态理性的实践过程和实践水平相结合的反映，直接表现为人的生态智慧，生态认知为生态意识的形成和发展提供知识基础，生态意识是生态认知反复作用于人的思维，并形成稳定的思维模式和行为方式，对人的情感和意志产生积极的指导作用，形成生态情感意志。生态情感意志不仅是对自然生态的情感，也表现出人的生态责任意识，在行动上是对自然的遵循和呵护，从而产生人的生态良知，生态良知是人的人格自然性的自觉意识，把自身的实践活动纳入自然生态系统的循环活动之中，形成对自然生态循环和谐发展的责任感和对自我行为的生态评价能力，生态良知是对生态价值的重视和对生态精神的追求，是人的行为实践的生态自觉，是生态人格的理想境界。

（2）社会生态人的道德人格。从各学科来看，人格有法律人格，有心理人格，也有道德人格，"如果说法律人格是前提，心理人格是基础，道德人格则是提高"[1]。法律人格维护的是人的人格权，心理人格反映的是人的心理特质及其外在表现，是个体心理发展和自我人格表现的和谐统一，道德人格揭示了人与社会的道德关系。社会生态人的道德人格是我们追求的理想人格，孔子的理想人格就是有智慧、有道德、有勇敢的气质，孟子把人对"富贵不能

---

[1] 武再敏：《论人格内涵与人格培养》，《大连民族学院学报》2006年第2期。

淫、贫贱不能移、威武不能屈"的人生精神作为人的理想道德，这是人的理性、自尊、博爱、善良的道德人格，因此，社会生态人的道德人格是社会生态人的道德规定性，是社会生态人在处理人与社会及人与人的关系中形成的道德认知、道德意志、道德价值和道德品质的总和。

"社会生态人"人格的道德认知是在道德实践中对社会道德关系和道德生活的理性反映和经验总结，道德认知是人的人格形成与发展的基础和基点，是人的道德情感和道德意志的动力系统，社会生态人对人与自然及社会关系的道德认知产生和提升了社会生态人的生态伦理素养，苏格拉底提出"美德就是知识"的命题，这说明知识对美德的重要的基础性作用，知识成就了美德的形成和支撑作用，因此我们可以认为，道德认知是嫁接知识与美德的桥梁和纽带，这为社会生态人的道德意志、道德价值和道德品质提供了坚实的基础，因为美德是以正义和善意为价值指向，正义和善意是社会生态人对自然及社会关系的价值诉求，人对自然的善意和社会的正义原则集中反映了社会生态人的道德价值，社会生态人的道德价值目标是道德人格的发展动力，是社会生态人道德主体自我发展的内在动力，通过道德需要和道德情感表现出来。

魏黎波在《论现代道德人格的文化养成》一文中指出："道德意志是指人们在履行道德义务的过程中所表现出来的、自觉克服困难和障碍、作出抉择的力量和坚持进取的精神。"[①] 道德意志是人们承担道德责任的行为自觉和锐意进取的精神力量，体现人的道德追求。社会生态人的道德意志是促进人与自然及社会环境和谐的道德自觉和道德力量的统一。社会生态人的道德品质是其生态品质、心理品质与社会品质的道德实践相互作用的表现，形成社会生态人的道德能力和道德伦理，促进社会生态人生态伦理观和生态价值观的生成。

---

① 魏黎波等：《论现代道德人格的文化养成》，《湖北社会科学》2010 年第 12 期。

（3）社会生态人的和谐人格。和谐人格是人与自然及社会和谐的人格期待，是和谐社会建设对人的理想人格品质的渴求，和谐人格是人与自然及社会关系和谐发展的人格特质，人与自然及社会的和谐为人与自身的和谐提供条件，人的全面自由发展是以人与自身的和谐为基础的，所以，我们可以认为，人与自身和谐是社会和谐发展的最终目标，人的和谐人格发展也是人的全面自由发展的核心内容，同时，人的和谐发展又为社会和谐发展提供基本条件。马克思认为，人自始至终都是社会的主体，是社会发展的核心力量，建设和谐社会不仅要凸显人的主体地位，更要充分发挥人的主观能动性，构建和谐人格是人与自然及社会和谐发展的需要，也是树立和谐可持续发展观的内在要求，对构建适应和谐社会发展的人生观、世界观和价值观具有重要的现实价值。

社会生态人和谐人格是以社会生态人的本质内涵为基础的，社会生态人以和谐精神为旨归，以与自然环境和社会环境的协同进化为价值目标，社会生态人和谐人格的人格指向为这一目标的实现提供了基础。社会生态人的和谐人格是人与自然、社会及自身的关系利益相互协调平衡的人格行为，也是人的生理、心理、伦理、法律、经济、政治、文化、生态等各方面的素质与品质相互协调、和谐统一的状态，它体现着人与自然的和谐与人与社会的和谐，主要表现为学科论中的和谐人格和结构论中的和谐人格。

第一，学科论中的社会生态人和谐人格具有不同的表达方式。社会生态人和谐人格的外在特质表现在人与自然之间的关系和谐、人与人之间的关系和谐、人与社会之间的关系和谐、人与自身之间的关系和谐，和谐人格在各个学科视野中也有着不同的特点。从心理学上看，社会生态人和谐人格是指身心和谐的心理特质，宏观上是人与自身的和谐健康，微观上是人格的心理要素之间是和谐平衡、协调一致以及心理活动过程认知、情感、意志的相互促进、协调和谐；从伦理学上看，社会生态人和谐人格就是其道德人格，是道德自觉与道德自律的统一；从法学上看，社会生态人和谐人格就是具有法制意识、自觉遵纪守法的法律主体人格；从哲学上看，社会生态人和谐人格表现为一种和谐的主体性人格，实现主体与客体、主体与主体之间的平等和谐；从社会学上看，社会生态人和谐人格是人与人、人与社会的关系和谐，以实现社会和谐为人格表现；从生态学上看，社会生态人和谐人格是人与自然的关系和谐，体现在人对自然生态规律遵循，以实现自然生态循环的人格要求。

第二，结构论中的社会生态人和谐人格与其人性要素是一致的。社会生态人和谐人格是和谐协调发展，并与自然环境和社会环境和谐一致。从内部结构来看，社会生态人人格的内部结构是和谐的，和谐人格是人的生态理性、和谐情感、完全意志、适度欲望等人格内在因素之间处于一个和谐的系统之中，它们相互制约、相互促进、相互联系，是人的需要、能力和理性等三个因素之间在人格内部所占的比例适当、结构互补，三者之间有机渗透、动态协调、完整平衡、和谐统一，人格的内部结构的相互作用是这三者循环发展的过程，人的生态理性、和谐情感、完全意志、适度欲望构成了一个封闭的循环系统；从外在表现来看，社会生态人人格与自然环境、社会环境及自身环境是和谐协调的，人格的现实状态能促进人与自然环境的和谐，具有维护自然生态环境和谐的思维意识和行动。人格的外在表现有助于人与社会环境和谐发展，人格发展的理想与人的自我全面发展目标相适应。

和谐人格的生态理性是指社会生态人感性认识到形成生态智慧的过程，是对自然生态规律、人类社会发展规律和自我成长规律的充分认识，对社会和谐发展与自我身心健康发展具有深刻理解，能够把人与自然、社会及自身关系的和谐协调发展内化为自觉意识的过程。社会生态人的情感就是"和谐情感"，集中表现为对自然、社会及自身的"爱"，爱自然的情感是对大自然的呵护和敬重，是促进人与自然和谐的情感动力和外在表现；爱社会的情感是对人的尊重和对社会的包容，是维护社会公平正义与和谐秩序的自觉力量；爱自我的情感是对自身的肯定与自身价值的认可，是营造自我身心和谐与全面发展的源发力量。社会生态人的意志就是"完全意志"，一方面，完全意志是在人的生态理性与和谐情感的基础上形成理想信念的心理过程；另一方面，是把社会生态人的生态理性与和谐情感转化为自觉行动的过程，并自觉地把欲望调整成为适度欲望，即社会生态人促进人与自然、社会及自身关系和谐的行为表现。

　　社会生态人的和谐人格是人性"真善美"的统一，就是人格的内在的"真善美"与外在的"真善美"的有机统一。社会生态人的和谐人格之"真"是人的认知和情感的内在意识与外在表现的协调一致与和谐统一，在人的修养上，符合自然生态规律、社会发展规律与人自身的成长规律以及社会和谐持续发展的要求，并以此为"真"的尺度；在人的价值上，致力于维护自然生态循环、社会和谐发展、人自身的健康和谐与人的全面自由发展，并以此为"真"的追求；在人的实践中，以人的真诚情感付诸人与人、人与社会的关系建立，并以此为"真"的准则。社会生态人和谐人格之"善"是其情感与意志的内部素质与外在行动的和谐一致、协调发展，在过程上，以"善"贯穿始终，我们常说"与人为善"，其实就是把"善"作为人际关系过程的准绳，善是一种美德，也是人的优良品质的象征，是一种利他表现，利他是有利于他人、有利于自然、有利于社会，善也是一种人自身的和谐机理；在目的上，以"善"为追求结果，俗话说，"像期待别人对待自己那样对待别人"，这不仅是自身期待善的报答，更是对待别人的结果追求。社会生态人和谐人格之"美"，是社会生态人的认知、情感和意志相互协调、和谐发展的标志，"美"是"真"和"善"的升华，人格之"美"不仅是人的外在美，更是人的内在美，人格的内在美主要表现为人的心灵美，"心灵美是人的高尚道德品质、渊博的科学文化知识、辩证的思维方式、创造性的智慧等内在素质的综合体现"①。心灵美是社会生态人和谐人格之美的核心，社会生态人的人格之美是外在美与心灵美的和谐统一。

其实，社会生态人的生态人格、道德人格与和谐人格并不是割裂开来的，它们之间相互联系、相互促进，在内涵和外延关系上也是相互渗透、相互包容，即你中有我、我中有你，彼此不可分开。

2. "社会生态人"人格的特征

"社会生态人"人格是一般人格的特殊表现，他具有一般人格的特征，还具有其独特的人格特征，"社会生态人"人格特征是由社会生态人的人性内涵与其人格内涵决定的。

（1）平衡和谐与全面发展的统一。"社会生态人"人格是生态人格、道德人格、和谐人格的统一，其人格特征是平衡和谐与全面发展的统一。首先，"社会生态人"人格表现为其内在特质的各要素之间是一个平衡和谐的系统，它们之间是一种良性互动、相互促进、相互补充的关系，是平衡性与和谐性的统一。其次，生态人格体现着人与自然关系的平衡与和谐，是人与自然和谐共生的协同进化。道德人格反映了人与人之间和人与社会之间和谐的道德关系，是个体人格现状与社会人格期待的平衡发展与和谐统一。和谐人格是人与自然、社会及自身的和谐统一，社会生态人以和谐精神为旨归，就是追求个体和群体人格与自然生态环境和社会历史文化环境的和谐发展，就个体而言，是内在要素与外在环境的和谐发展。最后，"社会生态人"人格的发展体现着平衡和谐的内涵，离开了平衡性与和谐性，"社会生态人"人格发展就必然走向异化，就丧失方向的一致性，就可能出现双重人格或多重人格，这样，人的发展就失去了方向，分化了动力。"社会生态人"人格的全面发展是人的全面发展的主要内容，和谐平衡与全面发展是人的发展根本要求，也是"社会生态人"人格的内在要求。"社会生态人"人格的

---

① 朱浩、黄志斌：《关于"和谐人格"的理论探讨》，《科学技术与辩证法》2003年第8期。

内涵包括生态人格、道德人格与和谐人格，涉及自然、社会及自身等各个领域的人格状态，对人全面处理自然、社会及自身的关系提供了人格支持。第一，和谐人格是一种全面协调的人格状态，是人格的全面性与和谐性、发展性和协调性的统一；第二，"社会生态人"人格保证了人格的各构成要素能够充分发挥各自的功能与作用，各要素在发挥作用的过程中也促进了自己的发展，"社会生态人"人格全面发展与平衡和谐包括其生态品质、心理品质、社会品质的全面发展，使人的认知、情感和意志全面和谐发展，是人格的各要素的全面和谐发展；第三，"社会生态人"人格是人与自然、社会及自身关系全面实践的产物，社会生态人的社会实践活动主要来自人与自然、人与社会、人与自身的实践关系，这种实践关系的特性本身就是动态平衡、内部和谐、全面发展的，反映了人的实践活动的价值内涵；第四，"社会生态人"人格不是静止的，它是随着人的实践活动的发展而发展，也随着人与自然、社会及自身的关系发展而发展，马克思提出了人的发展的三种基本形态，揭示了人的发展的阶段性，同时也揭示了人格的发展内涵，所以人格是发展的、变化的，这种发展变化也是部分量变引起部分质变的过程。其实，"社会生态人"人格的和谐是相对的，动态平衡也是相对的，和谐平衡永远成为一个发展目标，创造和谐是"社会生态人"人格发展的不竭动力，从不和谐到和谐，再出现新的不和谐，再创造新的和谐，从而实现了"社会生态人"人格的发展过程是由"低水平"向"高水平"的提升过程，也是人格不断健全的过程，人的健全与发展永远是一个和谐动态的过程，所谓理想人格永远是一个发展目标。

（2）道德实践与主体间性的统一。"社会生态人"与自然、社会及自身的关系是道德关系，道德实践是实现人与自然、社会及自身和谐的重要途径，道德实践是人的主体性的价值彰显，是社会生态人主体间性关系确立的有效方法，"社会生态人"人格是道德实践与主体间性的统一。"社会生态人"人格在价值上体现主体性，在方法与路径上体现主体间性，"社会生态人"人格也是主体性与主体间性的有机统一。主体性是"社会生态人"人格最基本、最本质的价值规定，是一般人格的最基本的价值规定，也是道德主体性价值的表现。社会生态人的提出的终极目标价值是为了人能够更好地发展，并最终实现人的发展目标。主体间性是社会生态人的关系性，社会生态人的存在与发展基于人与自然、社会及自身的关系，如何处理人类生存与发展的三大关系是社会生态人人性本质得以实现的前提，"社会生态人"人格的主体间性就是在处理人与自然、社会及自身的关系过程中不仅把人看成是主体，也把自然、社会及自身当作主体来看待，以尊重、同情、设身处地倾听和对话，承认对方的价值存在，不仅了解自我，而且了解"他我"，交往双方彼此承认，承认"他我"与自我有相同的地位、权利，两者具有同等的地位，反对强制和压迫，一道遵循共同的规则，寻求协同进化与和谐共存，促进人与自然、社会及自身的和谐。主体间性为道德实践提供方法论，道德实践为主体间性提供平台。

（3）生态精神与道德自律的统一。人格自我意识是人格独立意识的前提，人格的自我意识形成了人格的精神特性。"社会生态人"人格是自我意识的重新觉醒，这种觉醒是人面对当下的生态危机、社会矛盾与自我矛盾的重新认知和对人的发展困境的反思，进而推动自我情感和自我意志的再度升华，集中地表现在"社会生态人"人格的生态精神，"人格的道德性是指人格作为一种精神性存在，是一种类关系中的价值存在、向善存在，人格精神说到底是一种道德精神"[①]。马克思指出，"道德的基础是人类精神的自律"[②]，所以我们可以认为，"社会生态人"人格是生态精神与道德自律的统一。"社会生态人"人格的生态精神与道德自律存在于人

---

① 廖清胜：《论马克思主义人学的类道德人格概念》，《河南大学学报》（社会科学版）2010年第6期。

② 《马克思恩格斯全集》（第1卷），人民出版社1972年版，第15页。

与自然、社会及自身的关系之中，生态精神蕴含着人的生态科学精神与生态人文精神，生态科学精神是对生态认知、生态探索的科学把握，是对生态自然规律的追寻与尊重，生态科学精神能够扭转科学精神的功利主义色彩，避免科学技术的异化，推动科学技术与生态循环的有机融合，一方面，在遵循自然生态规律的基础上，不断探索未知世界，克服人类发展过程中的种种障碍；另一方面，利用科学技术有效地保护自然环境，实现循环经济，修复已经破坏的生态系统，不断改进自然生态条件。生态人文精神是对自然生物的人文关怀和以人为本的辩证统一，生态人文精神根植于生态文化之中，生态人文精神是生态文化所体现的最根本的精神，是人类生态文化生活的灵魂，生态人文精神的价值理想在于人的生活生态化，追求人与自然、社会及自身关系的真善美。生态科学精神和生态人文精神的张力以人的全面发展为终极目标，是对人的存在价值、发展目标和生活质量的高度关注。"社会生态人"人格的道德性使其人格具备一个评价标准，也使"社会生态人"人格发展具有一定的价值性，道德追求善是"社会生态人"人格的基本价值。那么为什么"社会生态人"人格具有求善的本能呢？是因为求"善"是"社会生态人"人格内在的道德欲求，促进了人性的发展与进步，驱使着道德主体对道德人格的不断超越，而道德的自律性，促使道德人格的超越和新的道德人格的生成，道德的超越性与人类精神的自律性是辩证统一的，它们有效地体现在"社会生态人"人格的生态精神与道德自律的统一之中。道德自律有助于生态精神的弘扬，生态精神能促进道德自律的道德规范，道德自律是对人与社会的道德权利与义务的统一，也是人对自然的道德责任与道德自觉的统一。同时，正是因为"社会生态人"人格的生态精神与道德自律，才使"社会生态人"人格的培育与塑造成为可能。

当下的生态危机和心态危机主要表现在人与自然关系的对峙以及人与社会和自身关系的对峙，这种对峙从根本上说是人的问题，倡导"社会生态人"人格的生态精神不仅是促进人与自然的和谐，更要推进人与社会及自身的和谐发展。生态精神是"生态"尺度，也是"心态"尺度，"社会生态人"人格的生态精神与道德自律的统一，是对生态危机和心态危机的重新解码，"它立足于人的尺度来处理人与自然的关系，又立足于自然的尺度来衡量人与人的关系；既立足于共时态来处理人与自然的矛盾，要求实现当代人之间在开发自然与保护自然上的权利与义务对等，又立足于从历时态来看待人与自然的矛盾，要求实现代际的持续发展"[①]。

第二节 "社会生态人"人格的塑造理路

"社会生态人"人格的塑造是社会生态人的人性模式能够成为现实的重要环节，人不应该是"功利人"，而应该是社会生态人，人也不是"片面的人"，而是全面发展的人，塑造"社会生态人"人格，就是把现实的功利人培养成为社会生态人，把"片面的人"逐渐培养成为全面发展的人，面对当前的生态危机与诸多心理问题，努力寻找"社会生态人"人格的塑造途径，成为马克思关于人与自然及社会和谐的人性发展的重要命题。培育人的生态意识和可持续发展观，是"社会生态人"人格塑造的基础和前提；营造人与自然及社会和谐的文化，是"社会生态人"人格塑造的条件；深入实施人格教化与人的美德涵化，是"社会生态人"人格塑造的方法；建立人与自然及社会和谐的社会正义制度，是"社会生态人"人格塑造的保障。有效地塑造"社会生态人"人格，是我们化解生态危机与心态危机、实现人与自然及社会和谐的必然选择。

一 培育生态意识，树立可持续发展观

生态意识作为人在处理自身活动与周围自然环境间关系的观念形态，它是人的一种思维活动，是一种立场、观点和方法，蕴含着

[①] 彭立威：《生态人格论》，湖南师范大学博士论文，2009年，第130页。

人的生态智慧，是联系和协调人与自然关系与社会内部环境关系的桥梁和纽带。生态意识的内容主要有生态忧患意识、生态科学意识、生态价值意识、生态审美意识、生态责任意识、生态道德意识。生态意识是"社会生态人"人格的重要内容，塑造"社会生态人"人格应该把培育生态意识放在首要位置，这为树立生态系统观和可持续发展观提供了思想基础。

一直以来，我们的生态意识认知与培养存在着不少缺失，一是我们过分夸大了地球的博大，认为现实社会经济生产生活中排放一点污染算不了什么，高估了地球自身的净化能力，这是对我们赖以生存的地球自然认识的不足，更反映了人的生态意识的缺失，生态危机是人类对自然的认识和价值观的偏离的结果，树立人自身的生态自然观，扭转错误的思维方式，才能从根源上扼制生态的恶化；二是尊爱自然、尊爱生命的意识不强，生态权利和生态正义的意识淡薄；三是人的环境保护意识发展与对环保现状的认知之间存在着严重反差，对自然生态与人类自身的长远发展与可持续发展的认识不足。人的生态意识主要取决于社会教育程度与教育水平、社会伦理状况和经济基础情况，提高社会教育程度和教育水平有助于提高人对环境的认知水平，社会伦理规范的发展为和谐生态伦理的形成与发展提供了条件，经济基础的夯实为人的生态意识培育奠定了坚实的基础，转换经济发展方式实现循环经济和低碳经济能够促进生态意识的升华，同时，人的生态意识水平又决定了经济发展方式的基本样态，生态意识又为循环经济和低碳经济的实现提供思想源泉和动力。

生态教育就是将生态科学知识内化到人脑，转化为人的情感、意志和行动，形成一种生态惯性思维，从而实现生态教育的内化。"内化的基础在于传播生态知识，内化的动力在于激发生态情感，内化的重心在于提高生态意识，内化的目的在于践行生态道德。"[①]

---

① 彭立威：《生态人格论》，湖南师范大学博士论文，2009年，第159—160页。

生态教育是一项素质教育，也是有效的人格教育；生态教育提高人的生态意识，唤醒人的生态良知。生态教育是社会生态人形成生态自然观、生态世界观、生态伦理观、生态价值观、可持续发展观和生态文明观的有效途径，是实现人与社会、自然及自身的和谐发展的基础性工作，是和谐社会教育思想的精神资源。生态教育的状况与质量反映一个国家或地区文明教育的水平，生态教育应该从人格的认知、情感和意志等内在要素的培育与训练开始，同时，生态教育也应该是一个持续终身的过程。第一，从启蒙教育抓起，把生态教育贯穿于人的终身教育，体现生态教育的全时性，所谓"从娃娃抓起"是已经被验证的有效实践，生态教育"从娃娃抓起"需要政府、社会、学校和家庭的共同努力，生态教育也应该是全面的整体的终身教育，贯穿于人的终身教育实践中，这需要制度和文化来加以保障。第二，把生态教育纳入到学校教育、社会教育和家庭教育的重要内容，体现生态教育的全局性。家庭教育以生命价值观、生态伦理观教育为重点，学校教育以生态科学知识教育为主要内容，着力推进生态科学知识进教材、进课堂、进头脑等"三进"活动，以树立生态自然观、生态世界观为重点，社会教育以生态伦理观、生态价值观、可持续发展观和生态文明观教育为重点，以生态实践和生态感悟为手段，潜移默化、润物无声，从而达到教育的目的。当然，家庭教育、学校教育和社会教育并不截然分开，而是相互补充、相互融合的，它们共同形成生态教育的体系和环境，共同实现生态教育的目的和价值。第三，把生态教育融入素质教育的全过程，体现生态教育的实效性，要在教育内容、教学设计等教育工作中体现生态教育的思想内涵与主旨内容，使生态教育成为学校课程教学的必修课，合理设计生态知识进课堂、进教材、进头脑的教育技术与方法，把生态教育融入人的素质发展与个人成长的全过程。第四，把生态教育融入生态实践和生态体验之中，生态实践和生态体验包括人的生态生产活动、生态道德实践活动和生态社会生活实践，在实践中感悟人与自然、社会及自身和谐的生态价值，在实践中培育生态意识,唤醒生态良知,提升社会生态人的生态智慧,上升为人的生态价值观、生态文明观和可持续发展观,提高人的生态实践的自觉性,使保护环境人人有责、人人可行、人人有为的思想成为人的自觉实践。

生态美育是生态教育的重要组成部分,也是生态教育取得成效的关键。生态美育是培养社会生态人生态审美、生态人格美和生态平等观的重要途径。生态美育主要培养社会生态人的生态审美意识、生态审美理想,引导社会生态人的生态审美生活,生态美育是对一般美育的超越,"所谓生态美育,就是以生态原则为基础,把生态原则上升为审美原则,通过生态审美实践,培养人的生态审美情感,提高生态审美能力和创造能力的教育。它是生态学、美学、教育学的有机结合"①。生态美育是培养生态审美的人,也是培养美学社会生态人。马克思指出:"动物的生产是片面的,而人的生产是全面的;动物只是在直接的肉体需要的支配下生产,而人甚至不受肉体需要的影响也进行生产,并且只有不受这种需要的影响才进行真正的生产;动物只生产自身,而人在生产整个自然界;动物的产品直接属于它的肉体,而人则自由地面对自己的产品。动物只是按照它属的那个种的尺度和需要来构造,而人却懂得按照任何一个种的尺度来进行生产,并且懂得处处都把固有的尺度运用于对象;因此,人也按照美的规律来构造。"② 审美是人的本能,也是人的本质特征,生态审美是人区别于动物的本质特征,生态美育能够提高人的生态审美情感,激发人的生态审美意识,构建人的生态审美价值,社会生态人是以人与自然本质与社会本质为基础的人性模式,以人与自然和社会的和谐为价值指向,生态美育能够提升社会生态人的生态审美观、树立社会生态人的生态价值观和构建社会生态人的生态伦理观。生态美育对"社会生态人"人格的塑造,

---

① 丁永祥、李新生:《生态美育》,河南美术出版社2004年版,第34页。
② 《马克思恩格斯文集》(第1卷),人民出版社2009年版,第162—163页。

是对人改造自然、利用自然的价值关系进行重新确立,是对人与自然的现存关系进行重新整合与调整,从美学的角度来说,就是对人的生态审美的重构与创造。"生态美育发挥其颐情养性的独特功能,通过情感的升华和净化,从一己之利害的狭隘性和自私性中超脱出来,以审美的态度、用生态学的眼光重新审视自然,找回人对自然的亲近感、亲和力。"[①] 实施生态美育既是学习教育过程,也是实践过程,而且是一个长期的过程。在内容上,把生态美育寓于艺术学习教育与实践之中,把生态美育作为艺术学习教育与实践的核心内容。艺术自始至终都是与审美融为一体的,文学艺术的生态转向,表现为人对自身生存环境的关注和对自然生态的绿色关怀。通过文学艺术反映现实的生态危机,通过对生态危机的反省,唤醒人的生态意识和塑造社会生态人的生态人格,通过文学艺术活动唤起人的生态审美情感,实现人的生态审美的创造,造就现实的"社会生态人"人格;在广度上,要把生态美育贯穿于社会生态人的各学习环节和所有学习领域。实现生态美育的全方位、全时空、全学科推进,融入德育、智育、体育之中;在方法上,把生态美育渗透多学科的教育之中,从多学科的学习中领悟生态审美的能力,培养社会生态人系统的、整体的、多角度的生态审美洞察能力;在形式上,积极开展各种生态审美实践和体验。营造生态美育的立体环境,使人能够身临其境,有效地激发生态审美情感,形成生态审美的身心共鸣,互相分享生态的美感体验,强化生态行为的体验,固化人的生态审美意识和情感,在实践中上升为社会生态人的生态价值观、生态审美观和生态伦理观。

二 营造人与自然及社会和谐的生态文化

人类文明的基础在于人创造的文化,文化体现了人类的思想意

[①] 林建煌:《自然陶养自我化育——论生态美育》,《福建师范大学学报》(哲学社会科学版) 2007 年第 4 期。

识和社会实践活动，文化养育心智，文化培育人格。"社会生态人"人格需要有人与自然、社会关系和谐的文化来熏陶和涵养。生态文化不仅包含人与自然关系和谐的"自然生态文化"，也包含人与社会及自身和谐的"社会生态文化"，自然生态揭示了人与自然的和谐关系，是人对自然生态规律的遵循，对自然的内在价值的肯定，对自然道德义务的践履，社会生态揭示人与社会的关系、社会结构及其运行是生态的，社会生态反映社会生态系统的运行规律。生态文化的价值取向突出表现在当代人与后代人、人与自然、人与社会的文化价值观上，生态文化以人与自然及社会的和谐为核心理念，在本质上，生态文化就是以和谐为核心的和谐文化，它不仅包含了人的生态思维和生态意识，也包含了社会生态伦理、生态道德和生态价值。

1. 文化何以能够塑造人格？

人的社会化过程也是人类文化产生的过程，社会化反映了人与人类文化的传递过程，人的实践活动孕育了人类文化的形成，即人是社会化的人，社会是由人组成的社会。同时，人类文化又对人的思想和行动产生积极的影响，并左右人的意识。人格的形成除了先天的遗传以外，更是由于后天环境的造就，后天的环境就是人类生存发展中逐渐积淀的文化，这种文化表现为一种价值意识、社会形态和道德规范，文化承载着人类的生命之流，文化可以塑造了人的人格，而人格的社会特征又体现了文化的现状和内涵。文化与人格的塑造具有双向性，从文化的演变与发展上看，社会文化是人对自身意识表现不断重建的心理历程；从人的人格建立来看，是社会文化不断作用于人的意识的过程，也是人的思维和行动不断修正的过程，是人的心智成熟的心理历程。美国的人类学家米德（Margart Mead）最早将用心理分析学的方法应用到人类学的研究领域，米德通过在对新几内亚不远的三个民族进行调查后认为，由于三个民族的文化上的差异，形成的不同男女两性的气质和行为也有很大的差别，"在米德看来，人类本质却有使人难以置信的适应性，他们对于不同的文化可以精确地恰当地分别作出反应,所以不同文化中个体间的差异也和同一文化中的个体之间的差异一样,几乎无例外地受各种条件的影响"①,这说明文化对人格具有深刻的影响作用。那么究竟有多少影响程度呢?美国科学家林顿(Ralph Lindon)、杜宝娅(Cora DuBois)提出"角色人格结构"概念,"在林顿看来,虽然每一个民族都有基本人格特性,但是一个民族或社会中,不同地位身份的人各有其应扮演的角色,由于角色不同人格构成也有差异"②。不同的文化角色对人格也有很大影响,不同的文化会塑造不同的人格,文化对人格的塑造主要依靠家庭、学校和社会等各个不同的环节和路径。

由此可见,"社会生态人"人格的塑造离不开文化的塑造,那么,需要什么样的文化才能够塑造"社会生态人"人格呢?当然我们要从"社会生态人"人格的内涵与特征来考察什么文化能够达到塑造的目标?而"社会生态人"人格又会促进什么文化的深化与发展呢?社会生态人的人性内涵告诉我们,人与自然、社会及自身的关系和谐共生与协同进化,需要以和谐为核心的生态文化的"养育"与"恩泽",同时,"社会生态人"人格又能不断创造生态文化的发展,这种双向调节将形成"社会生态人"人格与生态文化的双重进化。因此营造人与自然及社会和谐的生态文化是塑造"社会生态人"人格的有效途径。

2. 如何营造人与自然及社会和谐的生态文化

生态文化的营造是对当下现代文化产生生态危机和心态危机的反思,面对着这两大问题的追问:人如何以更加文明的方式来实现人与自然、人与自身的和谐共生呢?以什么样的文化来实现人与社会的和谐可持续发展呢?从现实上看,现代文化形成了人类文化的

---

① 转引自马前锋、孔克勤《文化与人格:心理人类学的解释》,《心理科学》2007 年第 6 期。

② 同上书,第 1518 页。

个人主义、物质主义、经济主义、消费主义、科学主义和人类中心主义,导致人与自然、社会及自身关系的扭曲;从发展上看,人类的极端主义将把自身埋葬于自身的创造的极端主义的文化之中,值得庆幸的是,人类已经看到了自身的危机所在,极力想创造更加"文明"的文化来扭转当前的困境,继续实现人类社会和人自身的可持续发展。因此,营造人与自然及社会和谐的和谐文化是人类走出困境的必由之路。而"生态文化必将超越个人主义、物质主义、经济主义、消费主义、科学主义和人类中心主义"[①]。余谋昌先生认为:"生态文化作为一种有利于生态环境和自然资源可持续发展的人类生存方式,它有广义和狭义之分:狭义理解是,以自然价值论为指导的社会意识形态、人类精神和社会制度;广义的理解是,以自然价值论为指导的人类新的生存方式,即人与自然和谐发展的生产方式和生活方式。"[②] 卢风先生认为,"生态文明就是广义的生态文化"[③],从这个意义上来讲,生态文化涉及的面是较为广泛的,内涵也较为丰富。从内容上看,生态文化包含了人类社会的物质、制度、技术、风俗、艺术、观念和语言等内容;在物质层面上,主要是提倡绿色产品,消除污染;在技术层面上,实施生态循环的低碳技术,开展绿色生产和循环生产;在制度层面上,推进环境保护制度化、法制化,完善环境保护立法;在艺术层面上,以反映自然美、社会和谐美的艺术欣赏和艺术创作成为艺术的主流;在风俗层面上,提倡环保节约的风俗文化和道德化的乡规民俗;在理念层面上,推进和谐可持续发展的理念,形成生态系统观、科学发展观、生态消费观、资源循环观、社会公平观;在语言层面上,实现各民族语言和谐发展。从价值上看,生态文化是和谐文化,生态文化也

[①] 卢风:《论生态文化与生态价值观》,《清华大学学报》(哲学社会科学版) 2008 年第 1 期。

[②] 余谋昌:《生态文化是一种新文化》,《长白学刊》2005 年第 1 期。

[③] 卢风:《论生态文化与生态价值观》,《清华大学学报》(哲学社会科学版) 2008 年第 1 期。

是道德文化，生态文化更是一种先进文化和面向未来的文化，它开启了人类文化的新阶段，代表了先进文化的前进方向，将推动人类进入一个新的发展阶段；从生态文化的构成要素来看，它是由生态哲学文化、生态伦理文化、生态科技文化、生态教育文化、生态文艺文化和生态美学文化组成；从生态文化建设路径上看，要在人的教育学习和生活实践上下功夫，第一，实施"生态化"教育，以培养具有生态思想、生态素质和生态能力的人才，实现人与自然的关系生态化与和谐共生，推进人的社会生产生态化与和谐发展，引导人的绿色生产和资源的循环利用；第二，实施科学技术发展"生态化"，着力推动科学技术发展朝着生态和谐、社会和谐的方向发展，实现科学技术与道德实践的有机结合和科学技术与生态发展无缝对接，构建生态良好、经济发展、社会和谐的科学技术价值观，转变发展科学技术的思维方式，使科学技术朝着低碳循环的发展目标转变；第三，大力倡导可持续发展的生活方式，提倡绿色消费、绿色生活、和谐生活，崇尚自然生态美、社会和谐美为导向的社会交往、心理调适、娱乐审美的生活方式；第四，构建生态化发展的学科体系，建立和丰富生态哲学、生态伦理学、生态法学、生态经济学、生态社会学、生态文学、生态艺术学，着力完善生态文化的学科体系。

三 "社会生态人"人格的道德教化

"社会生态人"人格的道德教化是把"社会生态人"人格提升为社会普遍人格，是实现社会生态人人性普遍价值和意义的重要途径，使"社会生态人"人格特殊性转化成普遍性，进而推动现实的人成为社会生态人。那么什么是道德教化，如何实现"社会生态人"人格的道德教化，是"社会生态人"人格形成的重要方面。

1. 道德教化

现实的人总是生活在人化的道德世界之中，也生活在文化世界之中，社会的道德世界和文化世界的精神思想时刻也在不停地传递给个体的生命世界之中，这种传递把人类社会的社会群体价值理想和道德规范渗透到个体人的生命内涵中，使人从肉体世界超越出来而成为价值的存在，这种存在也可以说是一种德性的存在，这个传递转换过程实质上就是教化的过程，而道德教化就是这个过程的主要部分。

"教化思想"在我国和西方有着久远的历史，我国关于"教化"一词主要有着三个层面的意思，教化"指一种政治—伦理措施；教化也指个人的心灵情感受到某些有伦理关切的道德规范和价值理念的引导和塑造，渐滋浸渍，潜移默化，性与习成，即获得教化；中国古代教化思想认为，人的伦理、道德价值和健全的伦理秩序并不是由人的理性来推定、确认的，而是通过领悟天地（自然）之道而得来的"[1]。所谓"化民成俗"、"明人伦，兴教化"，就是指一种伦理措施。荀子说，"状变而实无别而异者，谓之化"（《荀子·正名》），意思就是说人体获得了某种价值精神的转变或是得到了某种引导和塑造。所谓"风霜雨雪，无非教也"，就是指人的精神要受到自然的生态规律的教化。所以说，教化使人的道德普遍性得以提升，"教化意味着把社会认可的价值理念、道德规范施予社会中的个体，并转化成社会所期望的个体内在品格"[2]。就个体而言，教化促使个体心灵情感的转变，教化把好（善）的价值和人伦秩序渗透于人的心灵之中，达到塑造心灵的功效，教化"使人心与所教之事相融洽，由此才能得以转变并被充实提升，即个体能认识到善（好）的价值的优越性，把它整合为自己的本质，从而达到所谓'从心所欲不逾矩'的化'境'"[3]；从社会而言，教化是建立社会崇尚的价值观念和道德规范，并使它成为社会成员共

---

[1] 詹世友：《道德教化与经济技术时代》，江西人民出版社2002年版，第3—6页。

[2] 刘铁芳：《生命道德教化》，《河北师范大学学报》（教育科学版）2004年第3期。

[3] 詹世友：《道德教化与经济技术时代》，江西人民出版社2002年版，第7页。

同信奉的价值追求、行为习惯和情感寄托；同时，对人的教化价值更是来源于生态的自然之道。

古希腊语中教化（paideia）主要表示为"教并使习于所教"，在习惯的形成中得到一种道德品质；西方很多思想家认为，教化就是从无习惯到形成好习惯，获得一种善的品质和德性的过程，亚里士多德说："德性分为两类：一类是理智的，一类是伦理的。智慧德性大多是由教导生成、培养起来的，所以需要经验和时间。伦理德性则是由风俗习惯沿袭而来，因此把'习惯'（ethos）一词的拼写方法略加改动，就有了'伦理'（ethike）这个名称。由此可见，对于我们，没有一种伦理德性是自然生成的。"[1] 文艺复兴时期的德国人文主义者则更加注重人性的丰富与完整，"他们都对思想塑造生活的力量和个人修养的能力有着共同的信仰，认为个人可以修养到自己的内心冲突得到克服而与同胞和大自然和谐相处的程度"[2]。

由此可见，"无论东方还是西方，在文明史的最初阶段，那些思想史上的先贤智者们，就在各自的文明体系中确立了这样一个伟大的精神，即道德教化乃是人格塑造的一个最基本方面，人类可以也必须用道德教化来追求理想人格"[3]。教化是人性的自我完善和丰富，人作为一种自然存在，通过教化获得一种善的品质及其现实表现的个体性。黑格尔指出："这种个体性将自己教化为它自在的那个样子，而且只因为通过这段教化它才自在地存在。它才取得显示的存在；它有多少教化，它就有多少现实性和力量。"[4] 教化是对人的心灵的塑造，使个体人格从狭隘个体上升到普遍性状态，实

---

[1] 转引自苗力田主编《亚里士多德全集》（第8卷），中国人民大学出版社1992年版，第27页。

[2] 转引自［英］阿伦·布洛克《西方人文主义传统》，董乐山译，生活·读书·新知三联书店1997年版，第151页。

[3] 刘建明、张国胜：《理想人格的制度环境及其社会塑造》，《科学社会主义》2008年第6期。

[4] ［德］黑格尔：《精神现象学》，商务印书馆1996年版，第42—43页。

现人的善的品格的全面整体性发展。教化是对个体显示价值的超越，促进人的精神追求和道德价值的升华。

教化是崇善、求真、尚美的过程，它的实践指向是建立人与自然、社会及自身的和谐完满，指向的是人的德性生成和道德人格的形成。"在存在论的境域中，道德是对生命自身的尊严和生活的意义和价值之源的回溯，人不是天生就有道德的，所以，人需要道德教化，道德教化不是对人的某个方面进行教化，而是对人的精神的全面塑造，是一种切实的涵养和型塑，所以道德教化就是指通过领悟人人相与之道和处己之道，并涵容于心，形成的德性。"[①] 所以说，道德教化是教化的核心内容，道德教化是塑造人心之善，是将社会公认的道德原则和追求的人性品质植入人的内心世界的工程，使人获得善的德性，也可以说是人的美德，或者说是适应人与自然、社会及自身和谐发展的人格之美。

2. "社会生态人"人格的道德教化理路

"社会生态人"人格的道德教化永远是一个持续的过程，这是人性发展的要求所决定的，"社会生态人"人格也是人格发展中的一个阶段，这个阶段使人、自然和社会三者关系的综合系统处于一个新的和谐状态，然而这个和谐状态是相对的或者说是暂时的，不和谐的音符即将出现，这决定着"社会生态人"人格将来还将朝着更高的目标发展，当然这个目标的主题依然是"和谐"。"社会生态人"人格的道德教化由个体道德教化和群体道德教化组成，对个体教化来说，就是对个体生命的内在要素的塑造和外在价值的引导，使社会生态人具有更强的适应性、能动性和创造性，提高社会生态人的生存能力，"道德教化总是意味着通过一定的文化传递、渗透，把个体生命积极纳入到个体与历史、时代、民族国家宏大主题的伦理牵涉之中，拓展生命的价值意识

[①] 詹世友：《道德教化与经济技术时代》，江西人民出版社2002年版，第68—70页。

和价值内涵"①；对群体或社会教化来说，就是塑造一种能够适应人与自然及社会和谐的价值体系和道德规范，从外部环境上加强个体能力和素质的塑造，进而在更高层次上实现"社会生态人"人格的发展，拓展社会生态人的生存空间。

从"社会生态人"人格道德教化的个体层面上看，实现社会生态人人性要素整体性提升是"社会生态人"人格的个体教化基础。柏拉图认为，人的灵魂是由理性、激情、欲望三部分组成，我们把社会生态人的人性要素的基础分为理性、情感、意志和欲望，实现生态理性、和谐情感、完全意志和适度欲望是社会生态人得以成为现实的条件，所以，"社会生态人"人格的道德教化就是实现社会生态人的生态理性、和谐情感、完全意志和适度欲望，社会生态人的生态理性主要表现为生态智慧的完整和生态思维的形成，这可以通过生态教育、生态美育和生态文化的建立而初步实现，但要达到完全的生态理性还需要和谐情感、完全意志和适度欲望的综合促进，生态理性是对人的欲望具有克制力的智慧，克制着欲望的膨胀，内在的制约着欲望的表现，从而产生适度欲望，生态理性与适度欲望的相互作用调整着人的情感，使它能表现出内外的和谐，产生社会生态人的和谐情感，调控着人的意志，完全意志是生态理性、和谐情感和适度欲望相互制约、相互促进的结果。"社会生态人"人格的道德教化就是使社会生态人的生态理性、和谐情感、完全意志与适度欲望相互协调，实现内在平衡和外在和谐的统一，从而成为具有"德性"的社会生态人，这里的德性不同于现实状态一般人的德性，而是具有社会生态人的能力、品质和伦理价值维度的社会生态人的德性，这是一种智慧之德。"社会生态人"人格的个体道德教化是对人的心灵能力的整体塑造，是对社会生态人生态理性、和谐情感、完全意志和

---

① 刘铁芳：《生命道德教化》，《河北师范大学学报》（教育科学版）2004年第3期。

适度欲望的全面塑造，使它们相互化通、相互渗融，从而使社会生态人受到一种全面的道德教化，获得一种新的具有创造性的品质。因此，"社会生态人"人格的个体道德教化是社会生态人对人与自然、社会及自身和谐的创造能力、适应能力的提升和引导，是对社会生态人的生态品质、心理品质和社会品质的塑造，是对社会生态人和谐生态伦理观、和谐社会观、生态文明观和生命价值观等伦理价值维度的涵育，并使它们相互整合、相互化通。这是通过知识习得、文化养育、道德实践等综合的人格培植之路得以实现的。

从"社会生态人"人格道德教化的社会层面上看，实现社会生态人正义德性的普遍提升是"社会生态人"人格社会道德教化的价值目标和保障。"社会生态人"人格的和谐平衡与发展性告诉我们，"社会生态人"人格的德性的基本特征是身心和谐平衡与健康发展，从本质上来看，它蕴含着同情感、内心和谐和公平正义，同情感是社会良知和生态良知的发现，内心和谐是一个人的人格健全的表现，公平正义是一个社会推崇和信奉的价值理念，公平正义反映了良好社会秩序的行动准则和价值追求，这需要社会生态人的道德情感来加以实现，在罗尔斯的《正义论》中，他把公平的正义作为一个制度的首要价值目标，正义成为制度的精神价值，并以此来塑造人们的正义心灵，"既然人天生是一种社会的动物，只有在社会中才能追求到自己的利益，形成自己的人格，培养自己的道德情操，塑造自己的道德德性，因而，一个社会必须组织良好，有一种正义的秩序，体现一种正义的公共精神"[①]。那么"作为公平的正义"的德性是从何而来的呢？在罗尔斯和科尔伯格看来，"作为公平的正义"的德性是从人的理智能力中而来的，他们认为，"正义"之德是一个人能够达到最高的道德德性的基础，表现为能够按照自己内心确认的正义原则来实施自己的行动，由此看来，"社会生态人"人格的正义之德性是在主体能动性上实现自觉自

[①] 詹世友：《道德教化与经济技术时代》，江西人民出版社2002年版，第276页。

为，把生态意识和道德意识内化为生态自觉和道德自觉。形成一种自觉文化，用文化来教化，使之成为一种习惯，并上升为社会生态人人格的普遍性。

从"社会生态人"人格道德教化的路径层面上看，要从人的知识学习路径上给予精心设计，实现教与学齐头并进；要从人的实践活动上做出有益安排，实现感与化的叠加。

第三节 建立"社会生态人"正义制度

普遍的自觉仅靠道德教化是难以实现的，从道德教化对现实问题的处理上来看，道德教化总是以一个道德蓝图为前提，这种道德理想虽能提升人的思想道德境界、改造人的主观世界、树立人的理想信念、不断激励和引导人们为理想信念而孜孜追求奋斗，然而面对理想与现实的冲突和矛盾却无法在道德教化的境界中加以解决，失去了制度的约束就很难在利益冲突面前保持这种崇高的道德；从道德教化的实现途径上看，道德教化以习惯养成、思想教导、舆论引导、典型示范等方法来进行，通过思想意识领域来改造人的主观世界，这对道德良民来说非常有效，但对道德的践踏者来说可能就难以奏效，可谓是好人更好，坏人更坏，没有制度的约束很难保证社会道德的共同坚守。要使道德自觉成为永续化、长期化，就要通过制度规范把这种自觉加以固化，否则就会使原来形成的自觉德性渐渐的消淡。而能够把生态自觉和道德自觉固化的规范制度就是正义制度，正义制度是"社会生态人"人格的制度保障，因为这种制度是以政策规章、法规制度、纪律条列表现出来的，具有一定的强制性，它不仅是公平正义的伦理基础，也是良好的经济社会秩序的制度保证，同时也能更好地保证"社会生态人"人格精神力量的彰显。可以说建立社会生态人的正义制度是塑造"社会生态人"人格的重中之重。其一，正义制度是社会公平正义的表现，使社会成员能够公平地共享经济社会发展的成果，这为"社会生态人"

人格的发展提供物质保障；其二，正义制度规约人们的道德生活，为社会生态人的主观能动性的发挥创造公平合理的平台；其三，正义制度能够制约人的随意任性，杜绝个人正义，有利于社会生态人共同价值的实现和社会理想的确立；其四，正义制度为人的发展营造良好的社会环境，确保每个人的发展能够顺利实现，脱离了良好的社会集体环境，人的发展将失去土壤，马克思指出，"只有在共同体中，个人才能获得全面发展其才能的手段，也就是说，只有在共同体中才可能有个人的自由"[①]。从这里可以看出，这个共同体的基础就是以社会生态人的正义制度为保障的。当然，正义制度实现的根本问题在于它如何抑恶扬善。

在"社会生态人"人格的塑造中，社会生态人正义制度具有重要地位，我们虽然通过生态教育和生态美育培养了生态意识，通过培植生态文化创造了生态智慧和生态道德，这种应然关系并不意味着现实的实然存在，社会生态意识的存在并不代表再也没有破坏环境的现象，有了生态道德和生态智慧并不代表就再也没有践踏生态道德的事情发生。然而，有了生态意识、生态智慧和生态道德，这为生态自觉和道德自觉提供了现实的可能和条件，正义制度却是维系生态自觉和道德自觉的永恒力量。建立社会生态人的正义制度，就是要建立人与自然及社会关系和谐的正义观，弘扬人与自然关系的生态正义，并逐渐实现全社会的制度正义。

一　正义观：社会生态人正义制度的前提

建立社会生态人正义制度就是保障人与自然及社会关系和谐发展，建立人与自然及社会关系和谐的正义观是建立社会生态人正义制度的前提。人的正义观从何而来？西方很多哲学家认为正义观是精神的产物，如伊壁鸠鲁就认为正义观源于约定，斯多亚学派就认为正义观来自于自然法，而近代契约论者认为，正义观的根源是利

---

① 《马克思恩格斯文集》（第1卷），人民出版社2009年版，第571页。

己心。马克思主义认为,正义观来源于社会生活,拉法格在《思想起源论》中指出:"文明社会的正义由两个来源产生:一方面是在人类的本性中取得自己的来源;另一方面又从建立私有财产基础上的社会环境中取得自己的起源。"① 从这里我们可以得出,一方面,正义观蕴含在人性之中,其实就是人性中的理性、情感、意志、欲望等要素各自发挥到较好的状态,同时各要素之间和谐协调,相互作用、相互制约而发挥出极佳状态。就社会生态人的正义观来说,就是生态理性、和谐情感、完全意志和适度欲望的各自调整到良好状态,同时,相互之间和谐协调发展;另一方面,正义观还来自人的社会环境之中,社会环境对人的正义观形成具有积极意义,这里当然包括社会政治、经济和文化对人的观念的主导作用,就社会生态人而言,其正义观源于人与社会和谐发展的文化环境与制度环境之中,相反,营造人与社会和谐发展的社会环境氛围,有助于生成和固化社会生态人的正义观。

在马克思恩格斯的论著中我们可以发现,马克思恩格斯的观点中蕴含着突出的正义思想,学术界对马克思恩格斯的正义思想有两种认识,这对培养社会生态人的正义观具有积极的指导意义。

一是认为主观正义论,主观正义论认为正义是一种观念性存在,他们认为,一方面,在马克思恩格斯那里,正义是一种观念思想,是一种价值判断,这种观念主要表现在马克思恩格斯的价值交换之中表现的自由和平等观念,马克思认为:"流通中发展起来的交换价值过程,不但尊重自由和平等的现实基础,作为纯粹观念,自由和平等是交换价值过程的各要素的一种理想化的表现;作为法律的、政治的和社会的关系上发展了的东西,自由和平等不过是另一层次上的再生产物而已。"② 这种理想化表现表明,公平正义就

---

① [法]拉法格:《思想起源论》,生活·读书·新知三联书店1963年版,第67页。
② 《马克思恩格斯全集》(第46卷)(下册),人民出版社1980年版,第477页。

是一种思想观念存在于人的脑海中；另一方面，马克思恩格斯还认为，公平正义是抽象的法的观念和道德观念的表现，马克思在批判蒲鲁东时指出，"蒲鲁东先从与商品生产相适应的法的关系中提取他的公平的理想，永恒公平的理想。顺便说一下，这就给一切庸人提供了一个使他们感到宽慰的论据，即商品生产形式像公平一样也是永恒的。然后，他反过来又按照这种理想来改造现实的商品生产和与之相适应的现实的法"①。恩格斯在《住宅问题》中指出："法的发展就只不过是使获得法的表现的人类生活状态一再接近于公平的理想，即接近于永恒公平。"② 在马克思恩格斯看来，公平正义确实是一种理想，而这种理想中的公平正义是一种思想追求，存在于人的主观意念之中，马克思始终也没有放弃这个追求，在马克思起草的《国际工人协会共同章程》中充分表达了对这种正义不懈追求的思想，"加入协会的一切团体和个人，承认真理、正义和道德是他们彼此间和对一切人的关系的基础，而不分肤色、信仰或民族"③。

二是认为马克思恩格斯的正义观已经超越了正义论的范畴。持这种观点的人认为，一方面，马克思的"历史唯物主义是对正义论思维的超越"④，马克思在1877年写给左尔格的信中表达了这种观点，"这些人想使社会主义有一个'更高的、理想的'转变，就是说，想用关于正义、自由、平等和博爱的女神的现代神话来代替它的唯物主义基础（这种基础要求人们在运用它以前进行认真的、客观的研究）"⑤；另一方面，马克思恩格斯一生旨在建立共产主义的理想社会，并对共产主义社会进行了详尽描述，在马克思恩格斯

---

① 《马克思恩格斯文集》（第5卷），人民出版社2009年版，第103页注释。
② 《马克思恩格斯文集》（第3卷），人民出版社2009年版，第322—323页。
③ 同上书，第227页。
④ 袁吉富：《对马克思恩格斯正义思想两种解读模式的质疑》，《教学与研究》2011年第2期。
⑤ 《马克思恩格斯文集》（第10卷），人民出版社2009年版，第420页。

那里，共产主义社会是一个完满的社会，在这个社会中，人可以真正实现全面自由发展，社会趋于大同，是超正义的社会。恩格斯指出："在共产主义制度下和资源日益增多的情况下，经过不多几代的社会发展，人们就一定会认识到：侈谈平等和权利，如同今天侈谈贵族等等世袭特权一样，是可笑的；对旧的不平等和旧的实在法的对立，甚至对新的暂行法的对立，都要从现实生活中消失；谁如果坚持要人丝毫不差地给他平等的、公正的一份产品，别人就会给他两份以资嘲笑。甚至杜林也会认为这是'可以预见的'，那么，平等和正义，除了在历史回忆的废物库里可以找到以外，哪儿还有呢？"[①]

马克思恩格斯的这两种正义观并不是不可兼容的，相反，它既是立足于他们所生活的社会历史条件，对现实社会正义的不懈追求，也是对人类未来理想社会的憧憬和预设。在马克思恩格斯生活的那个年代，无产阶级追求的正义似乎具有理想化色彩，只是一种思想观念，但是站在当今的社会，这种正义观可以说具有更深更广的现实意义。由此我们可以认为，一个时期的正义观与现实的社会生产活动的矛盾息息相关，对这种矛盾的和解的向往就是正义观的表现所在，在私有制社会里，争取人身自由、生产自由、生活平等成为最大的正义；在今天，这些所谓的自由、平等可谓是不足挂齿，但正义观中的公平正义将具有新的内涵，这种正义就在于对人与自然及社会关系从对峙走向和解的追求。社会生态人致力于实现人与自然及社会的和谐共生与协同进化，其首要的思想基础就是建立社会生态人的正义观，即建立人与自然及社会关系和谐的正义观，主要表现为人与自然及社会的和谐共生的正义价值实现、维护人类可持续发展的价值观念和形成代内、代际公平正义的道德自觉。这里我们不禁要问，什么是人与自然及社会的和谐共生的正义价值实现呢？其实就是人与自然及社会构成的系统始终保持动态平

[①] 《马克思恩格斯全集》（第20卷），人民出版社1971年版，第670页。

衡与和谐发展，整体系统循环往复的良好秩序就能保证人与自然及社会的和谐共生，这是整体系统的正义价值。一方面，它能阻止人的行为破坏自然环境的自净能力，维系自然环境自身的循环；另一方面，它能促进系统内的人、自然和社会自身的美化和繁荣。社会生态人正义观解决的是一个思维意识问题、价值观念问题，但这为人的行为正义提供了思想源泉。

二 生态正义：社会生态人的正义制度的基础

在罗尔斯的《正义论》中表述的正义是具有针对性的，其主要是一种社会正义，但面对人与自然的关系问题，或自然的正义价值问题，仅仅具有社会正义是很难完成的，还必须要有倡导一种生态正义，使人与自然关系的正义得以实现。生态正义是指人类对自然界的正义，这是对自然的内在价值的回应。自然界具有内在价值，这种内在价值不以人的意志为转移，它是现在的。其实人与自然组成的生态共同体既是道德共同体，也是正义共同体，在这个生态共同体中，人对自然界（非人类生命体）应该承担切近的道德义务，也要对维系人类生存发展的自然界承担生态正义的责任，履行维护生态共同体的生态秩序的道德义务，使生态共同体和谐共生，共享共同体的环境恩泽。生态正义就是要公正的对待自然，去除人自身膨胀的私欲，遵循自然的秩序原则。刘海龙在《生态正义的三个维度》一文中提出，生态正义可以包括人与自然的正义、种间正义和人际正义等三个方面的内容，并认为，"人与自然的正义是指人类在自然生态系统中正当行使自己的权利和承担相应的义务，做到享用与关怀的统一。种间正义是指每一个物种都具有其存在的权利，人类应当平等地对待每一个物种。人际正义是指不同群体的人在生态实践中权利与义务平等、贡献与索取的对应"[①]。其一，这表明人对自然正义不仅是把自然作为生活资料的来源，人利

[①] 刘海龙：《生态正义的三个维度》，《理论与现代化》2009年第7期。

用自然而生存，还要爱护自然、关怀自然、呵护自然，即享用自然与呵护自然是统一的，使自然能够不断为人类提供生存发展的条件，而不至于导致自然失衡，让人类失去自己赖以生存的家园；其二，在人与自然组成的生态共同体中，所有的生命物种，人类都能给予平等的对待，而不会有物种歧视，因为每一个物种都有其内在的价值，它的存在都有自然进化的理由，都反映了一种自然界生存发展进化的规律，人为的对任何一个物种的歧视，而导致物种的锐减或灭绝，都破坏了自然本身的生态规律，进而最终破坏人自身的生存家园，危及人的可持续发展；其三，不同地域的人、不同种族的人、不同时代的人都应当拥有平等享用环境资源和清洁环境的资格，使环境资源的分配在代内、代际实现平等，而不会遭受资源枯竭和环境恶化的侵害。同时，不同种群的人享用环境的权利与承担保护环境的义务是对等的，就是对环境利益和义务的分配是公平正义的。

　　生态正义对于解决当前的环境危机具有重要的指导价值，它"作为人类对自然界的伦理正义，是人类在生命共同体中对待非人类生命物种及其生态环境应该具有的一种公正责任"，[1]这对制定国际国内环境公约、推进环境国际立法等具有普遍的指导意义，不同发展阶段的国家或地区应该有区别地承担环境保护义务。社会生态人的生态正义源自其生态理性、生态品质和生态关系能力，社会生态人倡导的生态正义对于建立生态补偿制度，指导我国参与国际环境问题谈判、签订国际环境公约具有现实的意义。生态正义厘清了我们在环境问题上的认识，也明确了社会的公共制度应有生态内涵和生态价值，它包含了人与自然及社会和谐发展的生态法则和生态制度，它孕育着人与自然和谐的共生正义，从而为建立社会生态人的正义制度奠定了基础。

---

[1] 佘正荣：《生命之网与生态正义》，《广东社会科学》2009 年第 3 期。

三 制度正义：社会生态人的正义制度的核心

制度正义是正义制度的核心。一个制度是否称之为正义的制度，主要看制度本身是否隐含着正义的价值和对正义的追求，制度正义是对制度内在价值的丈量。制度正义在一定程度上是一种社会价值和社会理想的反映，也是人们对制度价值取向的孜孜追求，探究人性的理想模式离不开人们对制度正义的向往，正义蕴含着某种价值，不同的社会背景和意识形态，正义的表现形式也有不同，它随着社会生产力的发展而发展，制度正义可被认为是制度本身所蕴含的、渗透于制度的制定、执行和监督等各环节的一种"每个人得到他应得之份"的精神或价值。制度正义是社会正义的反应，同时也是社会正义得以实现的保证，反过来，社会正义为制度正义奠定了基础，社会正义的实现为制度正义的形成提供了浓厚的氛围。制度正义包含着理想追求和现实实践两个方面的内涵，一是制度正义理想，它是社会理想和社会价值的期待，是人们对制度价值取向的存在状态和发展趋势的认识和追求，一个社会有什么样的价值追求就会有什么样的制度设计，就反映什么样的正义秩序，形成什么样的制度体系；二是制度正义现实，它是一种制度规范、法律和道德的现实实践，它通过各种规范制度和人的道德实践来维护制度正义理想，并为制度正义的实现提供现实条件，它受具体的社会历史条件的影响。"制度正义理想和制度正义现实虽然不同，但两者却有紧密的内在联系：制度正义理想作为未来的目标，始终对制度正义现实有着规范和引导作用；制度正义现实则体现着制度正义理想，表现为制度正义理想的有限性、相对性与逐步的实现。"[1]

社会生态人的制度正义就是有利于维护人与自然及社会组成的系统循环往复的运行与和谐共生的进化，这是社会生态人的正义制

---

[1] 陈泽亚：《经济人与经济制度正义：从政治伦理视角探析》，山东人民出版社2007年版，第5页。

度的核心内容,它主要表现在两个方面,一方面,制度的制定有正义观作为思想指导;另一方面,制度的内容蕴含着生态正义的内涵。所以我们认为社会生态人不仅是个体的人,他更应该是群体的人,也是一个社会组织的表现形态。建立社会生态人的正义制度,要塑造政府和社会组织作为"社会生态人"形象,在公权行使、政策引导、改革推进的过程实践中体现制度正义,在管理制度建设和制度规范运行中落实生态正义。社会生态人的正义制度是"个体社会生态人"向"群体社会生态人"发展的根本象征。

第九章　结论与展望

　　人类社会发展和人的全面发展的历史就是一部人类与自然环境相互作用的历史，这种相互作用是以人与人的相互关系和人与自然、社会的相互关系为载体。人的发展的可持续性集中体现在人的生态化属性，"社会生态人"是人的自然性、社会性和生态性的统一，把"社会生态人"作为人的阶段化发展的价值理念和生态化发展的逻辑起点，为研究人的全面发展和人性发展提供了新的视角和新的方法。

　　和谐社会是社会生态人得以成为现实的社会基础，在更高层次实现人的全面发展的期盼中，人们开始重新审视人与自然、人与人、人与社会之间的关系。人与自然的和谐是构建和谐社会的重要基础和目标追求，也是实现人的全面发展的基础。从某种意义上说，人类社会发展与人的全面发展相伴而行，相互统一，这种统一是人与自然相互作用的历史过程，这种相互作用是人与人的相互关系和人与自然、社会的相互关系的基础。在人的发展和社会发展过程中，矛盾总是相伴而行，矛盾是发展的动力，人的发展和社会发展是在人、自然、社会三者构成"生态"循环系统之中，但是人的发展和社会发展中的矛盾不能冲破这个系统，而在这个系统内部永远是竞争发展的。当前的"生态危机"和"心态危机"已逐渐从内在系统向外突破，将危及整个系统的和谐发展。然而在人类社会发展的进程中，人类社会的发展与自然环境之间的冲突与矛盾日益加深。这些冲突和矛盾就是人与自然不和谐的强烈音符，这甚至能摧毁人类发展过程长期积淀形成的人类文明,人们开始反思,人类社会发展和人自身的全面发展价值应该如何实现呢?人类社会和人类的可持续发展又将由谁来作保证?因此,在对人的本性判断时,还必须考虑人的发展的可持续性和人与自然生态的应然关系。

人类社会的发展和人的全面发展是人类认识自身、创造文明的历史。人类社会和人的全面发展每一次进步都有赖于人们对客观世界的重新审视,其结果也影响着人的思想和行为。随着人类对人与自然、人与社会、人与自身的认识不断深入,人性的现实状态也在不断发展变化,促进了人性研究的理论与方法的进步与发展。长期以来,以"经济人"和"社会人"等为代表的人性假设既发展了人们对人性的历史研究和现实解析,同时也推动了人的认识和人性假设理论研究的发展,对人类社会的发展有着强大的推动作用,并成为经济学和管理学的立论基础,同时也伴随着"道德人""生态人"等人性假设理论的产生。但是人类社会发展到今天,人与自然及社会的关系也随之发生变化,人与自然、人与社会、人与自身之间的矛盾又出现新的特点,正是这种矛盾的对立统一,使人对自身的认识呈现螺旋式发展。

人与自然关系的对峙导致生态恶化,生态恶化的严酷现实昭示人们,一场人与自然环境的危机直接影响着人类的生存和可持续发展。人们开始感觉到人类改造自然、征服自然所带来的种种生态危机和生存挑战。恩格斯早就指出:"但是我们不要过分陶醉于我们人类对自然界的胜利。对于每一次这样的胜利,自然界都对我们进行了报复。每一次胜利,起初确实取得了我们预期的结果,但是在往后和再往后却发生完全不同的、出乎预料的影响,常常把最初的结果又消除了。"[①] 人们开始反思人与自然的关系,从人类社会发展历史来看,人对待自然方式或态度有三个过程,即"敬天""应天"和"制天",分别形成了人与自然的关系从"服从关系""顺

---

① 《马克思恩格斯文集》(第1卷),人民出版社2009年版,第559—560页。

应关系"到"掠夺关系"。人类社会对自然的掠夺和征服，导致人类社会与自然之间内在伦理关系的断裂。人类中心主义的价值原则开始遭到人们质疑与拷问，"和天"逐渐成为人们的行动价值，开始认识到人与自然的和谐是人类社会和谐的前提和保障。

坚持人与自然和谐共生、大力推进生态文明建设需要寻找人性的特定承载对象。"生态意识和生态伦理学所反映的价值观将实现对人的重新塑造。"① 这说明现实的伦理思考更加关注人与自然的伦理关系，人与自然的伦理关系集中表现为和谐的生态文明。所以，生态文明是人类社会发展的内在要求，人与社会及自然的和谐发展是人的自由全面发展的现实需求和理想，也是人性进步的具体表现。作者认为，生态文明观呼唤"社会生态人"对人的重新塑造，生态文明是实现社会生态人在特定社会历史条件下人性的内容和表现上的统一，社会生态人是人性假设的新发展，是对马克思主义人性理论的具体应用。现实的人要成为社会生态人必须要进行社会生态人格塑造，不仅要培养人的生态意识和生态良知，还要实施社会生态人人格的道德教化，更关键的是要建立社会生态人的正义制度，只有正义制度才能将社会生态人的品质和伦理价值观固化并向更高的目标发展。因为社会生态人不仅是单个的人，它也可以是社会组织或社会团体，社会生态人意识不只是个体意识，也是社会意识和群体思维，而正义制度正是社会意识和群体思维的反映。因而，只有建立了社会生态人的正义制度，才意味着社会生态人已经成为现实的人。

作者认为，只有改变和完善人性状态，才能使人与自然、社会以及自身的问题得到最终的解决。我们的人性假设，应该由传统的单向度的"经济人""社会人"转变为多维度的"社会生态人"，这样才能指导我们达到人与社会、人与自然和谐共存、协同进化的

---

① 徐嵩龄主编：《环境伦理学进展：评论与阐释》，社会科学文献出版社1999年版，第410页。

目标。社会生态人以人—境（包括社会环境和自然环境）和谐为精神旨归，自觉承担起维护人与自然及社会和谐的道德责任和道德义务。同时，社会生态人把与自身的和谐建设放在人的全面发展的重要位置，这当然也是人格健康与自由的根本要求，从而为人的个性自由奠定基础。

　　社会生态人是现实条件下人的本质的完整解读，是人性状态的应然要求。社会生态人是对自然人、经济人、社会人、生态人等假定的扬弃。只具有自然属性的人是自然人，这是人性假设中的最低层次，社会生态人同样具有自然属性，但不是自然人；经济人，简单地说就是有限理性，精于计算，以追求自身利益最大化为目的的人。社会生态人虽然也要追求自身的利益，但这种追求是以与自然环境、社会环境协同进化为前提的行为，因而不是"经济人"；"社会人"是指社会化的人，符合社会规范，具有社会责任感的人，以满足自己的社会、心理需要为内在动力的人。社会生态人具有社会人的特性，但强调人与社会的协同进化，自觉维护社会生态系统的和谐共生，因而不止于"社会人"这个层次；"生态人"，是指顺应生态发展的规律，与自然环境和谐共存的人。社会生态人不仅与自然环境和谐共存，而且也与社会环境协同进化，因而在内涵和外延上都比生态人丰富得多。

　　社会生态人是对人性期盼的理想预设，但这种理想期盼并不是空想，而是具有一定的理论基础，它的提出也有一定的现实依据。社会生态人是对"经济人"假设和"社会人"假设的超越。社会生态人以"和谐"为价值追求，不仅追求人与社会的和谐以及社会本身的和谐，还追求人与自然的和谐共存。和谐带来的必然是人与社会环境和自然环境的协调和可持续发展。不可否认，"经济人"假设以追求自身利益为价值目标，对于社会的财富的积累产生重大作用，同时为人的发展提供丰厚的物质基础。"社会人"假设引导人们不断追求自我价值实现，满足人的社会、心理需要，有助于提高人的社会化程度，更好地实现社会安全和社会公平，促进人与社会的协同发展。然而社会生态人对于"经济人""社会人"的超越更表现在对人性认识的全面性上。第一，社会生态人考察了人的多元化属性即人的自然属性、社会属性和生态属性，从全面的观点来分析人的本性问题；第二，社会生态人是和谐视阈下对人的本性的重新思考，和谐是一个动态发展状态，是系统达到了协调平衡的反映，主张的是一种可持续的发展观，因而是站在人类社会发展的观点来考察人性的基本内涵；第三，社会生态人假设源于多学科综合、相互渗透的结果，在人性的具体应用上具有广泛性和全局性；第四，社会生态人承载着新型的和谐生态伦理观（"所谓和谐生态伦理观，就是以人与自然道德关系和谐为研究对象，以解决人与自然冲突为终极目标的、建立在人的利益基础上的、实现生态平衡的各种行为规范的总和。"①）、和谐社会观、生态文明观、生命价值观等四种伦理价值观，它能够构建人与自然、社会及自身的新型伦理关系，从而能够指导当代的生态文明建设。

　　社会生态人致力于维护和实现自然生态环境的和谐、社会生态环境的和谐、心灵生态环境的和谐，这是逐渐实现生态化的过程，也是我们以自然为师，向自然学习的过程。自然环境的生态化是自然生态系统固有的本能，社会环境的生态化以社会正义和生态正义的实现为基础，建立社会生态秩序，使整个社会生态系统和谐有序，心灵环境的生态化是人的身心健康、内心和谐发展的现实和趋势，也是社会生态人的人性要素之间的生态化。生态化的最终目标是实现人与人、人与自然、人与社会以及自然系统之间的和谐共生。

　　现实的人要成为社会生态人还需要一个过程，社会生态人人性模式是现实条件下对人性要求的期待，它的理论多少带有一定的理想成分，但是这种理想确实是解决人面对当前的"生态危机"和

---

①　李承宗：《论和谐生态伦理观的三个理论问题》，《湖南大学学报》（社会科学版）2007 年第 2 期。

"心态危机"的理论选择。社会生态人的实现有赖于社会生产力的发展和人的生活水平的提高,社会生态人并没有排斥社会的物质生产,而是在倡导循环低碳的生产中提高物质生活水平。值得我们兴奋的是,社会生态人的人性状态在现实的人当中已有相当的表现,这说明现实的人成为社会生态人有着一定的发展趋势,这样的理想人格是可以成为现实的,但这不是顺其自然就能达到的,它需要充分发挥人的主观能动性和创造性,始终把人与自然、社会及自身关系的和谐作为追求的目标和价值,社会生态人就能从"乌托邦"走向现实。

人始终是向人的全面发展的目标迈进,人的全面发展是一个过程,它必须要经过一个又一个的发展阶段,虽然我没有去讨论和研究现在发展阶段的精准定位,是经济人、社会人、道德人,还是生态人,还是多种人的复合,或者是其他什么,但是社会生态人确实可以成为人的全面发展的一个阶段性目标,或过程性的一个节点,因为它代表着现实条件下对人的全面发展的期盼。当然,人的全面发展经过了社会生态人阶段以后又是一个什么人,我也没有去认真思考和研究,但是终究会有人去研究和提出,这也是验证马克思关于人的全面自由发展是一个长期性、过程性、阶段性的论断。诚然,关于人性假设和人的全面发展还有很多需要研究的领域,从价值哲学的视角只是研究的一个侧面,就这个视角而言,也还有待更加深入的研究。

参考文献

（一）经典论著

《马克思恩格斯全集》（第1卷），人民出版社1956年版。

《马克思恩格斯全集》（第3卷），人民出版社1965年版。

《马克思恩格斯全集》（第19卷），人民出版社1963年版。

《马克思恩格斯全集》（第20卷），人民出版社1974年版。

《马克思恩格斯全集》（第23卷），人民出版社1972年版。

《马克思恩格斯全集》（第24卷），人民出版社1972年版。

《马克思恩格斯全集》（第25卷），人民出版社1974年版。

《马克思恩格斯全集》（第42卷），人民出版社1979年版。

《马克思恩格斯全集》（第46卷上），人民出版社1979年版。

《马克思恩格斯全集》（第二版）（第49卷），人民出版社2016年版。

《马克思恩格斯文集》（1—10卷），人民出版社2009年版

《马克思恩格斯选集》（1—4卷），人民出版社1995年版。

《马克思恩格斯选集》（1—4卷），人民出版社2012年版。

马克思、恩格斯：《德意志意识形态节选本》，中共中央马克思恩格斯列宁斯大林著作编译局编译，人民出版社2003年版。

马克思：《资本论（节选本）》，中共中央马克思恩格斯列宁斯大林著作编译局编译，人民出版社1998年版。

马克思：《1844年经济学哲学手稿》，中共中央马克思恩格斯列宁斯大林著作编译局编译，人民出版社2000年版。

恩格斯：《自然辩证法》，人民出版社 1971 年版。

恩格斯：《家庭、私有制和国家的起源》，中共中央马克思恩格斯列宁斯大林著作编译局编译，人民出版社 1998 年版。

列宁：《哲学笔记》，人民出版社 1974 年版。

《毛泽东文集》（1—8 卷），人民出版社 1993—1999 年版。

《毛泽东、邓小平、江泽民论科学发展观》，中央文献出版社 2008 年版。

《邓小平文选》（1—3 卷），人民出版社 1993 年版，1994 年版。

《江泽民文选》（1—3 卷），人民出版社 2006 年版。

《科学发展观重要论述摘编》，中央文献出版社 2009 年版。

《胡锦涛文选》（1—3 卷），人民出版社 2016 年版。

胡锦涛：《坚定不移沿着中国特色社会主义道路前进为全面建成小康社会而奋斗——在中国共产党第十八次全国代表大会上的报告》，人民出版社 2012 年版。

习近平：《决胜全面建成小康社会 夺取新时代中国特色社会主义伟大胜利——在中国共产党第十九次全国代表大会上的报告》，人民出版社 2017 年版。

习近平：《习近平谈治国理政（第二卷）》，外文出版社 2017 年版。

中共中央文献研究室编：《科学发展观重要论述摘编》，中央文献出版社、党建读物出版社 2008 年版。

中共中央宣传部编：《习近平新时代中国特色社会主义思想三十讲》，学习出版社 2018 年版。

《中国共产党第十八届中央委员会第四次全体会议文件会编》，人民出版社 2014 年版。

《中国共产党第十八届中央委员会第五次全体会议文件会编》，人民出版社 2015 年版。

（二）中文论著

曹孟勤：《人性与自然：生态伦理哲学基础反思》，南京师范大学出版社 2004 年版。

陈家宽、李琴：《生态文明：人类历史发展的必然选择》，重庆出版社 2014 年版。

陈学明：《生态文明论》，重庆出版社 2008 年版。

陈泽亚：《经济人与经济制度正义：从政治伦理视角探析》，山东人民出版社 2007 年版。

（宋）程颢、程颐：《二程遗书》，上海古籍出版社 2000 年版。

（汉）董仲舒：《春秋繁露·天人三策》，陈蒲清校注，岳麓书社 1997 年版。

杜秀娟：《马克思主义生态哲学历史发展研究》，北京师范大学出版社 2011 年版。

樊浩：《伦理精神的道德生态》，中国社会科学出版 2001 年版。

高建国：《系统分析经济学引论》，中国经济出版社 2010 年版。

（春秋）管仲：《管子》，吴文涛、张善良编著，北京燕山出版社 1995 年版。

郭广银、陈延斌、杨明、王云骏：《伦理新论：中国市场经济体制下的道德建设》，人民出版社 2004 年版。

郭剑仁：《生态地批评——福斯特的生态学马克思主义思想研究》，人民出版社 2008 年版。

何怀宏：《良心论——传统良知的社会转化》，生活·读书·新知三联书店 1994 年版。

黄平槐、葛刚主编：《生存智慧：社会化行为生态学导论》，江西人民出版社 2000 年版。

（商）姬昌：《周易》，宋祚胤注译，岳麓书社 2000 年版。

姬振海主编：《生态文明论》，人民出版社 2007 年版。

康渝生：《马克思主义哲学的人学致思理路》，社会科学文献出版社 2004 年版。

（春秋）孔丘：《论语》，杨伯峻、杨逢彬注译，岳麓书社 2000 年版。

匡玉梅编著：《现代交际学》，中国旅游出版社 2003 年版。

（春秋）老子：《道德经》，徐澍、刘浩注译，安徽人民出版 1990 年版。

（宋）黎靖德：《朱子语类》（第 1 卷），杨绳其、周娴君校点，岳麓书社 1997 年版。

李超：《社会主义市场经济的人学底蕴》，人民出版社 2004 年版。

李德顺、孙伟平：《道德价值论》，云南人民出版社 2005 年版。

李德顺：《价值论》（第 2 版），中国人民大学出版社 2007 年版。

李康平：《当代中国马克思主义德育思想研究 改革开放 30 年党的德育理论发展研究》，社会科学文献出版社 2009 年版。

刘精明等：《转型期中国社会教育》，辽宁教育出版社 2004 年版。

刘湘溶：《生态文明论》，湖南教育出版社 1999 年版。

刘新庚：《现代思想政治教育方法论》，人民出版社 2006 年版。

骆郁廷：《精神动力论》，武汉大学出版社 2003 年版。

（战国）吕不韦编：《吕氏春秋全译》（上、下）（修订版），关贤柱等译注，贵州人民出版社 2009 年版。

吕达、刘立德、邹海燕主编：《杜威教育文集》，人民教育出版社 2005 年版。

蒙培元：《人与自然》，人民出版社 2004 年版。

（战国）孟轲：《孟子》，秦学顾注译，西南师范大学出版社 1995 年版。

倪愫襄编著：《伦理学导论》，武汉大学出版社 2002 年版。

乔长路：《中国人本思潮与人生哲学研究》，人民出版社 2008

年版。

邱柏生主编:《高校思想政治教育的生态分析》,上海人民出版社 2009 年版。

饶尚宽译著:《老子》,中华书局 2006 年版。

阮青:《价值哲学》,中共中央党校出版社 2004 年版。

沙莲香:《社会心理学》,中国人民大学出版社 1987 年版。

沈壮海:《思想政治教育有效性研究》,武汉大学出版社 2008 年版。

(汉)司马迁:《史记》,中华书局 1963 年版。

宋希仁:《马克思恩格斯道德哲学研究》,中国社会科学出版社 2012 年版。

孙道进:《环境伦理学的哲学困境:一个反拨》,中国社会科学出版社 2007 年版。

孙通海译注:《庄子》,中华书局 2007 年版。

孙伟平:《价值哲学方法论》,中国社会科学出版社 2008 年版。

唐代兴:《生态理性哲学导论》,北京大学出版社 2005 年版。

唐君毅:《文化潜意识与道德理性》(一、二),广西师范大学出版社 2005 年版。

唐雄山:《人性平衡论》,中山大学出版社 2007 年版。

万斌、张应抗:《高校思想政治教育新论》,社会科学文献出版社 2005 年版。

汪荣有:《当代中国经济论理论》,人民出版社 2004 年版。

王海明:《人性论》,商务印书馆 2005 年版。

王茜:《生态文化的审美之维》,上海人民出版社 2007 年版。

王孝鱼解:《庄子内篇新解 庄子通疏证》,岳麓书社 1983 年版。

王学俭编著:《现代思想政治教育前沿问题研究》,人民出版社 2008 年版。

王玉良:《21 世纪价值哲学:从自发到自觉》,人民出版社

2006年版。

王玉樑：《当代中国价值哲学》，人民出版社2004年版。

韦森：《经济学与哲学：制度分析的哲学基础》，上海人民出版社2004年版。

（明）吴廷翰：《吴廷翰集》，容肇祖点校，中华书局1984年版。

星云大师：《舍得：星云大师的人生经营课》，江苏文艺出版社2009年版。

徐安琪主编：《社会文化变迁中的性别研究》，上海社会科学院出版社2005年版。

（战国）荀况：《荀子》，廖名春、邹新明校点，辽宁教育出版社1997年版。

杨国荣：《伦理与存在：道德哲学研究》，华东师范大学出版社2009年版。

杨国荣主编：《现代化过程的人文向度》，上海古籍出版社2006年版。

杨义主编：《论语选评》，岳麓书社2006年版。

叶奕乾主编：《现代人格心理学》，上海教育出版社2005年版。

余谋昌、王耀先主编：《环境伦理学》，高等教育出版社2004年版。

余潇枫、张彦：《人格之境——类伦理学引论》，浙江大学出版社2006年版。

岳友熙：《生态环境美学》，人民出版社2007年版。

曾建平：《环境正义：发展中国家环境伦理问题探究》，山东人民出版社2007年版。

詹世友：《道德教化与经济技术时代》，江西人民出版社2002年版。

詹世友：《正义与公器——正义论视域中的公共伦理学》，人民出版社2006年版。

张国壮:《生态人——人类困境中的希望》,中国社会科学出版社 2010 年版。

张立文主编:《圣境:儒学与中国文化》,人民出版社 2005 年版。

张文霞、朱冬亮:《家庭社会工作》,社会科学文献出版社 2005 年版。

张耀灿等:《思想政治教育学前沿》,人民出版社 2006 年版。

张晔、秦华伟:《人格理论与塑造》,国防工业出版社 2006 年版。

张泰城:《中国共产党革命精神系列读本:井冈山精神》,中国党史出版社 2017 年版。

(宋)张载:《张载集》,章锡琛点校,中华书局 1978 年版。

张治库:《人的存在与发展》,中央编译出版社 2005 年版。

赵健编:《资本的力量》,中国纺织出版社 2006 年版。

郑张欢:《老子今释》,齐鲁书社 2008 年版。

中国思想政治工作研究会、中宣部思想政治教育工作研究所组织编写:《中国人的美德——仁义礼智信》,人民大学出版社 2006 年版。

周向军:《人际关系学》,云南人民出版社 2002 年版。

(宋)朱熹:《四书章句集注》,中华书局 1983 年版。

朱学勤:《道德理想国的覆灭——从卢梭到罗伯斯庇尔》,上海三联书店 2003 年版。

(战国)庄子:《庄子》,孙通海译注,中华书局 2007 年版。

祝黄河:《科学发展观与当代中国社会发展实践》,人民出版社 2008 年版。

(三)西方译著

[美]白馥兰:《技术与性别:晚期帝制中国的权利经纬》,江湄、邓京力译,江苏人民出版社 2006 年版。

［法］保罗·萨特：《存在与虚无》，陈宜良等译，生活·读书·新知三联书店1987年版。

［古希腊］柏拉图：《理想国》，张子菁译，光明日报出版社2006年版。

［美］贝里：《伟大的事业》，曹静译，生活·读书·新知三联书店2005年版。

［英］边沁：《道德与立法原理导论》，时殷弘译，商务印书馆2000年版。

［英］伯特兰·罗素：《权威与个人》，储智勇译，商务印书馆2010年版。

［法］迪尔凯姆：《自杀论》，冯韵文译，商务印书馆2001年版。

［美］弗兰西斯·福山：《大分裂：人类本性与社会秩序的重建》，刘榜离译，中国社会科学出版社2002年版。

［美］富勒：《法律的道德性》，郑戈译，商务印书馆2007年版。

［英］格蕾厄姆·沃拉斯：《政治中的人性》，朱曾文译，商务印书馆1995年版。

［德］黑格尔：《法哲学原理》，杨东柱、尹建军、王哲编译，北京出版社2007年版。

［德］黑格尔：《精神现象学》（上、下卷），贺麟、王玖兴译，商务印书馆1979年版。

［美］霍尔姆斯·罗尔斯顿：《环境伦理学》，杨通进译，中国社会科学出版社2000年版。

［美］霍尔姆斯·罗尔斯顿：《哲学走向荒野》，刘耳、叶平译，吉林人民出版社2000年版。

［俄］康·德·乌申斯基：《人是教育的对象——教育人类学初探》，张佩珍、郑文樾、张敏鳌译，人民教育出版社2007年版。

［德］康德：《法的形而上学原理——权利的科学》，沈叔平

译，商务印书馆 2008 年版。

［法］拉法格：《思想起源论》，生活·读书·新知三联书店 1963 年版。

［法］卢梭：《社会契约论》，何兆武译，商务印书馆 2008 年版。

［美］罗伯特·A. 达尔：《民主及其批评者》，曹海军等译，吉林人民出版社 2006 年版。

［美］罗尔斯：《正义论》，何怀宏等译，中国社会科学出版社 1988 年版。

［德］M. 兰德曼：《哲学人类学》，阎嘉译，贵阳人民出版社 2006 年版。

［法］孟德斯鸠：《论法的精神（下册）》，张雁深译，商务印书馆 2005 年版。

［德］莫里茨·石里克：《自然哲学》，陈维杭译，商务印书馆 1984 年版。

［英］奈杰尔·拉波特、乔安娜·奥弗林：《社会文化人类学的关键概念》，华夏出版社 2005 年版。

［法］皮埃尔·勒鲁：《论平等》，王允道译，商务印书馆 1988 年版。

［美］R. T. 诺：《伦理学与现实生活》，姚新中等译，华夏出版社 1988 年版。

［德］施密特：《马克思德自然观》，欧力同、吴仲昉译，商务印书馆 1988 年版。

［德］叔本华：《伦理学的两个基本问题》，任立、孟庆时译，商务印书馆 2007 年版。

［德］威廉·魏特林：《和谐与自由的保证》，孙则明译，商务印书馆 1997 年版。

［英］肖恩·塞耶斯：《马克思主义与人性》，冯颜利译，东方出版社 2008 年版。

[英] 休谟:《道德原则研究》,曾小平译,商务印书馆 2007 年版。

[英] 亚当·斯密:《道德情操论》,谢宗林译,中央编译出版社 2008 年版。

[英] 亚当·斯密:《国富论》(增订本)(上、下),杨敬年译,陕西人民出版社 1999 年版。

[古希腊] 亚里士多德:《政治学》,吴寿彭译,商务印书馆 2008 年版。

[德] 伊曼努尔·康德:《道德形而上学原理》,苗力田译,上海世纪出版集团 2005 年版。

[德] 伊曼努尔·康德:《历史理性批判文集》,何兆武译,商务印书馆 1990 年版。

[美] 约翰·贝拉米·福斯特:《马克思生态学》,刘仁胜、肖峰译,高等教育出版社 2006 年版。

[美] 约翰·贝拉米·福斯特:《生态危机与资本主义》,耿建新、宋兴无译,上海译文出版社 2006 年版。

[英] 约翰·穆勒:《政治经济学原理——及其在社会哲学上的若干应用》,胡企村、赵荣潜、桑炳炎等译,商务印书馆 1991 年版。

[美] 詹姆斯·奥康纳:《自然的理由:生态学马克思主义研究》,唐正东、臧佩洪译,南京大学出版社 2003 年版。

(四) 期刊论文

巴志鹏:《生态文明建设路径研究笔谈》,《河南社会科学》2009 年第 3 期。

白立强:《感性的超越与理性的回归——马克思〈1844 年经济学哲学手稿〉对"人的本质"的界定及其当代价值》,《广西大学学报》(哲学社会科学版) 2007 年第 1 期。

白琳:《黑格尔与马克思的社会和谐观比较》,《当代世界与社会主义》2009 年第 4 期。

包庆德：《生态哲学视野中的生态意识与环境意识》，《中国地质大学》（社会科学版）2008 年第 3 期。

包庆德、彭月霞：《生态哲学之维：自然价值的双重性及其统一》，《内蒙古大学学报》（人文社会科学版）2006 年第 2 期。

毕亚琴：《论"经济人"的道德回归》，《重庆科学学院学报》（社会科学版）2007 年第 5 期。

蔡守秋、吴贤静：《论生态人的要点和意义》，《现代法学》2009 年第 11 期。

蔡永海：《人与自然和谐发展的伦理道德价值》，《社会科学家》2006 年第 4 期。

曹孟勤：《马克思生态人性观初探》，《伦理学研究》2006 年第 3 期。

曹孟勤：《生态伦理：从自恋、自虐到自善——生态伦理的心理分析》，《天津社会科学》2007 年第 3 期。

陈德钦：《生态文明建设的哲学意蕴探析》，《当代世界与社会主义》2009 年第 3 期。

陈飞：《人性和谐与思想政治教育》，《教育评论》2008 年第 6 期。

陈汉灵：《价值哲学及人的价值》，《理论探索·时代人物》2008 年第 10 期。

陈美衍：《"经济人"假设与人的有限理性》，《经济评论》2006 年第 5 期。

陈寿朋、杨立新：《构建和谐社会的生态道德教育审视》，《道德与文明》2007 年第 2 期。

陈寿朋、杨立新：《论生态文化及其价值观基础》，《道德与文明》2005 年第 2 期。

陈思坤：《责任伦理：现代公民社会的价值诉求》，《南昌大学学报》（人文社会科学版）2009 年第 1 期。

陈思敏：《论"天人合一"阈公民生态文明意识》，《山西大学报》（社会科学版）2009年第1期。

陈挺：《"还自然之魅"的"生态人"理论重构》，《淮阴师范学院学报》2006年第4期。

陈孝兵：《现代"经济人"批判》，《中南财经政法大学学报》2002年第2期。

陈瑛、林桂榛：《"人性"新探》，《南昌大学学报》（人文社科版）2002年第1期。

程丽丽：《马克思主义人性观与"以人为本"思想政治教育的思考》，《思想政治教育研究》2006年第6期。

程样国、黄平槐：《生态文明观念：引领导人的发展新境界》，《求实》2007年第12期。

戴玲、罗燕婷：《对"经济人"假设发展的反思》，《经济与社会发展》2007年第1期。

邓名瑛：《论生态良知》，《伦理学研究》2003年第2期。

丁永详：《生态美育与"生态人"的造就》，《河南师范大学学报》（哲学社会科学版）2004年第3期。

董文芳：《宿园和谐社会视野下的政治稳定观》，《学习探索》2010年第6期。

方军：《制度伦理与制度创新》，《中国社会科学》1997年第3期。

方盛举、李韬：《试论马克思自然理论对当代生态伦理学的启示》，《学术探索》2000年第3期。

方世南：《关于人格的哲学思考》，《苏州大学学报》（哲学社会科学版）1993年第1期。

方同义、黄瑞瑞：《马克思人的本质理论的重新解读与探讨》，《浙江社会科学》2008年第12期。

费孝通：《中国城乡发展的道路——我一生的研究课题》，《中国社会科学》1993年第1期。

冯开甫：《科学发展观与和谐社会思想：社会主义本质论的新发展》，《毛泽东思想研究》2006年第6期。

冯周卓：《论实践对人性的规定》，《求索》2005年第3期。

傅华：《西方生态伦理学研究概况（上、下）》，《北京行政学院学报》2001年第3、4期。

顾智明：《"生态人"探析》，《中共南京市党委校南京市行政学院学报》2004年第1期。

郭健彪：《生态文明价值眷注：人的全面发展》，《福建论坛》（人文社会科学版）2009年第12期。

郭毅然：《人性与思想政治教育的内在关联及其意义》，《河北理工大学学报》（社会科学版）2006年第4期。

韩迎春、程样国：《论非智力因素对思想政治教育的创新作用》，《南昌大学学报》（人文社会科学版）2009年第4期。

何齐宗：《和谐人格及建构的教育思考》，《教师教育研究》2004年第3期。

何颖：《制度伦理及其价值诉求》，《社会科学战线》2007年第4期。

胡昌恩：《论思想政治教育的功能、价值及其关系》，《探索》2006年第3期。

胡发贵：《儒家生态伦理思想刍议》，《道德与文明》2003年第4期。

黄爱宝：《政府作为"理性生态人"：内涵、结构与功能分析》，《社会科学家》2007年第1期。

黄燕、胡劲邦等：《经济人假设：发展线索与科学性分析》，《江汉论坛》2005年第12期。

黄意明：《先秦儒学"欲情知"关系及定位》，《江淮论坛》2007年第3期。

黄治东：《论科学发展观视域中的生态文化建设》，《苏州大学学报》（哲学社会科学版）2010年第5期。

蒋笃君：《公民生态意识教育的价值诉求及路径探析》，《河南师范大学》（哲学社会科学版）2009年第5期。

孔欢：《生态危机的根源探究》，《晋阳学刊》2009年第1期。

赖荣珍：《论思想政治教育社会价值和个体价值的统一》，《学术论坛》2003年第3期。

兰久富：《走出价值哲学的理论困境》，《哲学动态》2004年第7期。

雷骥：《思想政治教育工具性价值与目的性价值相结合的人性基础探析》，《河南师范大学学报》（哲学社会科学版）2008年第3期。

李炳炎、江皓：《"经济科学人"新概念的逻辑思考》，《福建论坛》（人文社会科学版）2005年第8期。

李承宗：《从价值论看"生态人"的合法性》，《自然辩证法研究》2006年第9期。

李承宗：《和谐生态伦理的经济学思考》，《财经理论实践》2007年第1期。

李承宗：《科学发展观中的和谐生态伦理意蕴》，《毛泽东思想研究》2004年第1期。

李承宗：《论和谐生态伦理观的三个理论问题》，《湖南大学学报》（社会科学版）2007年第2期。

李承宗：《马克思生态伦理思想的当代价值》，《郑州大学学报》（哲学社会科学版）2007年第1期。

李承宗：《"生态人"价值观评述》，《武汉大学学报》（人文科学版）2007年第2期。

李承宗：《"生态人"价值观新论》，《山西大学学报》（哲学社会科学版）2006年第9期。

李康平、祖彦：《当代中国政治学研究的重大命题——2014年中国政治学会、各省市政治学会秘书长联席会议暨"国家治理体系和治理能力现代化学术研讨会"综述》，《政治学研究》，2014

年第 4 期。

李康平：《科学发展观的重大战略思想研究》，《科学社会主义》，2010 年第 1 期。

李庆臻、李易：《论生态和谐伦理》，《济南大学学报》2003 年第 4 期。

李希、张云霞：《发展低碳经济的生态伦理价值》，《黑龙江史志》2010 年第 19 期。

李彦龙：《"生态经济人"——生态文明的建设主体》，《经济研究导刊》2010 年第 15 期。

李友文：《论市场文化生态下的社会危机与大学人性教育》，《湖南师范大学教育科学学报》2009 年第 5 期。

李钟麟：《论中国哲学的自然人性论与对人性回归的追求》，《中共中央党校学报》2007 年第 4 期。

梁妙荣：《马克思人的本质理论新探》，《求实》2009 年第 11 期。

梁明：《生态伦理中人的主体性诠释》，《辽宁医学院学报》（社会科学版）2008 年第 2 期。

廖清胜：《论马克思主义人学的类道德人格概念》，《河南大学学报》（社会科学报）2010 年第 11 期。

林国标、张黎琼：《人的全面发展与人的和谐发展》，《中南大学学报》（社会科学版）2009 年第 2 期。

林建煌：《自然陶养自我化育——论生态美育》，《福建师范大学学报》（哲学社会科学版）2007 年第 4 期。

蔺雪春、宋效峰、李建勇：《三个概念的逆向延展：和谐社会——生态政治观——生态人》，《青海社会科学》2006 年第 2 期。

刘方：《当代环境伦理学研究综述》，《上海师范大学学报》（社会科学版）2000 年第 4 期。

刘刚：《试论和谐社会视阈下的生态文明观》，《贵阳学院学报》(社会科学版) 2008 年第 2 期。

刘海龙:《生态正义的三个维度》,《理论与现代化》2009 年第 7 期。

刘建军:《论思想政治教育的个体价值》,《教学与研究》2001 年第 8 期。

刘建立:《马克思的自由价值观对构建和谐社会中人的全面发展的启示》,《马克思主义与实现》2008 年第 4 期。

刘洁:《生态危机的社会伦理根源》,《生态环境学报》2010 年第 6 期。

刘尚明:《价值哲学:深挖理论 关注现实 反思方法——"十五"期间中国价值哲学研究综述》,《广东教育学院学报》2005 年第 11 期。

刘社欣等:《论和谐社会构建中思想政治教育的价值与功能》,《华南理工大学学报》(社会科学版) 2007 年第 3 期。

刘铁芳:《生命道德教化》,《河北师范大学学报》(教育科学版) 2004 年第 2 期。

刘文波、周宇:《人性与价值的预设:生态伦理学的逻辑起点》,《湖南师范大学社会科学学报》2002 年第 5 期。

刘友红:《对西方管理学中人性假设误区的文化哲学辨析》,《学术月刊》2004 年第 10 期。

柳之茂:《"经济人"假设的道德分析》,《青海师范大学学报》(哲学社会科学版) 2001 年第 1 期。

卢风:《环境哲学的基本思想》,《湖南社会科学》2004 年第 1 期。

卢风:《论生态文化与生态价值观》,《清华大学学报》(哲学社会科学版) 2008 年第 1 期。

卢岚:《反思与重构:现代思想政治教育社会生态定位与价值》,《思想政治教育研究》2009 年第 2 期。

骆郁廷:《论思想政治教育的发展价值》,《思想教育研究》

2006年第5期。

吕洪涛：《论促进人与自然和谐发展的社会责任》，《理论参考》2006年第12期。

吕绍昱：《关于"经济人假说"的文献综述》，《财经政法资讯》2007年第1期。

马捷莎：《人的本质的稳定性与人性的历史性》，《教育与研究》2000年第10期。

马前锋、孔克勤：《文化与人格：心理人类学的解释》，《心理科学》2007年第6期。

[美]墨迪：《一种现代的人类中心主义》，章建刚译，《哲学译丛》1999年第2期。

聂文军：《"经济人"道德状况的历史性》，《湖南社会科学》2004年第5期。

牛庆燕：《"科技理性"的合理性限度与"生态理性"的价值转向》，《湖南师范大学社会科学学报》2010年第3期。

潘建红：《当代科技与道德协调发展的困境与出路》，《理论月刊》2004年第12期。

潘建红：《高科技环境下"人本——生态"道德教育模式的构建》，《教育评论》2007年第6期。

彭定光：《制度伦理与公共生活领域的塑造》，《马克思主义与现实》2011年第1期。

彭定光等：《当代道德教育的困境与出路》，《现代大学教育》2003年第4期。

彭进清、吴虹、陈坚良等：《论和谐人格》，《伦理学研究》2010年第7期。

彭礼堂：《法学视野中的和谐社会公平观》，《江汉论坛》2006年第6期。

强以华：《道德：理性与情感——兼论应用伦理学中理性与情感的地位》，《哲学动态》2010年第7期。

秦桂秀：《人性蕴涵与思想政治教育功能的契合性》，《黑龙江高教研究》2006 年第 10 期。

邱仁富：《从共生到和谐：和谐文化建设新论》，《学术论坛》2009 年第 7 期。

任春晓：《关于生态伦理的若干哲学论证》，《复旦学报》（社科版）2000 年第 3 期。

佘正荣：《生命之网与生态正义》，《广东社会科学》2009 年第 3 期。

沈满洪：《生态文明制度的构建和优化选择》，《环境经济》2012 年第 12 期。

石书臣：《论思想政治教育个体价值的新发展》，《教学与研究》2007 年第 6 期。

宋宝莉：《生态与利润对峙的终结——企业从"经济人"到"社会人"的蜕变》，《生产力研究》2007 年第 21 期。

宋周尧：《责任人：人为社会存在物地一种理解》，《天府新论》2004 年第 1 期。

孙朝阳、马志政：《简论哲学的环境意识》，《浙江大学学报》（人文社会科学版）2000 年第 5 期。

孙道进：《〈自然辩证法〉的"人"：生态伦理学的人学本体论》，《南京林业大学学报》（人文社科版）2007 年第 2 期。

孙立梅：《马克思主义的人性理论及其在制度设计中的应用》，《石油大学学报》（社科版）2002 年第 5 期。

孙利：《中国哲学视野下人的价值与人的本质问题探索》，《北方论丛》2010 年第 1 期。

唐本钰、侯晓靖：《生态人格培育与道德教育价值定位》，《山东师范大学学报》（人文社会科学报）2005 年第 5 期。

唐彬：《生态文化：新时期文化创新的新方向》，《理论月刊》2008 年第 9 期。

唐成努：《制度伦理及其价值意蕴》，《求索》2008 年第 8 期。

唐叶萍：《论人与自然和谐发展的生态伦理意蕴》，《道德与文明》2009 年第 3 期。

陶富源：《关于价值、人的价值的几个问题》，《安徽大学学报》2006 年第 6 期。

田启波，黄细月：《解读马克思的和谐社会思想》，《江汉论坛》2006 年第 12 期。

万俊人：《制度伦理与当代伦理学范式转移——从知识社会学的视角看》，《浙江学刊》2002 年第 4 期。

汪盛玉：《马克思社会公正观的本质规定》，《安徽师范大学学报》（人文社会科版）2010 年第 3 期。

王丹：《和谐人格理论研究评述》，《牡丹江大学学报》2009 年第 11 期。

王国生、郭郦：《"生态人"的理论蕴涵与当代价值》，《经济研究导刊》2008 年第 2 期。

王虎：《科学发展观实现的动力域场探微》，《学术论坛》2008 年第 7 期。

王建宗：《人的精神动力研究的教育价值》，《国家教育行政学院学报》2007 年第 10 期。

王俊秀：《当前值得注意的社会心态问题和倾向》，《中国党政干部论坛》2015 年第 5 期。

王勤：《论思想政治教育的个体价值》，《浙江学刊》2003 年第 1 期。

王素芬、丁全忠：《庄子自然哲学的生态意蕴及其当代价值》，《保定学院学报》2009 年第 6 期。

王孝哲：《论人的发展及其动力》，《安徽大学学报》（哲学社会科学版）2008 年第 1 期。

王雪松：《马克思主义生态哲学思想及启示》，《江淮论坛》2009 年第 3 期。

王艳、杨文选：《社会人的三重性与人的全面发展》，《武汉电力职业技术学院学报》2006年第3期。

王雨辰：《论科学对人类生态意识的萌生与生态思维方式形成的影响》，《山东社会科学》2009年第9期。

王志红：《人性假设与制度伦理的正义价值诉求》，《河北学刊》2004年第4期。

王志军、段陆生：《管理中的人性假设析论》，《重庆社会科学》2007年第7期。

王治河：《后现代生态文明与现代生活方式的转变》，《岭南学刊》2010年第3期。

魏则胜：《论思想政治教育的人性假设》，《思想理论教育》2008年第12期。

魏则胜：《市场化之后道德教育的困境与出路》，《唐都学刊》2004年第4期。

文丰安、孙红霞：《道德自律、意志自由与和谐之治》，《求索》2009年第8期。

吴根友：《自由意志与现代中国伦理学、政治学、法哲学的人性论基础》，《文史哲》2010年第4期。

吴继霞：《"理性生态人"：人性假设理论的新发展》，《道德与文明》2001年第2期。

吴宁：《批判经济理性、重建生态理性——高兹的现代性方案述》，《评哲学动态》2007年第7期。

吴炜：《人性结构与理想主义政治的困境》，《学海》2007年第4期。

吴先伍：《理性与情感：亚里士多德与孟子思想的差异》，《安徽师范大学学报》（人文社科版）2005年第1期。

吴育林、曾纪川：《论市场经济条件下"经济人"和"道德人"的同构性》，《教学与研究》2004年第5期。

武再敏：《论人格内涵和人格培养》，《西南大学学报》（社会科学版）2006年第3期。

夏东民、陆树程：《敬畏生命观与生态哲学》，《江苏社会科学》2008年第6期。

夏建华、马碧霄：《生态伦理视野中的价值范畴》，《湖北大学学报》（哲学社会科学版）2007年第5期。

谢龙、詹献斌：《文化与文化的人格内核》，《学术研究》2001年第2期。

谢庆：《人性假设理论与思想政治教育个体价值》，《重庆文理学院学报》（社会科学版）2009年第6期。

辛世俊：《科学发展观对"社会主义本质论"的深化与发展》，《学习论坛》2010年第3期。

徐朝旭：《儒家核心价值观的生态伦理审思》，《道德与文明》2009年第6期。

徐朝旭：《社会正义与生态和谐——生态社会主义的人与自然和谐思想探析》，《求索》2006年第8期。

徐春：《生态文明建设与人的全面发展》，《广西师范大学学报》（哲学社会科学版）2008年第2期。

徐梦秋：《公平的类别与公平中的比例》，《中国社会科学》2001年第1期。

徐统仁：《人的全面发展：社会主义和谐社会的目标与价值彰显》，《理论探讨》2005年第5期。

许彦利：《人与自然的价值关系研究》，《理论研究》2006年第1期。

杨光飞：《"经济人"和"道德人"的分合》，《广西社会科学》2003年第12期。

杨立新：《论生态文明建设》，《广西社会科学》2008年第5期。

杨茂明：《生态危机的人性根源及其出路》，《晋阳学刊》2005年第2期。

杨平生：《和谐社会及其实现》，《马克思主义研究》2006年第 2 期。

杨通进：《制度伦理视阈中的道德建设及其进路》，《道德与文明》2013 年第 3 期。

杨卫华：《人性的层次与思想政治教育的多层面价值追求》，《湖南科技学院学报》2008 年第 12 期。

杨文华：《论现代化道德人格的文化塑造》，《天府新论》2010 年第 1 期。

杨秀莲：《文化与人格关系研究的若干问题》，《教育研究》2006 年第 12 期。

杨志文：《价值随生命进入世界：论价值的自然基础》，《自然辩证法通讯》2001 年第 4 期。

余谋昌：《生态文化是一种新文化》，《长白学刊》2005 年第 1 期。

袁吉富：《对马克思恩格斯正义思想两种解读模式的质疑》，《教学与研究》2011 年第 2 期。

袁组社：《公共性的文化建制：中国公民社会公正实践的伦理价值诉求》，《文史哲》2010 年第 5 期。

袁祖社、董辉：《从"规范与教化"到"过程和实在"——生态道德信仰何以可能》，《南开学报》（哲学社会科学版）2010 年第 6 期。

詹世友：《道德价值奠基：人性论路径及其分判——以荀子和亚里士多德思想为例》，《人文杂志》2006 年第 1 期。

詹献斌：《对环境伦理学的反思》，《北京大学学报》（哲学社会科学版）1997 年第 6 期。

张捍东：《和谐社会视角下思想政治教育的价值功能》，《江西社会科学》2006 年第 1 期。

张景华、许彦：《经济学两种范式关于人性假设前提的比较分析》，《改革与战略》2009 年第 3 期。

张俊宗：《人性假设的方法论意义》，《天水师范学院学报》

2009 年第 4 期。

张来仪：《马克思主义生态理论述略》，《华南师范大学学报》（社会科学版）2000 年第 1 期。

张彭松：《生态伦理：人类社会和谐发展的哲学反思》，《山西大学报》（社会科学版）2008 年第 2 期。

张彭松：《生态危机的现代性根源》，《求索》2005 年第 1 期。

张青兰等：《论公民人格的价值内涵》，《南昌大学学报》（人文社会科学版）2004 年第 3 期。

张泰城、何建良：《非物质文化遗产融入高校教育的路径研究》，《国家教育行政学院学报》2012 年第 12 期。

赵华：《中西人性假设比较析论》，《中华文化论坛》（成都）2003 年第 1 期。

赵继伦：《和谐伦理关系的社会价值》，《新长征》2007 年第 2 期。

钟明：《和谐社会视阈下高校思想政治教育价值与现实途径》，《湖南社会科学》2009 年第 3 期。

钟贞山、黄平槐等：《社会生态人：市场经济条件下人的发展目标》，《南昌大学学报》（人文社会科学版）2006 年第 1 期。

种海峰：《生态理性：现代人生存困境的文化澄明》，《河北学刊》2010 年第 6 期。

周光迅、赵睿诗：《论和谐生态伦理观指导下的生态道德教育》，《自然辩证论研究》2010 年第 8 期。

周晓虹：《转型时代的社会心态与中国体验——兼与〈社会心态：转型社会的社会心理研究〉一文商榷》，《社会学研究》2014 年第 4 期。

周秀英：《论生态危机的制度与人性根源》，《吉林大学社会科学学报》2008 年第 5 期。

朱浩、黄志斌：《关于"和谐人格"的理论探讨》，《科学技术与辩证法》2003 年第 8 期。

祝黄河、冯霞：《科学发展观研究论纲》，《马克思主义研究》2006年第12期。

祝黄河、邓文平、万凯：《党的基本路线：新时代的根本遵循》，《江西师范大学学报》（哲学社会科学版）2018年第3期。

邹安乐：《20年来"人的价值"问题研究综述》，《南京政治学院学报》2004年第5期。

（五）报纸及其他论文

夏光：《建立系统完整的生态文明制度体系》，载《中国环境报》2013年11月14日第2版。

《中共中央国务院关于加快推进生态文明建设的意见》，载《人民日报》2015年5月6日第1版。

（六）学位论文

彭立威：《生态人格论》，湖南师范大学博士论文，2009年。

杨秀莲：《论人格的文化生成》，东北师范大学博士论文，2007年。

（七）外文文献

Aldo Leopold. *A Sand County Almanac*. New York: Oxford University Press, 1968.

Alfred Schmidt, *The Concept of Nature in Marx*, London, New Left Books, 1971.

Andre Gorz. *Capitalism, Socialism, Ecology*, London, 1994.

Anna Bramwell. *Ecology in the Twentieth Century*, New Haven, Conn., Yale University Press, 1989.

Anthony Giddens. *A Contemporary Critique of Historical Materialism*, Berkeley, University of California Press, 1981.

Benton, Ted. *Marxism and Natural Limits: an Ecological Critique and Reconstruction*, New Left Review, vol. 178, 1989.

Carol C. Gould. *Marx's Social Ontology Individuality and Community in Marx's Theory of Social Reality*, Cambridge, Massachusetts, and London, The MIT Press, 1978.

Christine Swanton. *Virtue Ethics A Pluralistic View*, New York: Oxford University Press, 2003.

C. J. Arthu. . *Engel Today: a Centenary Appreciation*, New York, St. Martins Press, 1996.

ColinF. Camere. *When Does "Economic Man" Dominate Soicial Behavion?* Science. 2006 Jan.

David Goldblatt. *Social Theory and the Environment*, Boulder, Colo., West View Press, 1996.

David O. Brink. *Moral Realism and the Foundations of Ethic*, Cambridge Univershity Press, 1989.

D. Peper. *Eco - Socialism: from Deep Ecology to Social Justice*, London and New York, Routledge, 1993.

D. Peper. *The Roots of Modern Environment*, Sydney, Groom Helm, 1984.

E. Laferriere and P. J. Stoett. *International Relations Theory and Ecological Thought: Towards a Synthesis*, London, Routledge, 1990.

Elton Mayo. *The Human Problems of An Industrial Civilization.* New York: The Macmillam Company, 1933.

Elton Mayo. *The Social Problems of An Industrial Civilization.* Norfolk Routledge & Kegan Paul Ltd., 1945.

George Lichtheim. *Marxism: an Historical and Critical Study*, New York, Columbia University Press, 1996.

Gianni Vaggi. *The Social - economic Man of Adam Smith - or The Macrofoundationgs of Microeconomic. History and Political Economy: Es-*

says in Honour of P. D. Groenewegen. T. Aspromourgos, P. Kriesler and J. Lodewijks, Routledge, London, 2004.

Hans Kung. *A Global Ethic for Global Politics and Economics*. New York, Oxford: Oxford University Press, 1998,

H. L. Parsons. *Marx and Ecology*, London, Greenwood Press, 1977.

I. G. Simmons. *Humanity and Environment: a Cultural Ecology*, London, Addison Wesley Longman Limited, 1997.

Ishtiyayue Haji and Stefaan E. Cuyper. *Moral Responsibility, Authenticity, and Education*, London and New York, Taylor & Francis, 2008.

Istvan Meszaros. *Beyond Capital*, New York, Monthly Review Press, 1995.

James O'Connor. *Nature Cause*, New York: Guiford, 1998.

Jeffrey C. Isaac, *Power and Marxist Thoery: A Realist View*, Ithaca and Londong : Cornell University Press, 1987.

John Bellamy Foster. *Ecology Against Capitalism*, Monthly Review Press, 2002.

John Bellamy Foster. *Marx and Ecology: Materialism and Nature*, New York, Monthly Review Press, 2000.

Joseph Henrich, Robert Boyd. *Economic Man's in Cross - Culture Perspective Behavioral Experiments in 15 Small - scale Societies*. Behaviorol and Brain Science. 2005 Dec.

Lee Alan Dugatkin. *Discovering That Rational Economic Man Has a Heart*. Cerebrum. The Dana Forum On Brain Science. summer 2005.

Marc D. Hauser. *Moral Minds: the Nature of Right and Wrong*, Harper Collins e - books, 2007.

Matin O'Connor. *Is Capitalism Sustainable?* New York, Guiford, 1994.

Maxk J. Smith. *Ecologism-towards Ecological Citizenship*, Buckingham (UK), Open University Press, 1999.

M. Redclift. *Development and Environment Crisis: Red or Green Alternatives?*, London and New York, Methuen&Co. Ltd., 1984.

M. Redclift. *Sustainable Development : Exploring the Contradictions*, London and New York , Methuen & Co. Ltd, 1987.

Nikolai Bukharin. *Philosophical Arabesque*, Translated by Renfrey Clarke, New York, Monthly Review Press, 2005.

Paul Heyer. Nature, *Human Nature and Society: Marx, Darwin and the Human Sciences*, Westport, Conn., Greenwood Press, 1982.

P. Burkett. *Marx and Nature: a Red and Green Perspective*, New York, St. Martin's Press, 1999.

Philippa Foot. *Virtue and Vice and Other Essay in Moral Philosophy*, Oxford: Clarendon Press, 2002.

R. Eckersley. *Environmentalism and Political Theory: Toward and Ecocentric Approach*, Albany, State University of New York Press, 1992.

R. Grundmann. *Marxism and Ecology*, New York, Oxford University Press, 1991.

R. Grundmann. *The Ecological Challenge to Marxism*, New Left Review, vol. 187, 1991.

R. Jay Wallace. *Responsibility and the Moral Sentiments*, Harvard University Press Cambridge, Massachusetts London, England, 1996.

Russell Disilvestro. *Human Capacities and Moral Status*, London and New York, Springer Dordrecht Heidelberg, 2010.

后　记

本书是在我的博士论文《社会生态人：新的人性假设与人的全面发展——基于价值哲学视角的探讨》的基础上修订补充、完善而成。

在现实的社会条件下，我们要成为一个什么样的人？在人与自然及社会构成的系统中，人应该是什么样的人？这不仅是一个哲学问题，更是人的发展中的现实问题。在现实的社会生活中，人与社会关系的对峙时有发生，人与自然关系的恶化还没有根本扼制，人与自身关系的异化时常挑战人的正常生活，人的社会化生态化生存还依然面临着"人性危机"、"生态危机"和"心态危机"的种种挑战。在我开始做博士论文的时候，这两个问题一直萦绕在我的脑海中。围绕两个问题和人的生存面临的"三大危机"，我试着从人与社会、人与自然和人与自身的关系研究为切入点，开始进入博士论文的写作。在这个过程中，我领悟了人性发展的内在价值和外在要求，这对我来说不仅是学术研究的正规训练，更是人生感悟的提升。

在博士论文的写作过程中得到了导师詹世友教授的悉心指导。三年的求学历程，孜孜以求，恩师的言传身教，铭记于心；学于斯，长于斯，收获良多。衷心感谢我的导师詹世友教授，三年来，詹老师从读书方法到研究方法给了我悉心教导，詹老师给我的"认真对待生活——《尼各马可伦理学》读书札记"等许多读书笔记，让我受益匪浅，让我深深地感受到了先生的治学风范。虽然詹老师在昌外高校担任领导,但周末的那间"书斋"成为我和先生不需预约的"约定",在朝夕相处中,詹老师教会我如何做人,如何做事,我被先生的豁达气度、高尚品格所熏陶;在论文写作过程中,从题目选定、谋篇布局到观点提炼都凝聚了导师的大量心血,詹老师对我的论文字斟句酌的修改,才使论文终定成稿,先生渊博的知识、深邃的思想、严谨的学风和对学术的酷爱,让我倍受感动,导师的循循善诱与谆谆教导,让我写成了这博士论文,恩师之情,永远不忘。

在求学期间,众导师的人格之魅力让我感受到人性和谐的光辉。衷心感谢程样国教授、胡松教授、陈世润教授、胡伯项教授、陈勃教授,感谢众导师对我学业的教导和指点,将让我终身受益,他们的治学精神和高尚人格深深地印在我的心中。感谢胡传明教授、郑志发教授、韩迎春教授等老师给我的指导。

感谢黄平槐教授、葛刚教授,是你们把我引入了"人的社会化、生态化"问题的研究领域;感谢宋三平教授、曾明教授对我的论文写作给予的帮助;感谢朱小理博士、刘长城博士、周婷博士、刘浩林博士、李根寿博士、王倩博士等同窗好友,感谢同门学友王涵林博士,你们的照顾和鼓励是我完成学业的动力。

博士论文提交答辩时,得到了评阅专家、答辩委员极为具体的指教,感谢骆郁廷教授、胡松教授、佘双好教授、熊建新教授、倪素香教授、胡伯项教授等,他们在评阅论文时都给出了"优秀"的评价以表鼓励,并对论文完善提出极为中肯的修改建议,为日后的修改完善和后续研究指明了方向,在此表示最真挚的谢意。在各位教授的鼓励下,本博士论文获得江西省 2012 年优秀博士论文(全省 4 篇,文科仅此 1 篇)。

八年来,在导师和专家的指引下,我深入了以"社会生态人与人的全面发展"为主题的研究,并陆续撰写了多篇论文发表在《道德与文明》《云南社会科学》《河南社会科学》《江西社会科学》《南昌大学学报》(人文社会科学版)《福州大学学报》(哲学社会科学版）《江西财经大学学报》《上饶师范学院学报》等学术刊物上，谨向这些刊物表示衷心感谢，这些成果全部纳入了本书的各章节内容之中。

  在本书修改最后完善定稿时已是深夜，春夜的前湖细雨绵绵，灯光依稀，可我的心情依然澎湃，一种永驻心田的感恩之情伴随着一份希冀和憧憬，让我难以释怀。

  感谢李良栋教授、韩庆祥教授、贺来教授、刘陆鹏教授、祝黄河教授、李康平教授、卢忠萍教授、饶武元教授对本书成果的指导推荐鼓励，使本研究不断深化、延伸拓展。

  感谢我的父亲钟声瑛、母亲陈夕英的养育之恩，感谢兄弟姊妹支持我上大学。谨以此书出版，告慰30年前离世的父亲，感激母亲坚毅执着供我上大学、助我成家立业、鼓励我学习进取。

  感谢我的爱人肖红梅副教授和我的可爱女儿钟旋佳，你们给了我家庭的温暖和学业的支持，这是我的生活倍感幸福与快乐的根源。

  感谢江西省大学生思想政治教育研究中心对本书的出版资助。感谢中国社会科学出版社凌金良、朱华彬先生，在三年的交流交往中一直关注本书的修改完善，他们以深邃独特的学术视野对本书的完善提出真知灼见，以精细出色的专业水准提升本书成色。

  在论文的写作过程中参考了众多学者的研究成果，在此深表谢意。

钟贞山
2019 年 4 月 15 日晚
于南昌大学前湖之畔